普通高等教育机电类规划教材

汽车电子控制技术

第2版

主编　周云山　张　军
参编　李　克　宋晓琳
主审　于秀敏

机 械 工 业 出 版 社

本书内容在第1版的基础上进行了修删和增补，对于内容深度超过本科要求的内容、陈旧的内容以及与其他课程重复的内容都进行了删减；另外增加了电控座椅、转向助力、定速巡航等内容。全书从系统的基本概念入手，介绍了有关汽车电子控制系统的组成、工作原理、性能指标以及对给定的性能指标进行控制系统设计的方法和步骤。本书对发动机电控燃油喷射、电子点火、防抱死制动、防滑驱动、电子控制悬架、自动变速器等常用的电子控制装置作了详细介绍；对电子空调、安全气囊、刮水器与电控门窗、电子导航、电控座椅、电控转向助力、定速巡航等汽车辅助功能的电子控制装置仅作一般介绍。

本书可作为高等学校本科车辆工程专业教材，也可供汽车行业工程技术人员参考。

图书在版编目（CIP）数据

汽车电子控制技术/周云山，张军主编．—2版．—北京：机械工业出版社，2014.6（2022.8重印）
普通高等教育机电类规划教材
ISBN 978-7-111-46094-7

Ⅰ.①汽…　Ⅱ.①周…②张…　Ⅲ.①汽车—电子控制—高等学校—教材　Ⅳ.①U463.6

中国版本图书馆CIP数据核字（2014）第044220号

机械工业出版社（北京市百万庄大街22号　邮政编码100037）
策划编辑：冯春生　责任编辑：冯春生　贺贵梅　卢若薇
版式设计：赵颖喆　责任校对：张晓蓉
封面设计：张　静　责任印制：郜　敏
北京富资园科技发展有限公司印刷
2022年8月第2版第4次印刷
184mm×260mm · 10印张 · 240千字
标准书号：ISBN 978-7-111-46094-7
定价：22.00元

凡购本书，如有缺页、倒页、脱页，由本社发行部调换

电话服务
服务咨询热线：010-88379833
读者购书热线：010-88379469

网络服务
机 工 官 网：www.cmpbook.com
机 工 官 博：weibo.com/cmp1952
教育服务网：www.cmpedu.com
金 书 网：www.golden-book.com

第2版前言

我国汽车行业的快速发展与汽车电子技术的不断进步要求学校的教学内容要与时俱进。本书第1版出版后颇受读者喜爱，同时广大读者也对本书提出了许多宝贵的意见。部分读者认为关于控制与仿真的内容深度超出了对本科生的要求；部分读者认为书中有些内容与《汽车构造》内容重复；部分内容稍显过时；作为本科生教学用书容量偏大等。针对这些意见，我们在第2版中进行了相应的修删。删去了部分陈旧内容及与《汽车构造》重复的内容，删去了部分理论深度过深的内容，在第三章增加了部分发动机控制系统的新内容，在第八章增加了电控座椅、转向助力、定速巡航等内容。

本书对常用的几种电子控制装置，如发动机电控燃油喷射、电子点火及其他发动机控制系统、电子控制悬架、防抱死制动、防滑驱动控制、汽车自动变速作了较为详细的介绍。在第八章，讲述汽车辅助功能的电子装置，内容包括：电子空调、安全气囊、刮水器与电控门窗、电子导航、电动座椅、转向助力、定速巡航等。由于这些辅助的电子装置涉及许多汽车专业以外的知识，以及本门课程的学时限制，本书对辅助的电子装置仅作了一般性介绍。

本书由周云山、张军主编。第二章由湖南大学宋晓琳、张军编写，第三章由湖南大学李克、张军编写，第八章由湖南大学张军编写，其余各章由湖南大学周云山编写。

本书由吉林大学于秀敏教授主审。他仔细地阅读了全书的原稿，并提出了许多建设性的意见，在此表示最诚挚的谢意。

在本书编写过程中，研究生曹成龙、冯坤、栾文博、赵志强、王建德参与了部分工作，在此也表示感谢。

在本书编写过程中，引用了一些国内外期刊、文献资料，充实了本书的内容，借此机会向有关作者表示感谢。

编　者

第1版前言

现代汽车技术的进步在很大程度上归结为汽车电子技术的进步，汽车电子技术对汽车工业的促进作用已成为当今社会的共识。于是汽车电子技术的教科书也在不断涌现，从汽车电子控制的结构原理、使用与维修，到电子控制系统理论与设计，不仅数量多，而且门类齐全。但要编著一本用作高等学校汽车专业《汽车电子技术》的通用教材，仍感难度较大。困难之一：教材的深度定位较难，内容太浅，可能成为科普性读物，太深又唯恐陷于专题研究之中。困难之二：汽车电子技术涉及较多学科领域，很难在各个方面都达到专业的水平。

为此，编者根据多年从事汽车电子控制的体会，对常用的几种电子控制装置，如发动机电子喷射、电子点火、电子控制悬架、防抱制动、防滑驱动控制、汽车自动变速作了较为详细的介绍。在第八章，讲述汽车辅助功能的电子装置，内容包括：电子空调、安全气囊、刮水器与电控门窗、电子导航等。由于这些辅助的电子装置涉及许多汽车专业以外的知识，以及本门课程的学时限制，本书对辅助的电子装置仅作了一般性介绍。

本书收集了大量的国内外最新资料，从系统的基本概念入手，由浅入深讲述了有关汽车电子控制系统的工作原理、性能指标、系统的动态模型，以及对给定的性能指标，在满足动态模型约束条件下进行控制系统设计的方法和步骤。

本书由周云山、钟勇主编。第二章由湖南大学钟勇、宋晓琳编写，第三章由湖南大学钟勇、李克编写，第十章由湖南大学宋晓琳、钟勇、李嫩编写，其余各章由吉林大学周云山编写。

本书由吉林大学李幼德教授主审。他仔细地阅读了全书的原稿，并提出了许多建设性的意见，在此表示最诚挚的谢意。

在此书撰稿过程中，引用了一些国内外期刊、文献的资料，充实了本书的内容，借此机会向有关文章的作者表示感谢。

编　者

目　录

第一章 绪 论

第一节 汽车电子技术的发展

汽车电子技术的发展可归结为几个方面的原因：首先是由于电子技术的发展，给汽车电子装置的发展提供了必要的物质条件。回顾汽车电子的发展史，就间接地记录了电子技术的发展史。其二是商家对扩大市场份额和附加利润的不断追求。其三是不断适应各个时期的社会背景（如高速公路网的发展、能源危机和环境污染等），满足人类对汽车使用性能的更高要求（舒适性、安全性、操纵方便以及因人类所有活动对最新信息的依赖而需要增加新的功能等），这是促进汽车电子产品发展的一个最重要的原因。电子学的发展与相关的社会背景促进了汽车电子技术的发展，如图 1-1 所示。

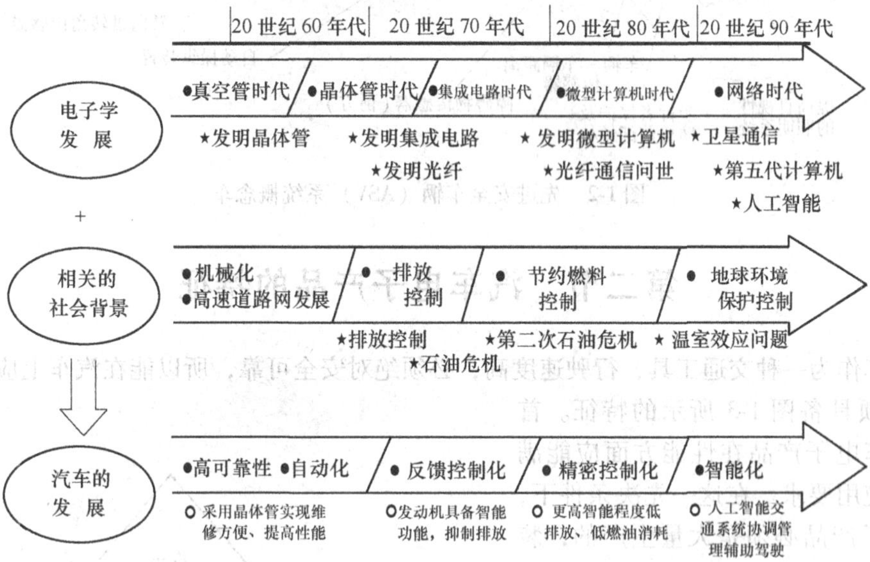

图 1-1 电子学、社会背景与汽车发展

可见，随着电子学的发展，为了适应环境、社会和人类对完美的不断追求，汽车电子产品经由初期的电子-机械替代（操作自动化）过渡到反馈控制（目标量化控制），现已发展到精确量化的控制阶段，今后将朝着多目标综合控制（使整车的综合性能精确量化至最优状态）和智能化控制的方向发展。例如由发动机燃油喷射、供油间断和制动干预组成的驱动控制系统（ASR），可使汽车的驱动性能和燃油经济性达到最佳状态，并使汽车在弱附着路面条件下保持良好的操纵稳定性。在此基础上，再结合防抱死制动系统（ABS）和动力转向控制则可使汽车在各种非稳态条件（低附着系数或高速行驶）下的不同工况（汽车加速或制动）实现操纵稳定性的精确控制。总的发展趋势是，汽车电子控制系统获取的内部和外部信息越来越多，功能越来越强，智能化程度越来越高，可靠性越来越高。未来的先进安全车辆（Advanced Safety Vehicle，ASV）系统将包括主、被动安全装置以及自动驾驶装置、车辆之间的通信装置，如图1-2所示。在紧要时刻，自动驾驶装置可以直接干预驾驶员的操作，确保人车的安全。

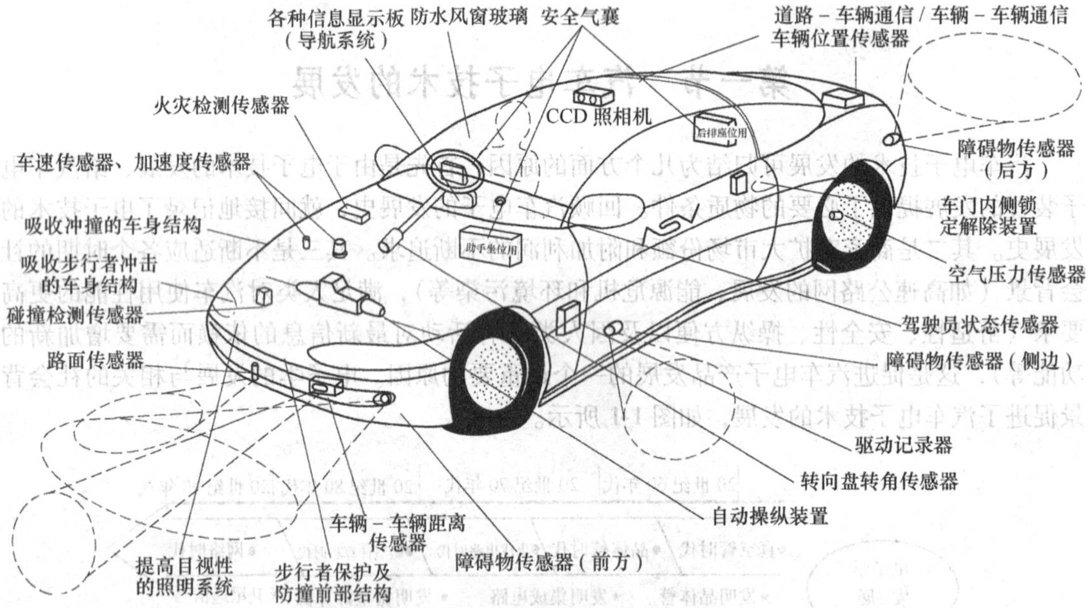

图1-2　先进安全车辆（ASV）系统概念车

第二节　汽车电子产品的特征

汽车作为一种交通工具，行驶速度高，必须绝对安全可靠，所以能在汽车上应用的电子产品必须具备图1-3所示的特征。首先，汽车电子产品在性能方面应能满足各种使用要求。在这一先决条件下，汽车电子产品必须是大量生产的，装车成本很低。其次，汽车电子产品还必须能克服苛刻的工作环境，在不同工况下都能正常工作，以保证汽车行驶绝对安全、可靠。此外，所开发的汽车电子控制装置都必须在生产成本、抗干扰能力、工作条件及可靠性等方面进行严格考核后，才能批量投入生产。

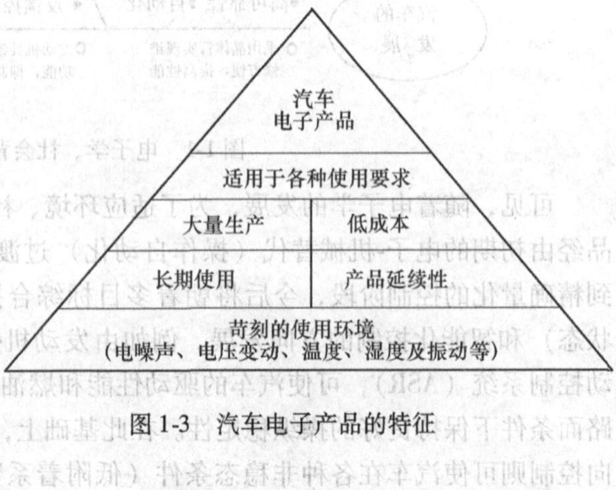

图1-3　汽车电子产品的特征

第三节　电子控制系统的共性问题

汽车作为一种最为普及的交通工具，涉及相当多的性能指标。仅汽车本身的性能指标就包括燃油经济性、动力性、尾气排放、制动性、操纵稳定性、平顺性、安全性以及弱附着路面的通过性等。为了满足人类多方面的需求，还有许多附加的功能，诸如自动空调、安全气囊、自动车窗、防盗器、通信设备、自动导航仪等其他自动装置。目前，这些附加电子装置的装车比例也在不断扩大。从控制对象看，这些系统是完全不同的，但从设计方面看，这些电子控制系统又有共同之处，如图 1-4 所示。电子控制系统的共性问题如下：

（1）动态建模　对于需满足既定要求的电子控制系统，通常都要建立控制系统的动态模型（或标定系统的数据模型）。

（2）传感装置　为了实现对被控对象的精确控制，电子控制系统都需要通过传感装置测量被控对象的变化信息。

（3）执行机构　电子控制系统都需要通过执行机构把期望的动作要求转换为准确的动作。

（4）操作系统　Windows 是计算机最广泛采用的操作系统，对于汽车电子控制系统也一样。为了提高电子控制系统的可靠性，优化其对外部事件的响应和管理能力，必须开发满足功能要求的操作系统。汽车电子控制系统的操作系统包括外围设备管理、底层驱动、调试故障诊断及各 ECU 之间的数据通信。

（5）控制算法　电子控制系统均需要设计控制算法，即根据测量信号（对象输出）与期望动作要求（对象输入）之间的偏差，基于系统的动态模型进行控制器的设计，以满足系统在不同条件下的使用要求。

（6）电子控制装置　电子控制装置又称作 ECU（Electronic Control Unit）是实现控制算法（软件或程序）的载体——硬件装置。

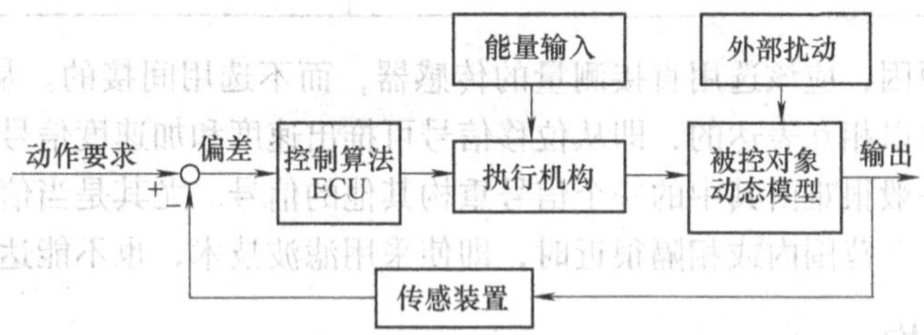

图 1-4　控制系统的一般结构框图

第四节　汽车电子控制系统的组成

一般来说，汽车电子控制系统由传感器、ECU 和执行机构组成。

一、传感器

随着电子技术的发展，汽车 ECU 普遍采用的是以微处理器为核心的数字系统，具有很强的信息处理功能。为了最大限度地提高汽车的使用性能（如燃油经济性、动力性、可靠性、乘坐舒适性、安全性、操作方便性等），需要接收各种必要的信息，进而输出相关指令以实现各类精确控制。传感器就用来提供这些必要的信息，在某些汽车上，仅传感器就多达50个。例如提高发动机性能，关键在于精确控制喷油量和点火时刻，确定这两个参数就需要很多信息，在汽车上就得装设温度传感器、空气流量计、曲轴位置传感器以及测定排气中氧气浓度的氧传感器等。如果没有各类传感器提供发动机、汽车行驶的工作状态和外部环境条件，ECU就失去了控制目标。可以说，汽车电子技术成功与否在很大程度上取决于传感器。车用传感器的类型及用途见表1-1。

表1-1　车用传感器的类型及用途

系　统	传　感　器	用　途
发动机	进气压力（或空气流量）传感器、空燃比传感器、曲轴转角传感器、爆燃、发动机转速传感器、进气温度传感器、冷却液温阀传感器、冷却液负压阀、冷却液温度传感器、冷却液温度开关	燃油喷射、废气再循环（EGR）率、点火时间的程序控制，冷却液温度调节，怠速稳定控制，空燃比修正反馈控制，爆燃区控制
变速器	挡位位置开关、节气门开度传感器、车速传感器、制动开关、驻车制动开关、发动机转速传感器	换挡控制、闭锁离合器控制、起步离合器控制
车身行驶	车速传感器、轮速传感器、车高传感器、结露开关、车外开关、车内开关、车外温度传感器、车内温度传感器、日照传感器、湿度传感器、冷却液温度开关	巡航控制、车身高度控制、防抱死制动、防结露车窗、悬架系统控制、车内空调（包括日照、湿度）、前照灯控制、防眩目后视镜、雨滴检测刮水器
显示诊断	发动机转速传感器、车速传感器、燃油剩余量传感器、冷却液温度传感器、机油油压传感器、方位行车距离传感器、进气压力传感器、燃油流量传感器、排气温度传感器	车速、发动机转速、里程表、燃油剩余量显示，冷却液液位、制动液液位、排气温度报警

除非特别的原因，应该选用直接测量的传感器，而不选用间接的。从数学上讲，位移、速度和加速度是可以相互表达的，即从位移信号可推出速度和加速度信号。然而，由于传感器的测量噪声，一般很难由其中的一个信号重构其他的信号。尤其是当信号的工作频率与测量噪声频率在同一个范围内或相隔很近时，即使采用滤波技术，也不能达到预期的效果。

二、执行机构

常用的执行机构根据驱动能量的不同可分为三类，即液压元件、气动元件和电器元件。但是，也有一些特殊的执行机构是利用材料的特殊性质来完成期望动作的。例如，控制发动机冷却液循环的节温器，是利用材料的热膨胀特性，在冷却液温度超过规定的温度后，自动打开强制循环冷却液的通道。对于小功率和运动伺服系统，一般采用电器元件，如节气门开度控制、散热器冷却风扇等。对于大功率系统，可采用液压元件和气动元件。如果结构尺寸要求很严格，则采用液压传动（如轿车）；如果结构尺寸要求较宽，则多采用气动（如货车电子悬架、防抱死制动系统）。常用的执行机构见表1-2。

表 1-2 常用的执行机构

名称		驱动能源	应用举例
电机	直流电动机	电能	刮水器
	伺服电动机	电能	节气门开度控制
	步进电动机	电能	节气门开度控制、电控悬架阻尼与刚度控制
控制阀	2/2 开关阀	液压/气动	防抱死制动、驱动控制、自动变速器（AT）
	3/3 开关阀	液压/气动	防抱死制动、驱动控制、自动变速器（AT）
	比例压力阀	液压/气动	起步离合器、无级（CVT）金属带夹紧力控制
	比例流量阀	液压/气动	无级（CVT）连续传动比控制
继电器		电能	电磁阀驱动、电动机驱动
电磁铁	比例	电能	电磁离合器、比例液压阀
	开关	电能	开关电磁阀

第五节 汽车电子控制系统建模与标定

一、电子控制系统的建模

为了实现精确控制，系统模型的设计非常重要。汽车电子控制系统的模型包括动态模型和静态模型，比较典型的动态模型有汽车整车动力学模型、防抱死制动模型、驱动控制模型等，常用的静态模型有发动机数据模型、各种液压阀控制电压（电流）与流量/压力输出特性模型。可以通过三种不同的方法获得电子控制系统的模型，如理论推导、试验标定和系统辨识。理论模型能准确、全面地描述电子控制系统的动态和稳态特性，是深入了解系统本质特性的钥匙。像悬架、ABS 及整车驱动系统的力学模型等，是建立在牛顿力学基础上的理论模型。然而，在许多场合导出理论模型就非常困难，有时也是不可能的。例如发动机就很难用一个解析表达式来描述其全部特性，所以，无论是发动机控制还是传动系统与发动机的动态匹配控制，都是采用发动机在稳态工况下的标定数据模型。一般而言，静态数据模型可以解决任意复杂系统的定量描述问题，但当系统的动态特性起着主导作用时，用静态模型描述可能会产生较大的误差。系统辨识可以提供包括动态特性在内的参数模型。在实际应用中，人们习惯把系统辨识的动态参数模型与稳态数据模型结合起来，用以改善数据模型的精度。

二、汽车电子控制系统的标定

从提高效率、降低开发成本的角度出发，汽车工程师一直试图通过理论模型来描述汽车的控制问题以及在计算机上一步完成控制算法的开发。然而由于汽车环境和工作条件的多变性，使得汽车的控制系统的开发根本做不到这点。在实际应用中所采用的标定看起来笨拙，却已成为汽车控制系统开发的一种最有效的模式，并被归纳总结为固化的开发流程。只是这种标定的难度被行业夸大得近乎神秘，好像是功能性的电子控制系统，非国外的大公司开发不可。实际上电子控制系统的标定很简单，只是需要首先把一个复杂问题分解为许多简单问题，然后将简单问题连接起来。这里以汽车起步离合器（多片湿式、液压压紧）为例，简述汽车电子控制系统的标定过程。

1. 汽车起步离合器的标定内容

（1）汽车起步离合器的基本功能

1）快速接合、分离发动机与车轮之间的动力。

2）起步速度能够反映驾驶员的操作意图。

3）坡道起步不溜坡，不熄火。

4）接合平顺，起步无冲击。

（2）工作环境

1）路面坡道变化（上坡到下坡）。

2）外部温度变化。

（3）系统状态的老化

1）摩擦片摩擦因数变化。

2）主要元件的特性老化。

3）离合器间隙的变化。

2. 汽车起步离合器标定的基本步骤

（1）系统模型常态标定（基本策略） 通过大量的试验可知，汽车起步离合器接合压力的变化过程如图1-5所示，假设汽车在平路面上以中节气门开度起步，可以满足使用要求。让汽车在平路面上以小节气门开度起步，不断改变油压变化率，找到使综合性能达到使用要求的油压变化过程，就得到第二条压力曲线。同样，汽车在平路面上大节气门开度起步，可找到第三条压力曲线。如果节气门开度任意变化，则只要根据实际值在这三条曲线之间进行插值就可以了。标定的曲线越多，对节气门开度变化的适应能力越好，但数据量越多，单片计算机需要处理的数据量就越大，应用中要根据实际情况综合进行考虑。由于起步离合器没有压力传感器，实际控制过程并不是依据压力曲线进行标定，而是根据发动机的转速，在大、中、小三个节气门开度下标定发动机转速与执行机构控制量之间的关系。在任意节气门开度下，最后通过插值方式求得发动机转速对应的控制规律。为了进一步反映驾驶员的操作意图，可增加节气门开度变化率信息量，用节气门开度和节气门开度变化率两参数来确定，一般分为5个等级，即慢、较慢、中、较快、快。

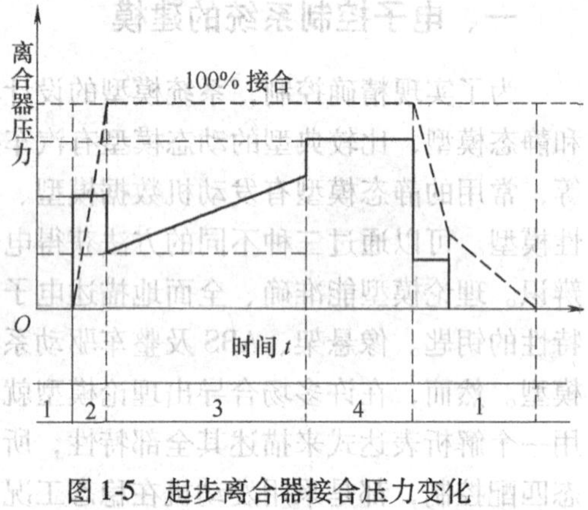

图1-5 起步离合器接合压力变化

1—离合器分离阶段 2—离合器充油阶段
3—离合器压力增加阶段 4—离合器接合阶段

（2）对环境变化的修正

1）温度变化的标定。由于变速器工作时的温度升高很快，因此温度变化标定费时，费用也高。需要恒温控制装置，尤其是极限低温，还需要特别的试验条件。在大、中、小三种节气门开度条件下，测绘温度在－30℃、－15℃、0℃、20℃、40℃、60℃时满足综合使用性能的变化曲线，再比较不同温度条件对起步特性的影响，就可以确定控制量的修正值了。

由于变速器中都装有温度传感器，因此只要经过精确标定，那么在任意温度条件下就能够容易地计算出基本控制量的修正值。

2）坡道影响的标定。由于没有特殊的坡道传感器，因此坡道影响的标定就比较粗略，主要解决发动机不熄火、整车不溜坡、发动机不空转的问题。

（3）对系统元件老化特性的修正

1）离合器传递转矩的大小在相同条件下取决于摩擦片的摩擦因数。摩擦片的摩擦因数是变化的，新摩擦片的摩擦因数最大，经使用后很快就趋于稳定了。

2）离合器的间隙大小影响汽车的起步平顺性。从离合器开始使用直到失效期间，其间隙一直都在变化，因此需要修正压力曲线随时间变化而变化的规律。同时，还要考虑电磁阀随使用时间变化而变化的衰减特性，以及控制电路老化时的衰减特性。

3）系统状态的老化一般根据汽车的里程和使用时间来推断，虽然并不是十分精确，但也能够抓住问题的实质，足以满足使用性能的修正要求。完成老化标定的工作量很大，需要确定各主要元件经历一个寿命周期的特性变化，修正决策需要的试验数据很多，但整个过程的实现却相当简单。

4）需要指出的是，标定的模式不是唯一的，“条条大路通罗马”，只要积极付诸行动，并且具有独立自主的精神，就一定可以探索出具有中国特色的标定新模式。

作为本章的结尾，引出一个业内普遍困惑的问题：汽车电子产品自主开发的条件具备吗？已达到开发的门槛条件了吗？答案是肯定的，不是汽车电子产品开发的门槛高，而是过高地估计了汽车电子产品开发的难度，结果在困难面前失去了信心。中国汽车工业走自主开发的道路已成为必然趋势，一批在汽车电子领域的开拓者在自主开发中迅速崛起，照亮了我国民族汽车工业走自主创新之路，鼓舞了民族的士气。我国汽车工业已经取得的辉煌业绩预示着我国全面开发汽车电子产品的时代即将来临。

第二章 发动机燃油供给的电子控制系统

发动机燃油供给系统的主要任务是根据发动机不同工况的要求，配制相应空燃比和数量的可燃混合气连续不断地供入发动机各个气缸，从而保证发动机的正常运转。目前，汽油机的燃油供给方式有化油器式和喷射式两种。

第一节 概 述

一、传统供油方式

化油器式燃油供给是汽油机的传统供油方式，其构成如图2-1所示。化油器式燃油供给系统的燃油配给过程是利用空气流经节气门上方喉管处产生的负压将燃油从浮子室中连续吸出，这部分燃油经与空气自行混合后被吸入各气缸内燃烧做功使发动机运转。

图2-1 化油器供油方式的构成

二、可燃混合气的配制要求

通常用空燃比来表示可燃混合气的成分。空燃比对发动机的动力性、燃油经济性及排放性均有较大的影响。下面着重讨论空燃比与发动机性能之间的关系。

1. 空燃比对发动机性能的影响

通常把吸入发动机气缸的空气与燃油的质量比称为空燃比，一般用A/F表示。

从理论上分析，1kg汽油完全燃烧变成CO_2和H_2O时，需要14.7kg的空气，故此时的空燃比为14.7，称之为理论空燃比。在发动机气缸内的实际燃烧过程中，燃烧1kg汽油所消耗的空气量不一定正好就是理论所需求的空气量，也就是说系统所提供的实际空气量可能大于理论空气量，也可能小于理论空气量，这与发动机的结构和使用工况密切相关。通常把实际空气量与理论空气量的比值称为过量空气系数，用字母α表示。当$\alpha=1$时，混合气为理论空燃比混合气；当$\alpha>1$时，混合气为稀混合气；当$\alpha<1$时，混合气为浓混合气。

空燃比对发动机性能的影响如图2-2a所示。根据分析得知，当空燃比约为12.5（$\alpha=0.85$）时，由于其燃烧速度最快，发动机所产生的转矩最大，故发动机的动力性最好，所以又称其为功率空燃比。当空燃比约为16（$\alpha=1.09$）时，由于混合气较稀，有利于汽油完全燃烧，故可降低发动机的油耗，因为此时发动机的燃油经济性最好，故又称其为经济空燃比。

可燃混合气燃烧后排出的废气成分除CO_2和H_2O外，还有空气中没有参与燃烧的N_2、剩余的O_2、没有被完全燃烧的HC、燃烧不完全的CO及高温富氧条件下燃烧生成的NO_x。

此外，从图 2-2b 中还可看到 CO、HC 及 NO_x 三种有害成分的质量分数随空燃比的变化趋势。其中 CO 和 HC 以理论空燃比为界，随着混合气变浓而逐渐上升，而在空燃比略大于理论空燃比的区域内，CO 及 HC 的质量分数均比较低。但由于 NO_x 是高温富氧的产物，故在 $\alpha=1.1$ 左右时将出现最大值。

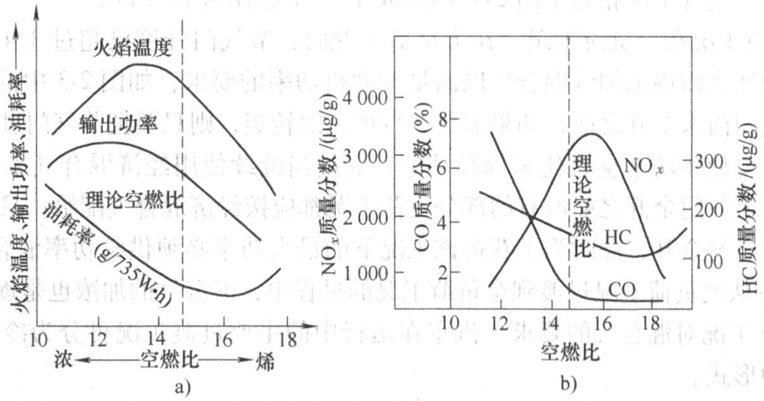

图 2-2 空燃比与发动机转矩、燃油消耗率、有害排放物排放质量分数之间的关系

a) 空燃比与温度、输出功率、燃油消耗率的关系 b) 空燃比与有害排放物质量分数之间的关系

由此可见，发动机的性能与空燃比有着密切的关系，但影响的程度和变化规律各不相同。所以，如何精确控制混合气的空燃比是比较复杂而又非常重要的问题。

2. *发动机各种工况对混合气的要求*

发动机在实际运行过程中，不同工况下对可燃混合气空燃比的要求是不同的，即使是在同一工况下，由于其在工作范围内是不断变化的，发动机对可燃混合气空燃比的要求也是不同的。下面主要从稳定工况和过渡工况两种情况进行分析。

(1) 稳定工况对混合气的要求 发动机的稳定工况是指发动机已经完全预热并进入正常转动，而且在一定时间内转速和负荷没有突然变化的情况。稳定工况又可分为怠速工况、小负荷工况、中等负荷工况、大负荷工况和全负荷工况等几种情况。

1) 怠速工况和小负荷工况。怠速工况是指发动机对外无功率输出且以最低稳定转速运转的情况。此时，混合气燃烧后所做的功，一方面用于克服发动机内部的阻力，另一方面用于保证由发动机驱动且此时需正常工作的设备（如空调压缩机、发电机等）的运作，并使发动机保持最低转速稳定运转。汽油机怠速转速一般为 300～1 000r/min。在怠速工况下，节气门处于关闭状态，此时，吸入气缸内的可燃混合气不仅数量极少，而且汽油雾化蒸发也较差，进气管中的真空度很高，当进气门开启时，气缸内压力仍高于进气管压力，结果使得气缸内的混合气废气率较大。此时，为保证混合气能正常燃烧，就必须提高其浓度，如图 2-3 中的 A 点。随着负荷的增加和节气门略微开大而转入小负荷工况时，吸入混合气的品质逐渐得到改善，所以在小负荷工况时，发动机对混

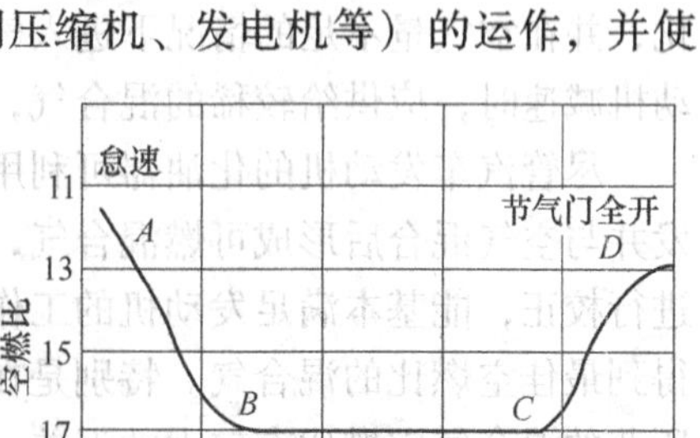

图 2-3 汽油机负荷变化时所需的混合气空燃比

合气成分的要求如图2-3中的*AB*线段所示。也就是说，发动机在小负荷运行时，供给的混合气也应加浓，但加浓的程度随负荷的增加而减小。

2）中等负荷工况。汽车发动机大部分工作时间都处于中等负荷状态。此时，节气门已有足够大的开度，上述影响因素已不复存在，因此可供给发动机较稀的混合气，以获得最佳的燃油经济性。这种工况相当于图2-3中的*BC*段，空燃比为16~17。

3）大负荷工况和全负荷工况。在大负荷工况时，节气门开度已超过3/4，此时应随着节气门开度的增大而逐渐加浓混合气以满足发动机功率的要求，如图2-3中的*CD*段。但实际上，在节气门尚未全开之前，如果需要获得更大的转矩，则只要把节气门进一步开大就能实现，没有必要使用功率空燃比来提高功率，而应当继续使用经济混合气来达到省油的目的。因此，在节气门全开之前所有的部分负荷工况都应按经济混合气配给。只是在全负荷工况时，节气门已经全开，此时为了获得该工况下的最大功率必须供给功率混合气，如图2-3中的*D*点。在从大负荷工况过渡到全负荷工况的过程中，混合气的加浓也是逐渐变化的。

（2）过渡工况对混合气的要求　汽车在运行中的主要过渡工况可分为冷起动、暖机和加、减速三种形式。

1）冷起动。冷机起动时，发动机要求供给很浓的混合气，以保证混合气中有足够的燃油蒸气，使发动机能够顺利起动。但在冷起动时燃油和空气的温度都很低，燃油蒸发率很小，为了保证冷起动顺利，要求混合气的空燃比加浓到2:1才能在气缸内形成可燃混合气。

2）暖机。发动机冷起动后，各缸开始依次点火而做功，发动机温度逐渐上升。发动机在暖机过程中，由于温度较低，燃油雾化较差，因此也需要A/F较小的浓混合气，而且随着发动机温度的增加空燃比逐渐增大，直至达到正常工作温度为止，发动机进入怠速工况。

3）加、减速。发动机的加速是指发动机的转速突然迅速增加的过程。此时，驾驶员猛踩加速踏板，节气门开度突然加大，进气管压力随之增加，由于燃油的流动惯性和进气管压力增大后燃油蒸发量的减少，大量的燃油颗粒被沉积在进气管壁面上形成厚油膜，而进入气缸内的实际混合气则瞬时被稀释，严重时会出现过稀，使发动机转速下降。为了避免这一现象发生，在发动机加速时，应向进气管喷入一些附加燃油以弥补加速时的暂时稀释，进而获得良好的加速性。

当汽车减速时，驾驶员迅速松开加速踏板，节气门突然关闭，此时由于惯性作用发动机仍保持很高的转速，因此进气管真空度急剧增高，促使附着在进气管壁面上的燃油蒸发汽化，并在空气量不足的情况下进入气缸内，造成混合气过浓，严重时甚至熄火。因此，在发动机减速时，应供给较稀的混合气，以避免这一现象的发生。

尽管汽车发动机的化油器可利用空气流经喉管时产生的负压将燃油连续吸出、雾化、蒸发并与空气混合后形成可燃混合气，同时还可通过一些辅助装置对不同工况下的混合气浓度进行校正，能基本满足发动机的工作要求，但是，这种供油方式无法使发动机在燃烧过程中得到最佳空燃比的混合气。特别是在低温、低速状态下，汽油的雾化效果较差，使燃烧室内所获的混合气空燃比有较大的误差，而且不能保证各缸供油均匀，造成发动机冷起动性能较差。此外，由于传统化油器无法根据进气量对燃油进行精确计量和控制，因此无法达到现代汽车的设计标准，严重影响了汽油机性能的进一步提高。

根据以上分析，要实现对发动机空燃比的精确控制，以满足发动机在各种工况和条件下所需最佳空燃比的要求，采用化油器式燃油供给系统是无法做到的。

三、燃油喷射供油方式

在节油和排气净化两个主要因素的制约下，汽油机的燃油喷射系统经历了近半个世纪的不断完善和发展，才逐步形成当今性能卓越的电控燃油喷射系统，并广泛应用在现代汽车的发动机上。燃油喷射供油方式的构成如图 2-4 所示。

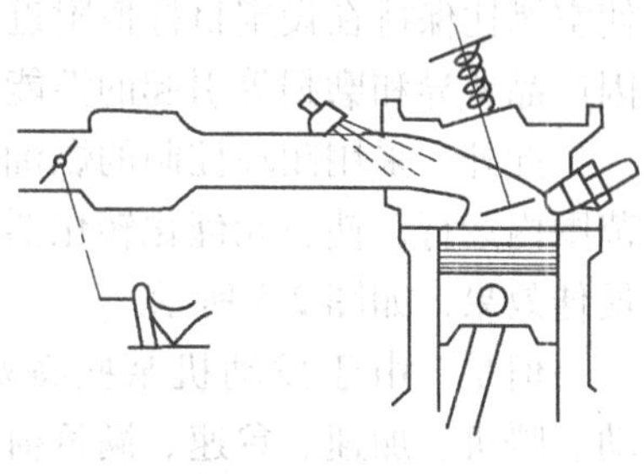

图 2-4　燃油喷射供油方式的构成

燃油喷射控制系统则是根据直接或间接测量的空气进气量确定燃烧所需的汽油量，并通过控制喷油器开启时间来进行精确配制，使一定量的燃油以一定的压力通过喷油器喷射到发动机的进气道或气缸内与吸入的空气形成可燃混合气。特别强调的是，由于燃油喷射式的燃油配给方式可以精确控制可燃混合气的空燃比，所以可有效提高和改善发动机的动力性、燃油经济性，达到排气净化的目的。

第二节　汽油机的电子控制

与化油器式燃油喷射系统不同的是，电控燃油喷射系统由于采用了电子控制方式，因此可根据每循环的进气量对各缸所需的燃油喷射量进行精确计量和控制，而且 ECU 还可根据执行结果进一步来改变控制量，从而实现闭环反馈控制。为了进一步提高控制精度，一些电控燃油喷射系统在反馈控制基础上还增加了学习控制并自行进行修正，从而极大地改善了发动机的工作性能和控制系统的控制精度、稳定性及可靠性。

一、电喷系统的分类

汽油喷射系统发展至今已有多种类型，根据其结构特点可分为以下几种类型：

1. 按系统控制模式来分类

在发动机电控燃油喷射系统中，按系统控制模式的不同可分为开环控制和闭环控制两种类型。

（1）开环控制　开环控制就是指把根据试验确定的发动机各种运行工况所对应的最佳供油量的数据事先存入 ECU 中，发动机在实际运行过程中，主要根据各个传感器的输入信号判断发动机所处的运行工况，然后找出最佳供油量并发出控制信号。控制信号经功率放大器放大后，再驱动电磁喷油器动作，如此控制混合气的空燃比，使发动机处于最佳运行状态。

开环控制系统只受发动机运行工况参数变化的控制，且按事先设定在 ECU 中的试验数据工作，其优点是简单易行，缺点是其精度直接依赖于所设定的基准数据的精度和电磁喷油器调整标定的精度。但当喷油器及传感器系统电子产品性能发生变化时，混合气就不能正确地保持在预定的空燃比值上。因此，它对发动机及控制系统各个组成部分的精度要求高，系统本身抗干扰能力较差，而且当使用工况超出预定范围时，就不能实现最佳控制。开环控制系统不带氧传感器等反馈传感器。

（2）闭环控制　闭环控制系统又称为反馈控制系统，其特点是加入了反馈传感器，输出反馈信号给控制器，以随时修正控制信号。闭环控制系统在排气管上加装了氧传感器，可根据排气中含氧量的变化，测出发动机燃烧室内混合气的空燃比值，并把它输入ECU中再与设定的目标空燃比值进行比较，将偏差信号经功率放大器放大后再驱动电磁喷油器喷油，使空燃比保持在设定目标值附近。因此，闭环控制可达到较高的空燃比控制精度，并可消除因产品差异和磨损等引起的性能变化对空燃比的影响，工作稳定性好，抗干扰能力强。

此外，采用闭环控制的燃油喷射系统可保证发动机在理论空燃比（14.7）附近很窄的范围内运行，使三元催化转化器的排气净化处理达到最佳效果，如图2-5所示。

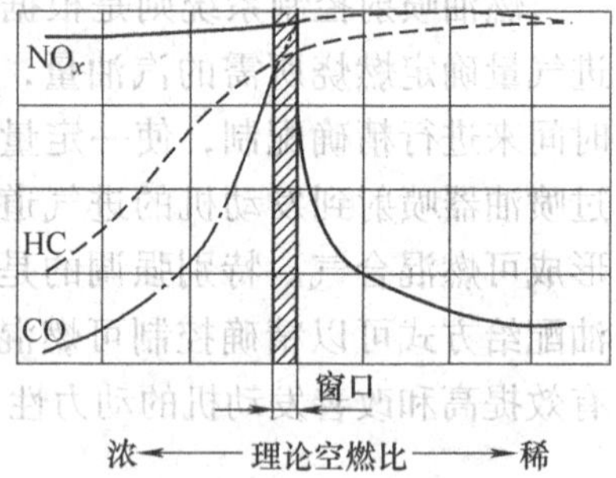

图2-5 三元催化转化器的净化率特性

但是，由于发动机某些特殊的运行工况（如起动、暖机、加速、怠速、满负荷）需要控制系统提供较浓的混合气来保证发动机的各种性能，所以，在现代汽车发动机电子控制系统中，通常采用开环与闭环相结合的控制方式。

2. 按喷油实现的方式来分类

在发动机电子控制系统中，按喷油实现的方式进行分类，可分为机械式、机电混合式和电子控制式三种燃油喷射系统。

（1）机械式燃油喷射系统（K系统） 机械式燃油喷射系统（K系统）在柴油机中应用时间较长，在汽油机中应用较少。德国BOSCH公司的K-Jectronic系统属于机械式汽油喷射系统，简称K系统。该系统采用连续喷射方式，可分为单点喷射或多点喷射，其喷油量是通过空气计量板直接控制汽油流量调节柱塞来控制的，采用的是机械式计量方式，故由此得名。该系统中设有冷起动喷油器、暖车调节器、空气阀及全负荷加浓器等装置，以便根据不同工况对基本喷油量进行修正。

（2）机电混合式燃油喷射系统（KE系统） 德国BOSCH公司的KE-Jectronic系统属于机电混合式燃油喷射系统（简称KE系统）。该系统是在K系统的基础上改进后的产品，其特点是增加了一个ECU。ECU可根据冷却液温度传感器、节气门位置传感器等的输入信号来控制电液式压差调节器的动作，以此实现对不同工况下空燃比的修正的目的。

（3）电子控制式燃油喷射系统（E系统） 电子控制式燃油喷射系统（E系统）中燃油的计量通过ECU和电磁喷油器来实现。该系统采用了全电子控制方式，即ECU通过各种传感器来检测发动机运行参数（包括发动机的进气量、转速、负荷、温度、排气中的氧含量等）的变化，再由ECU根据输入信号和数学模型来确定所需的喷油量，并通过控制喷油器的开启时间来控制喷入气缸内的每循环喷油量，进而实现对气缸内可燃混合气的空燃比进行精确配制的目的。

电子控制式燃油喷射系统在发动机各种工况下均能精确计量所需的喷油量，而且稳定性好，能实现发动机的优化设计和优化控制。因此，在汽油喷射系统中被广泛应用。

3. 按喷油器数目的多少来分类

在发动机燃油喷射控制系统中，按喷油器数目进行分类，又可分为单点喷射（Single Point Injection，SPI）和多点喷射（Multi Point Injection，MPI）两种形式。单点喷射系统与多点喷射系统的比较如图2-6所示。

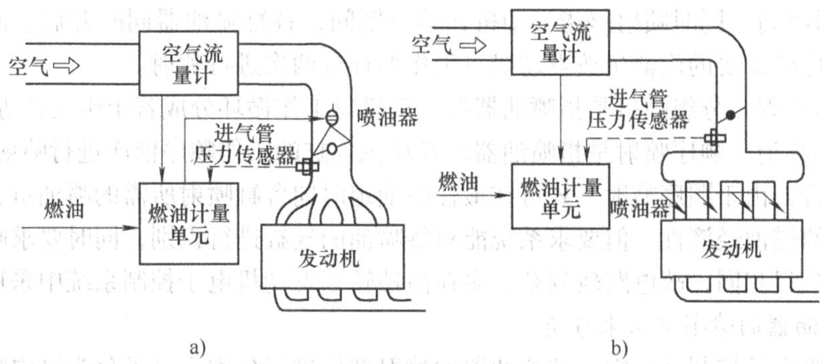

图 2-6　单点喷射系统与多点喷射系统的比较

（1）单点喷射　单点喷射是在进气管的节气门体上或稳压箱内安装一个中央喷射装置，用一只或两只喷油器集中向进气总管喷射燃油。在发动机进气行程时这些燃油与空气一道被吸入气缸内形成可燃混合气，故这种喷射系统可称为节气门体喷射（TBI）系统或中央喷射（CFI）系统。

（2）多点喷射　多点喷射是在每个气缸进气门附近安装一个喷油器，所以各缸之间的混合气较均匀，而且在设计进气管时可以充分利用进气惯性的脉动效应来实现高功率化设计。

相比而言，单点喷射系统可采用更低的喷油压力（只有 0.1MPa），虽然其性能略逊于多点喷射系统，但其结构简单、成本低、故障率低、工作可靠，对发动机改动少，且维修方便，故在 20 世纪 90 年代的小排量普通轿车上曾得到广泛应用。

4. 按喷油器的喷射方式来分类

在发动机电子控制系统中，按照喷油器喷射方式的不同可分为连续喷射和间歇喷射两种形式。

（1）连续喷射　连续喷射又称为稳定喷射，在连续喷射系统中，汽油被连续不断地喷入进气歧管内，并在进气歧管内蒸发后形成可燃混合气再被吸入气缸内。由于连续喷射系统不必考虑发动机的工作时序，因此控制系统结构较为简单。德国 BOSCH 公司的 K 式喷射系统和 KE 式喷射系统均采用了连续喷射方式。

（2）间歇喷射　间歇喷射又称为脉冲喷射或同步喷射，其特点是喷油频率与发动机转速同步，而且喷油量仅取决于喷油器的开启时间（喷油脉冲宽度）。因此，ECU 可根据各种传感器所获得的发动机运行参数动态变化的情况，精确计量发动机所需的喷油量，再通过控制喷油脉冲宽度来控制发动机各种工况下的可燃混合气的空燃比。由于间歇喷射方式的控制精度较高，因此被现代发动机集中控制系统广泛采用。

如图 2-7 所示，间歇喷射又可分为同时喷射、分组喷射和顺序喷射三种形式。

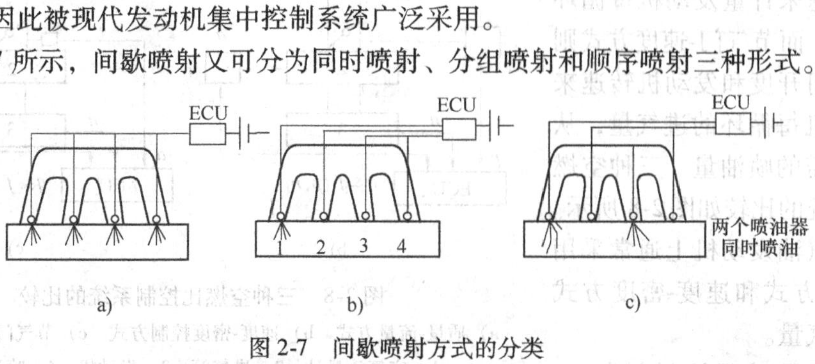

图 2-7　间歇喷射方式的分类

a）同时喷射　b）顺序喷射　c）分组喷射

1）同时喷射。同时喷射是指发动机在运行期间，各缸喷油器同时开启、同时关闭。通常将一次燃烧所需要的汽油量按发动机每工作循环分两次进行喷射。

2）分组喷射。分组喷射是指喷油器按发动机每工作循环分成若干组交替进行喷射。

3）顺序喷射。顺序喷射是指喷油器按发动机各缸的工作顺序依次进行喷射。

相比而言，由于顺序喷射方式可在最佳喷油定时向各缸喷射所需的喷油量，因此有利于改善发动机的燃油经济性。但要求系统能对待喷油的气缸进行识别，同时要求喷油器驱动回路与气缸的数目相同，故电路较复杂，多在高档轿车发动机电子控制系统中采用。

5. 按喷油器的喷射部位来分类

在发动机电子控制系统中，按喷油器的喷射部位进行分类，又可分为缸内喷射和缸外喷射两种形式。

（1）缸内喷射　缸内喷射是指喷油器将汽油直接喷射到气缸燃烧室内，因此需要较高的喷油压力（3~12MPa）。由于喷油压力较高，因此对供油系统的要求较高，成本也相应较高。同时，由于要求喷出的汽油能分布到整个燃烧室，因此缸内喷油器的布置及气流组织方向比较复杂，并且由于受发动机结构设计的限制，目前这种方式较少采用。

（2）缸外喷射　缸外喷射是指进气歧管内喷射或进气门前喷射。该方式中喷油器被安装在进气歧管内或进气门附近，因此汽油在进气过程中被喷射后与空气混合形成可燃混合气再进入气缸内。理论上，喷射时刻设计在各缸排气行程上止点前70°左右为佳。喷射方式可以是连续喷射或间歇喷射。

相比而言，由于缸外喷射方式汽油的喷油压力（0.1~0.5MPa）不高，而且结构简单、成本较低，因此目前应用较为广泛。

6. 按空气量的检测方式分类

在发动机电子控制系统中，根据空气进气量的检测方式，可分为直接检测方式和间接检测方式两种。直接检测方式称为质量流量（mass-flow）方式，间接检测方式又可分为速度-密度（speed-density）方式和节气门-速度（throttle-speed）方式。

在间接检测方式中，速度-密度方式是根据进气管绝对压力和发动机转速来计量发动机每循环的进气量，而节气门-速度方式则根据节气门开度和发动机转速来计量发动机每循环的进气量，从而计算所需的喷油量。三种空燃比控制系统的比较如图2-8所示。目前，在汽油发动机上通常采用质量-流量方式和速度-密度方式来测量进气量。

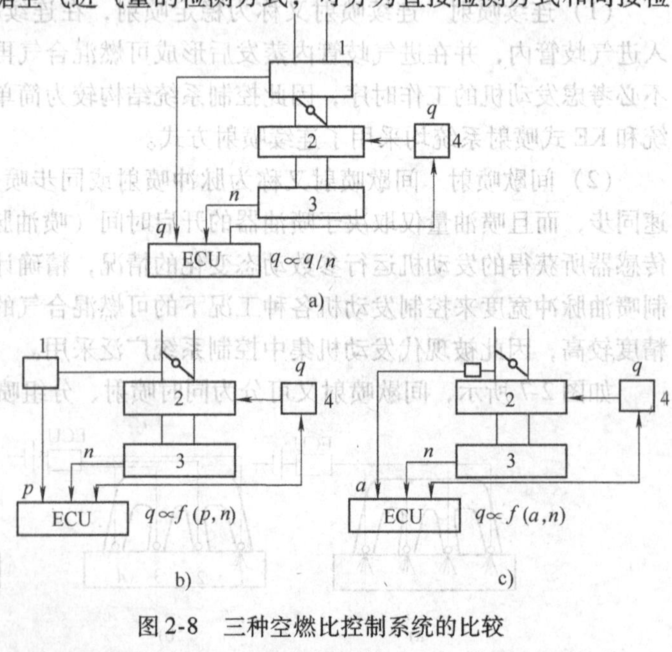

图2-8　三种空燃比控制系统的比较

a）质量-流量方式　b）速度-密度控制方式　c）节气门-速度方式

1—空气流量计　2—进气管　3—发动机　4—喷油阀

由于质量-流量控制方式（L

型）是通过空气流量传感器（Air Flow Meter，AFM）直接测量发动机的进气量，然后根据进气量和转速来确定发动机每工作循环的供油量，因此比用进气管绝对压力间接测量发动机进气量的方法精度高、稳定性好。

常用的空气流量计有以下几种：叶片式空气流量计（测量体积流量）或称为翼板式空气流量传感器；卡门涡旋式空气流量传感器（测量体积流量）；热线式空气流量传感器（测量质量流量）；热膜式空气流量传感器（测量质量流量）。

二、电喷供油方式的优点

与化油器方式相比而言，汽油喷射系统具有以下几方面的优点。

1. 混合气分配均匀性好

在多点喷射系统中，由于每个气缸均有一个喷油器，而且喷油量是根据发动机转速和负荷的变化进行精确的控制，因此能使燃油均匀地分配给各个气缸，以此提高发动机的燃烧质量和稳定性。

2. 混合气配制精度高

为了保证发动机在各种工况下都能供给适当浓度的可燃混合气，传统化油器配置了主供油泵、怠速油泵、加速油泵等系统，这些系统在转速从低向高变化时，混合气都会短暂地变稀，另外，由于混合气分配不均匀，为了保证发动机正常运转，都需要将混合气调得偏浓，这样会导致燃油经济性和排放性变差。在 EFI 系统中，无论发动机转速与负荷如何变化，系统都能连续、精确地供应混合气。因为 EFI 系统可直接或间接地测量发动机的进气量，进而精确计量出发动机燃烧所需的供油量，并同时根据发动机负荷、温度等参数进行适时的修正，以此精确控制发动机各种工况下的空燃比，实现发动机的最优控制，有效提高其动力性、燃油经济性和排气净化程度。

3. 加速响应好

化油器系统中，加速时因空气与汽油的比重相差很大，燃油流量的增长比空气流量的增长要慢得多，因此加速响应不好。在 EFI 系统的多点喷射系统中，喷油器装在进气门附近，汽油又以 200～300kPa 的压力经喷孔喷出，呈雾状，极易与空气混合，使送至气缸的混合气浓度及时地随节气门开度的变化而立即变化，消除了汽车变工况时燃油供给的迟滞现象。

4. 良好的起动性能和减速断油

（1）低温补偿　由于汽油是在一定压力下喷出的，因此即使是在低温时，冷起动喷油器在发动机起动时也会喷出极佳的雾状汽油，基本不影响混合气的形成质量，因而可提高起动能力。与此同时，在进气系统中空气阀能供给足够的空气，使发动机具有良好的起步能力。

（2）减速时停止供油　减速时，节气门关闭，发动机还是以高速运转，此时进入气缸的空气量减少，进气歧管的真空度增大。在化油器系统中，此时会使粘附于进气歧管壁面的汽油由于歧管内真空度急剧升高而蒸发后进入气缸，使混合气变浓，燃烧不完全，HC 含量增加。采用 EFI 系统后，可及时停止供油。

5. 充气效率高

在化油器系统中，由于化油器喉管的节流作用使得发动机充气量减少，从而影响了发动机的动力性能。在 EFI 系统中进气管无须喉管进行节流，因此进气歧管可按流体力学最佳理论进行设计，从而具有较大的设计自由度，这样可大大减小流通阻力，提高汽油的雾化质量，提高发动机的充气率。同时，由于EFI系统可以采用较大的气门重叠角，有利于废气排出，同样也可提高发动机的充气率，以此提高发动机的动力性。特别是采用进气谐振控制系统后，可根据发动机转速来选择进气管的有效长度，利用进气谐振增压效应进一步提高发动机的充气率，进而提高发动机的动力性。

6. 环保性佳、燃油经济性好

由于空燃比可以用改变喷油器开启时间长短进行控制，因而能较好地满足各种工况的要求，减少废气中CO和HC的含量，有效提高发动机排气净化的程度，同时对燃油经济性的改善很有利。EFI系统在反馈控制基础上，若增加学习控制功能，而且与三元催化装置配合使用，则可最大限度地减少CO、HC及NO_x等有害气体，有效提高发动机的排气净化率。采用EFI系统后，发动机可以在比较稀的混合气条件下运行，不仅能减少废气中有害排放物的排放浓度，还有利于节省能源。此外，利用发动机的断油技术，可以消除发动机急减速时所产生的污染，有利于提高发动机的燃油经济性和排放性。

总之，与化油器式发动机相比，EFI可使汽车发动机的功率提高5%～10%，燃油消耗率降低5%～15%，废气排放量减少20%左右。同时，由于转矩特性的明显改善，瞬时响应快，汽车的加速性能大大提高，汽车起动更容易，暖机更迅速，大大提高了汽车的加速性和对道路的适应性。

第三节　电子控制多点汽油喷射系统

EFI系统通过对燃油喷射时间的控制调节喷油量，从而改变混合气浓度。为实现空燃比的高精度控制，就必须对进入气缸的空气量进行精确计量。

目前，在汽车上应用的电子控制多点汽油喷射系统根据进气量检测方式的不同可以分为D型EFI系统和L型EFI系统两种类型。

（1）D型EFI系统　这种系统是通过检测进气歧管的真空度来测量发动机吸入的空气量。“D”是德文“压力”的第一个字母，由于空气在进气管内的压力波动，因此该方法的测量精度稍差。采用的是进气压力传感器。

（2）L型EFI系统　这种系统是用空气流量计直接测量发动机吸入的空气量。“L”是德文“空气”的第一个字母，其测量的准确程度高于D型，因此可以更精确地控制空燃比。D型EFI系统和L型EFI系统均采用多点间歇脉冲喷射方式，配用该两种系统的发动机不仅降低了发动机的排放，而且提高了发动机的燃油经济性，改善了发动机的性能，但发动机成本较高。下面以L型EFI系统为例进行详细说明。

一、MPI系统的结构及工作原理

虽然汽车制造厂家不同，但EFI系统功能都基本相同。L型EFI系统的结构如图2-9所示，由空气供给系统、燃油供给系统以及电子控制系统三大部分组成。

1. 空气供给系统

其作用是测量和控制汽油燃烧时所需要的空气量，一般由空气滤清器、空气流量计、辅助空气调节器、节气门室以及怠速调节螺钉等组成。经空气滤清器过滤后的空气，通过空气

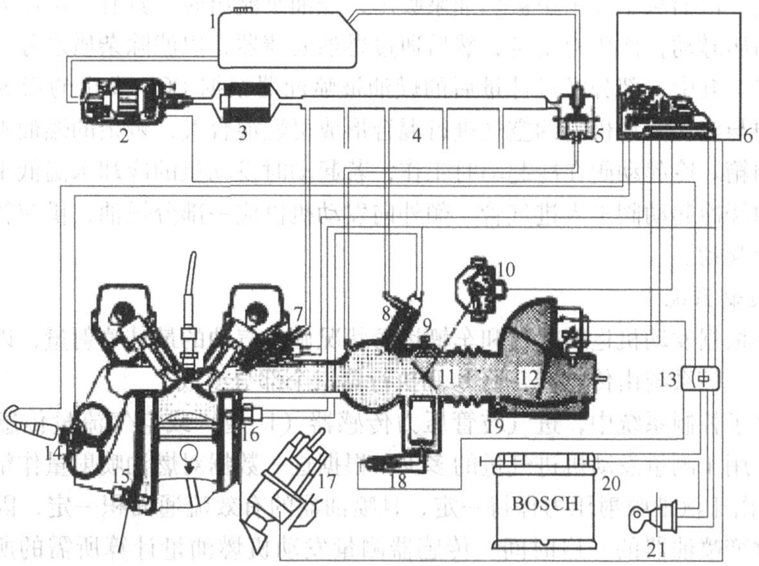

图 2-9　L 型 EFI 系统的方案

1—油箱　2—燃油泵　3—燃油滤清器　4—分配管　5—压力调节器　6—ECU　7—喷油器　8—冷起动阀　9—怠速调节螺钉　10—节气门开关　11—节气门　12—空气流量计　13—继电器组　14—氧传感器　15—发动机温度传感器　16—温度时间开关　17—分电器　18—辅助空气调节阀　19—怠速混合气调节螺钉　20—蓄电池　21—起动开关

流量计进行测量，再经节气门体流到稳压室后进入进气总管，然后自行分配至进气歧管且与喷油器喷出的燃油混合后，被吸入气缸内进行燃烧。汽车行驶时，发动机进气量的多少由节气门来调节。发动机怠速时，节气门几乎是关闭的，空气由节气门旁通通路通过，旁通通路大小可通过怠速调节螺钉进行人工调节，减小通路面积，流过的空气减少，喷油量就会减少，怠速转速将降低。

在 L 型 EFI 系统中，发动机进气量通过空气流量计来计量，而在 D 型 EFI 系统中，进气量则由进气歧管绝对压力传感器来计量。

通常，空气流量由节气门控制，而节气门则通过加速踏板操作。怠速时，节气门关闭，空气则由旁通道通过。怠速转速的控制可由怠速调整螺钉、空气阀或怠速控制阀等调节装置通过调节流经旁通道的空气量来实现。目前，大多数发动机控制系统，广泛采用带 ECU 控制的怠速控制阀来控制发动机的怠速转速及负荷。

在冷却液温度较低时，为了加快发动机的暖机过程，ECU 控制的怠速控制阀可提供较多的空气量。此时，发动机的转速较高，又称为快怠速或高怠速。随着发动机冷却液温度逐渐升高，怠速调整装置可使旁通的空气量逐渐减小，至发动机转速逐渐恢复正常为止。

此外，发动机 EFI 系统可自动控制发动机的怠速转速，来及时调整发动机的输出功率，以满足怠速时空调器及其他辅助装置和电路负载的需要。

2. 燃油供给系统

燃油供给系统用于产生系统油压、传递燃油、调节油压并进行滤清，供给发动机燃烧过程所需的燃油。主要由燃油泵、油压脉动阻尼器、燃油滤清器、冷起动阀、喷油器以及压力调节器等组成。汽油从燃油箱中被燃油泵吸出，经油泵流出时，具有一定压力，燃油流过阻尼器以减轻油压脉动，使压力稳定，然后通过燃油滤清器，以滤除杂质水分，经过燃油分配管流至喷油器。其中一部分经过计量后的燃油被喷油器根据 ECU 发出的指令喷入各进气歧管或稳压室中与流入发动机内的空气进行混合形成可燃混合气，剩余的燃油则经过调压器及回流管返回油箱。冷起动阀在冷起动时工作，若起动时发动机的冷却水温低于规定值，冷起动阀开，燃油经冷起动阀进入进气管，额外向发动机供应一部分燃油，供应较浓混合气，以利于发动机冷起动。

3. 电子控制系统

其功能是根据发动机运转状况和车辆运行状况确定汽油的最佳喷射量，以此控制发动机的最佳空燃比。该系统由传感器、ECU 和执行器三个部分组成。

发动机电子控制系统中，进气歧管压力传感器（D 型）或空气流量传感器（L 型）是主要传感器，用于测量发动机进气量的多少，根据这一数据对燃油喷射量作精确的调节。在 EFI 系统中，由于汽油喷射压力保持一定，且喷油器的有效流通面积一定，因此要改变喷油量，就必须改变喷油器的开启时间。传感器测量发动机燃油量计算所需的所有参数。ECU 处理来自各传感器的输入信号，ECU 经过精确计算以后，决定喷油器的开启时间，从而控制喷油量。显然，喷油器、燃油泵就是控制系统的主要执行器。此外，根据发动机的设计要求，电子控制系统还具有控制发动机的最佳点火时间、怠速转速、废气再循环率、故障自诊断等功能。

二、MPI 系统各部件的结构及功用

1. 空气供给系统

（1）空气流量计　用来测量发动机进气量，将吸入发动机的空气量转换成电信号送至 ECU，是用来确定基本喷油量的主要依据之一。按其结构类型可以分为以下四种：

1）翼板式空气流量计。翼板式空气流量计为体积流量型，20 世纪 70 年代较为流行。

2）卡门旋涡式空气流量计。卡门旋涡式空气流量计为体积流量型，多见于三菱和丰田汽车。

3）热线式空气流量计。热线式空气流量计为质量流量型，20 世纪 80 年代初开发研制，现今广泛应用。

4）热膜式空气流量计。热膜式空气流量计为质量流量型，美国通用汽车公司研制，大多应用在通用和日本五十铃公司生产的汽车上。

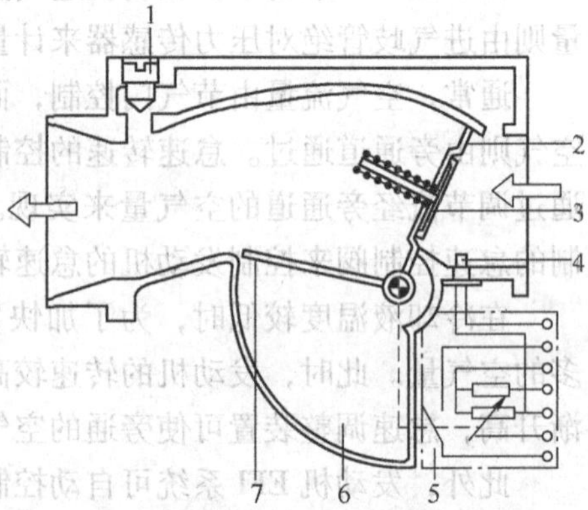

图 2-10　空气流量计

1—调节螺钉　2—摆板

3—止回阀　4—空气温度计

5—电位计　6—缓冲室　7—补偿挡板

翼板式空气流量计由壳体及翼板两部分组成，如图 2-10 所示，空气经过空气滤清器和空气流量计进入发动机，首先得推动翼板才能进入。翼板可以转动改变其旋转角度，无空气流动时，在回位弹簧的作用下回位。与摆板做成一体的是补偿挡板，在缓冲室中转动，用于减少脉动，使加、减速平稳。发动机怠速运行时，进气量很少；部分空气经

旁通进气孔进入发动机，旁通进气孔的大小可以用调节螺钉调节，从而调节旁通空气量的多少。

在主空气通道中装有空气温度计，用于测量进气温度，以对供油量进行相应的调节。在壳体中，装有电阻式电位计，发动机工作中，翼板角度发生变化，电阻随之发生变化，由此可以测定翼板旋转角度的大小。

空气通过空气流量计进入发动机时，推动翼板转动，流量越大，旋转角度越大，ECU测量此旋转角度大小，从而测定发动机进气量的多少。

（2）进气歧管绝对压力传感器　进气歧管绝对压力传感器是最重要的传感器之一，可用来测量发动机的进气量，简称进气绝对压力传感器。与空气流量计不同的是，该传感器采用间接测量方式来测量空气的进气量，即依据发动机的负荷变化测出进气歧管内绝对压力的相应值，进而测算发动机的进气量。

进气绝对压力传感器种类较多，就其信号产生原理的不同可分为半导体压敏电阻式、电容式、膜盒传动的可变电感式和表面弹性波式等。其中电容式和半导体压敏电阻式进气绝对压力传感器在当今发动机电子控制系统（D 型 EFI）中应用较为广泛。

（3）节气门室　节气门室用于控制发动机进气量，以改变发动机的运行工况，它由节气门、怠速空气通道、怠速调节螺钉和节气门开关等组成。踏下加速踏板，节气门开启，进入发动机的空气增多，翼板转动角度增大，发动机喷油量随之增多。

（4）节气门位置传感器　节气门位置传感器有线性输出和开关量输出等两种类型。线性输出型节气门位置传感器通常装在节流阀体上，可同时把节气门开度、怠速、大负荷等信号转换成电压信号送至 ECU 中，以便控制系统可根据发动机的各种典型工况对其喷油量及点火提前角进行最优控制。开关量输出型节气门位置传感器在节气门中设有怠速触点及全负荷触点，又称节气门开关。当节气门关闭及节气门全开工作时，即怠速触点闭合及全负荷触点闭合时，该传感器给 ECU 输入相应的开关信号，用于进行怠速及全负荷供油控制。

2. 燃油供给系统

燃油供给系统由燃油泵、燃油滤清器、燃油压力调节器、喷油器、冷起动阀温度时间开关等组成。电动燃油泵将燃油从燃油箱传递给喷油器，喷油器的油压由燃油压力调节器保持一定，其中一部分燃油经喷油器喷出进入气缸，多余的燃油经回油管返回燃油箱，装在燃油泵和喷油器之间的燃油滤清器用于滤清燃油。

（1）燃油泵　燃油泵用于向喷油器及冷起动阀供应具有一定压力的燃油，根据燃油泵安装位置的不同可分为内置式燃油泵和外置式燃油泵两种。相比而言，内置式燃油泵由于安装在燃油箱内，所以不易发生气阻和漏油现象，对泵的自吸性能要求较低，而且噪声小，故目前大多数 EFI 系统广泛采用内置式燃油泵。

电动燃油泵主要是由燃油泵、永磁电动机、安全阀、单向阀和外壳等组成，其结构如图 2-11 所示。电动机通电时即可带动泵体转动，将燃油从吸油口吸入，流经电动燃油泵内部，再从出油口压出，给燃油系统供油。同时，由于燃油流经电动燃油泵的内部，因此又可对永磁电动机的电枢部分进行冷却，故此种燃油泵又称为湿式燃油泵。

单向阀主要用于防止燃油倒流，并可保持管路残余压力，以防止由于温度较高时，油路产生气阻现象，影响发动机的热起动性能。

当燃油泵输出压力超过 400kPa 时，安全阀会自动打开，高压燃油可回至燃油泵的进油

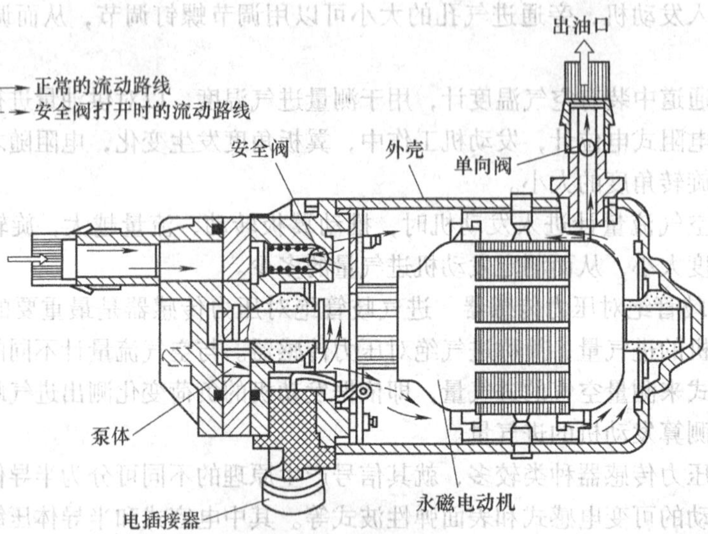

图 2-11　燃油泵的结构

室，并在燃油泵和电动机内循环，以避免由于油路堵塞而引起管路油压过高造成管路破裂或燃油泵损坏等现象。

燃油泵是电动燃油泵的主体，根据结构类型的不同，可分为滚柱泵、齿轮泵、涡轮泵等。

(2) 燃油滤清器　燃油滤清器用于滤除燃油中的杂质和水分，是一圆筒形纸质滤清器。

(3) 压力调节器　燃油压力调节器的作用是根据进气歧管绝对压力的变化来调节系统油压（燃油总管油压），使喷油器的喷油相对压力（即燃油供给系统和进气管压力两者之间的压力差）保持恒定，使得喷油器的燃油喷射量唯一地取决于喷油器的开启时间，从而使发动机在各种转速和负荷工况下都能精确地控制喷油量。

燃油压力调节器如图 2-12 所示，其内部由一膜片分为上、下两部分，一部分为空气室，另一部分为燃油室，弹簧压在膜片上，膜片上有一阀门，燃油室内设有进油口和回油口。

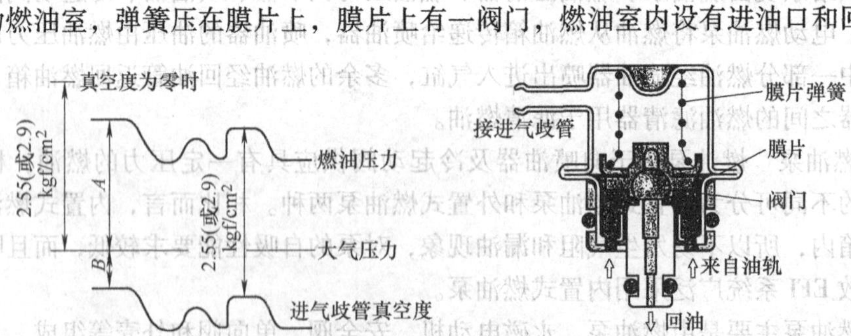

图 2-12　燃油压力调节器

当进气真空度较低时，膜片所受的吸力减小，在弹簧的作用下，阀门开启很小，回流的油较少，油管中的油压较高。因此，当节气门开大时，进气真空度减小，油管压力提高。相反，当发动机节气门关闭时，进气管的真空度较大，膜片所受吸力增大，回油孔阀门开度增大，回流的油较多，油管中的油压降低一些。随发动机运行工况的不同，进气管真空度发生变化，油路中的油压也随之变化，变化结果是油管中的油压与进气管中的真空压力差总保持一定值。

（4）喷油器　喷油器是EFI系统的一个关键部件，安装在进气管上靠近进气道处，受ECU的控制，它根据ECU发出的喷油脉冲信号，将精确计量的燃油喷成雾状，如图2-13所示。

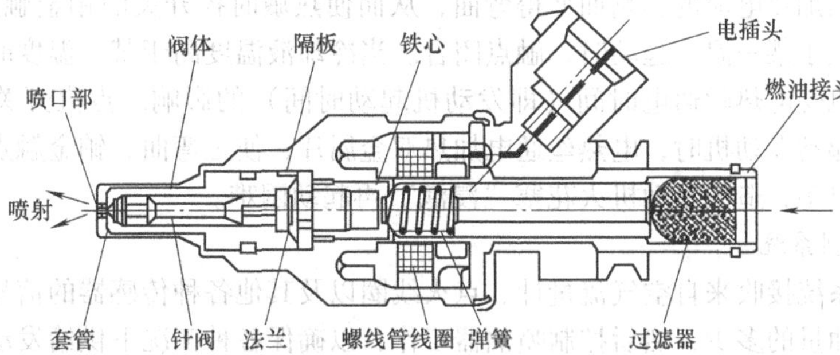

图2-13　喷油器

喷油器是一种加工精度非常高的精密仪器，要求其动态流量范围大、雾化性能好、抗堵塞能力强。为此，世界各国汽车公司先后开发了各种结构形式的喷油器，以满足这些性能要求。

根据自身结构特点，喷油器有几种分类形式：根据喷油器燃料送入方式的不同可分为顶供式喷油器和底供式喷油器；根据喷油器驱动电路类型的不同又可分为低阻喷油器和高阻喷油器；根据喷油器喷口特点的不同还可分为轴针式喷油器、球阀式喷油器和片阀式喷油器。

当ECU送来的信号进入喷油器时，喷油器电磁线圈通电，产生电磁吸力，针阀随铁心一起升起，针阀离开阀座，喷油器打开，压力油喷出，将燃油喷射成雾状，进入进气管。喷油器的开启时间由ECU根据发动机的运行工况决定。

喷油器每次喷油量可用下式计算

$$\Delta Q = \mu A\sqrt{2g\rho_f(P_f - P_0)}\Delta t$$

式中，ΔQ 为喷油器的喷油量；μ 为喷油器的流量系数；A 为喷孔截面积；g 为重力加速度；ρ_f 为燃油密度；P_f 为供油压力；P_0 为进气压力；Δt 为喷油器开启时间。

根据上式分析，喷油器的喷油量主要决定于三个因素，即喷油器喷孔截面积 A、喷油压力 P_f 和喷油的开启时间 Δt。对一定的喷油器而言，其截面积 A 是一定的，喷油压差（$P_f - P_0$）由压力调节器保持一定。因此，喷油量的多少仅取决于喷油器的开启时间。

（5）冷起动阀　有的电控汽油喷射系统中，设有冷起动阀及温度时间开关。在低温起动时，额外喷射一部分燃油，以便于发动机起动。

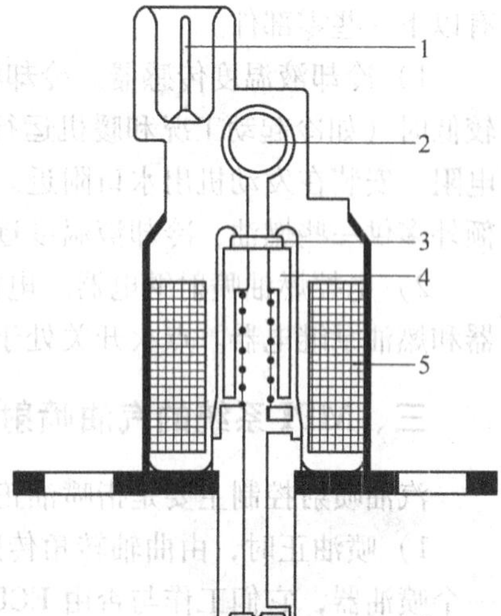

图2-14　冷起动阀的结构

1—插头　2—进油口　3—垫圈　4—线圈衔铁　5—线圈　6—旋流式喷嘴

冷起动阀的结构如图2-14所示，它也是一种电磁阀，安装在发动机进气总管处，由座阀、铁心、电磁线圈、喷嘴等构成。冷却液温度低于某一温度时，温度时间开关闭合，电流流经电磁线圈，冷起动阀打开，开始喷油，额外向发动机喷一部分燃油，供应浓混合气，以便于发动机冷起动。当冷却液温度高于某一温度时，冷起动阀不起作用。

（6）温度时间开关　温度时间开关与冷起动阀串联使用，可感知冷却液温度，由此控制冷起动阀打开或关闭，它由双金属片、电热丝和触点开关组成，装在壳体里。双金属片受温度和加热线圈加热电流的影响而变得弯曲，从而使热敏时控开关的铂金触点接通或断开。当冷却液温度低于某一温度起动时，触点闭合。当冷却液温度高于某一温度时，双金属片触点断开，同时也受电热丝通电时间（即发动机起动时间）的影响。点火开关长时间处在起动位置或反复起动发动机时，电热丝通电加热双金属片，使之弯曲，铂金触点断开，停止供油，以防供油过多，造成发动机火花塞“浸泡”再起动困难。

3. 电子控制系统

电子控制系统接收来自空气流量计、点火线圈以及其他各种传感器的信号，通过分析计算确定所需喷油量的多少，然后控制喷油器工作，以确保各种工况下供给发动机最合适的喷油量。发动机运转时，以发动机转速信号和空气流量信号作为基本信号，计算发动机所需的基本喷油量。为了使电子控制系统供给的混合气成分能够适应发动机各种工况变化的要求，电子控制系统还通过冷却液温度传感器信号、进气温度传感器信号、起动信号以及节气门位置传感器信号等辅助信号来校正与补偿喷油量。

ECU 内部为印制电路板（PCB），与外部信号的传递使用整体插头，拆装检修方便。印制电路板的核心是微型计算机。

发动机起动或运转时，表征发动机运行工况和运行条件的各种信号输入 ECU，ECU 通过综合分析计算以后可计算出各种工况和各种条件下发动机所需的最佳供油量，然后通过控制喷油器电磁线圈通电时间的长短，即可以控制喷油量的多少。

L 型 EFI 系统中，除燃油供给系统和空气供给系统中介绍的传感器及执行机械以外，还有以下一些零部件。

1）冷却液温度传感器。冷却液温度传感器用于测量冷却液的温度，以便在发动机温度较低时（如冷起动工况和暖机运行），向发动机多供一些油。冷却液温度传感器为一个热敏电阻，安装在发动机出水口附近。低温时，热敏电阻的电阻值较大，ECU 测到此信号以后，额外多供一些燃油，冷却液温度逐渐升高时，电阻值随之减小，ECU 减少附加供油量。

2）电控燃油喷射继电器。电控燃油喷射继电器用来控制各电路的电源，主要有主继电器和燃油泵继电器。点火开关处于点火位置时，继电器线圈通电，使各电路的电源导通。

三、MPI 系统的汽油喷射控制

汽油喷射控制主要是指喷油正时及喷油量控制。

1）喷油正时，由曲轴转角传感器发出的脉冲信号决定。电控汽油喷射系统中，每缸装一个喷油器，它们工作与否由 ECU 来控制。喷油器可采取同时喷射、分组喷射或顺序喷射。

2）进行喷油量控制时，根据发动机工况的不同，对供油量进行修正。绝大多数发动机电子控制系统都是根据发动机运行条件，由电子控制系统存储器中查取合适的空燃比和点火时刻对发动机进行控制，以取得最大的动力输出和佳的燃油经济性，并同时满足最低的排放。降低排放最理想的空燃比是 14. 7:1，因为此时利用三元催化转化器的转换效率最高。

通常可以将发动机的运行工况分为冷起动工况、暖机工况、加速工况、减速工况及怠速等。

1. 冷起动工况

发动机冷起动时，应向发动机各缸供应较浓的混合气，以利于起动。此时，混合气的浓度主要取决于发动机的冷却液温度，冷却液温度可以表征发动机的实际温度。冷却液温度越低，混合气越浓。

在一些发动机上，冷起动工况时的加浓可以用冷起动阀进行，在有的发动机上用加宽供油脉宽的办法进行加浓。

2. 暖机工况

发动机冷起动后即进入暖机，此时要根据冷却液温度确定燃油加浓，供应合适的加浓混合气，该加浓持续到发动机冷却液温度达到预定值为止。

3. 加速工况

在化油器供油方式中，踩下加速踏板，节气门开度增大时，加速泵即开始工作，加浓混合气，增大动力输出，以满足加速的要求。在 EFI 系统中，踩下加速踏板，ECU 就会接收到节气门位置变化信号，说明需要加浓，即发出指令增加供油脉宽。此时主要考虑动力输出，而不是燃油经济性。在 L 型 EFI 系统中，节气门突然开大时，大量空气迅速地流过空气流量计，翼板短时间内在其全开的位置上摆动，翼板的上冲量将导致较多的燃料供给，以得到加浓和良好的加速过渡性能。

4. 减速运行工况

发动机减速时，减少发动机供油量。

5. 怠速控制

L 型 EFI 系统中，空气流量计中有一个可调的旁通空气通道，设有怠速调节螺钉，可以调整旁通横截面积的大小，以此调整怠速混合气成分与怠速。暖机期间，旁通空气阀也对怠速的稳定起作用。

6. 全负荷加浓

发动机全负荷运行时，要发出较大的转矩，应供给较浓的功率混合气，此时对发动机进行开环控制。

在发动机的整个燃油喷射过程中，怠速控制根据有无反馈分为开环控制和闭环控制。由于氧传感器只有在温度足够高时，才能向 ECU 提供有用的反馈信号，因此在发动机起动以后，氧传感器还没有得到充分加热以前，电子控制系统将忽略氧传感器信号进行开环控制，按存储器中所存数据工作。当氧传感器可以向计算机提供有效的发动机排气含氧量信号以后，而且发动机温度高于某一设定温度时，才进行发动机闭环控制。此时，ECU 测量氧传感器、冷却液温度传感器和节气门开度传感器等信号，确定合适的供油量，以取得最大的动力输出、最低燃油消耗量和最好的排放性能。对发动机进行开环控制还是进行闭环控制，除了上述一般规律外，还可以根据控制策略进行自动切换。

第四节　柴油机的电子喷射系统

柴油机由于其功率大、燃油消耗率低，在中、重型货车中，国外几乎全部用柴油机作为动力，国内柴油车的比重也上升到30%～60%。轻型车用柴油机的比重也在稳步增长。柴油机的燃油喷射系统是与汽油机截然不同的，通常把燃油喷射系统中最关键的部件——燃油泵喷油器比喻为柴油机的“心脏”，长期以来柴油机都是采用机械控制系统来控制喷油泵的供油量和喷油正时。随着电子技术和计算机技术的发展，汽油机电子控制系统技术已经成熟，应用率在国外已达到60%～90%。在这种条件下，柴油机电子控制技术也得到了长足的发展。

柴油机电子控制技术发展的最大推动力来自国际上日益严格的排放法规。要降低柴油机NO_x排放，就要减小柴油机气缸内的最高压力和最高温度，不使气缸内的N_2和O_2在高温高压下变成NO_x，这就要求喷射正时滞后。喷射正时滞后会引起烟度（颗粒）排放上升，燃油经济性和动力性下降。矛盾的统一除提高喷射压力和速率、缩短喷射持续时间外，主要是通过电子控制方式寻求最优化的喷油正时。废气再循环对降低NO_x大有好处，但会引起颗粒排放量增加，也需要用电子控制技术来寻求最佳的废气再循环时刻和排量。可变涡轮增压、废气催化这些先进技术对排放有利，但也必须采用电子控制技术才能与柴油机运行工况配合起来，达到其应有的效果。为降低燃烧噪声和NO_x排放，柴油机要求喷射系统有一个小的预喷射量产生在主喷射之前，而且预喷射量、预喷射与主喷射之间的间隔都能根据不同运行工况有所变化，这些显然只有在柴油机电子控制的某些系统（如共轨系统）才能实现。为降低排放，还要对喷油器喷出的瞬时喷油速率进行控制，希望实现喷射初期喷油速率低，以降低NO_x和噪声，喷射结束时又要能快速断油，以降低颗粒和HC的排放，并且也要随着不同工况进行适当的调整，这也只有采用电子控制技术才能应用得自如。柴油机采用电子控制技术后，由于其控制精度高，控制自由度大，控制功能齐全，因此能实现整个运行范围内参数优化，不仅能改善排放，改善燃油经济性，还可有效地改善低速性能，改善低温时起动和怠速性能，以及改善操作性能，从而也改善了汽车的舒适性。柴油机电子控制技术的发展明显地提高了使用性能和降低了排放。

一、柴油混合气的形成与燃烧过程

柴油机混合气的燃烧过程与汽油机混合气的燃烧过程有着显著的区别，表现在以下三个方面：

1）相对汽油而言，柴油粘度大、蒸发性差，物理性能的差异决定了柴油不可能通过化油器在气缸外部与空气形成混合气，只能采用高压喷射的方法，在压缩行程终了时才把柴油喷入发动机气缸，直接在气缸内部形成混合气，并经过冷焰、蓝焰、热焰等阶段复杂的化学反应而自行着火燃烧。

2）由于在压缩行程终了时才向燃烧室内喷油，使得柴油机的混合气形成时间很短，因而造成混合气成分在燃烧室各处是很不均匀的，并且由于不可能一下子把所有燃油都喷入气缸，故随着燃油的不断喷入，气缸内的混合气成分是不断变化的。在混合气稀的部分空气得不到充分利用，而在混合气浓的部分，燃油却因缺氧而燃烧迟缓，甚至燃烧不完全而引起排气冒烟。

3）柴油机的这种不均匀混合气是在高温、高压环境下多点自行着火燃烧的，不像汽油机混合气一样需要火花塞的点火，因此也不需要外界能量的介入。正因为是自燃，柴油混合气的燃烧控制才显得复杂困难。

1. 柴油混合气的形成

柴油机进气行程中吸入气缸的是纯空气，在压缩行程接近终了时，采用高压喷射的方法把柴油喷入气缸，直接在气缸内部形成混合气。喷油量和喷油时间对发动机性能、燃油经济性和排放有很大的影响。其混合气的形成受下列因素的影响：

（1）供油时间和喷油时间 喷油泵向发动机供油的时间通常用供油开始时刻来描述，喷油器向发动机的喷油开始时刻比喷油泵供油开始时刻稍有延迟，其延迟受燃油的可压缩性、油管的弹性和油管的长度等因素的影响，它影响发动机的排放等性能指标。

（2）喷油规律 受喷油泵机械特性的影响，柴油机喷油规律不是一个常数，它影响柴油机的动力性、燃油经济性、排放和振动噪声等多项性能指标。

（3）燃油喷雾 燃油喷雾必须与燃烧室中气流运动和燃烧室的设计紧密配合。

（4）喷油压力 喷油压力影响喷油量，但更重要的是它影响燃油的雾化，高压喷射时，油滴越细，燃烧质量越好，直喷式柴油机的喷油压力比分隔式柴油机的喷油压力高。

（5）过量空气系数 柴油机负荷采用量调节，即通过控制供油量来调节发动机的负荷，柴油机中为了完全燃烧和降低排放，一般采用了较大的过量空气系数。

2. 柴油混合气的燃烧过程

为了便于理论分析，可将柴油机燃烧过程划分为着火延迟期、速燃期、缓燃期和补燃期四个阶段，如图2-15所示。

从柴油喷入燃烧室开始到由于开始燃烧而引起压力升高迫使压力脱离压缩线开始急剧上升这一段时间，称为着火延迟期。在着火延迟期内燃烧室内进行着混合气的物理与化学过程。除了进行如燃油在燃烧室中的分布、受热、蒸发与扩散等一系列物理准备以外，还需要对化学反应做准备。影响着火延迟期的主要因素是此时燃烧室内工质的状态。

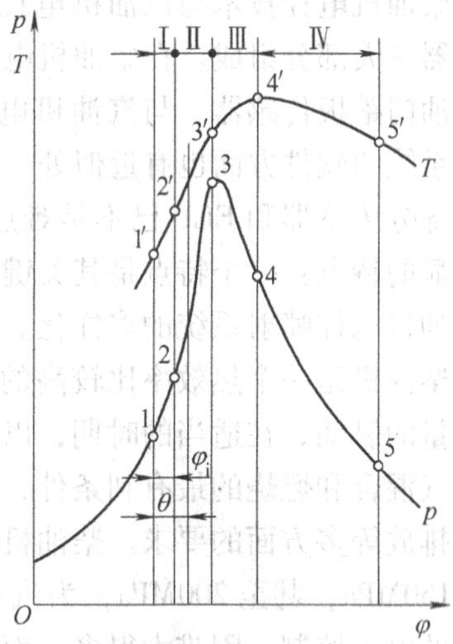

图2-15 柴油机燃烧过程

Ⅰ—着火延迟期 Ⅱ—速燃期

Ⅲ—缓燃期 Ⅳ—补燃期

1—燃油开始喷入 2—开始燃烧 3—最大压力点

4—最高温度点 5—燃烧结束点

p—压力（MPa） T—热力学温度

φ_i—着火延迟期 θ—点火提前角

从燃烧室压力脱离压缩线开始急剧上升到燃烧室压力上升至最大这一阶段为速燃期。在速燃期内，着火延迟期内准备好的混合气几乎同时开始燃烧，使燃烧室内的压力和温度急剧上升，压力升高率较高。压力升高率决定了柴油机运转的平稳性，如果压力升高率过大，则柴油机就会工作粗暴、燃烧噪声较大，同时运动零部件将承受较大的冲击负荷，从而影响其工作的可靠性和使用寿命。为了控制压力升高率，应减少在着火延迟期内准备好的可燃混合气的量。

从燃烧室内压力达到最大点，到温度达到最高点这一时间段称为缓燃期。在缓燃期，起初燃烧很快，后来由于燃烧室内氧气减少、废气增多、燃烧条件变得不利，使得后期的燃烧越来越慢。在这一阶段内，某些燃料成分是在高温缺氧的条件下进行燃烧的，因此很可能会燃烧不完全，产生炭烟随废气排出，从而影响燃油经济性和排气净化问题。所以，缓燃期的主要问题是燃料的燃烧速度与混合气形成速度之间的矛盾。如果加强燃烧室内的气流运动，加速向燃料供给氧气，改善混合气形成的质量，就能加速燃烧，缩短缓燃期，使燃烧完全，进而提高柴油机的动力性和燃油经济性。

从燃烧室内最高温度点到燃油基本燃烧完的这一段时间，为补燃期。由于燃烧时间短，混合气又不太均匀，总有少量燃油拖延到膨胀过程中继续燃烧。燃油在补燃期内的燃烧又称为后燃。特别是在高速、高负荷工况下，因过量空气系数小，混合气形成和燃烧的时间更短，这种后燃现象就更为严重。在补燃期中气缸内压力不断下降，燃烧放出的热量得不到有效利用，还使排气温度提高，导致散热损失增大，对柴油机的燃油经济性不利。此外，后燃还增加了有关零部件的热负荷。因此，应尽量缩短补燃期，减少补燃期内燃烧的燃油量。

3. 柴油机的排放

柴油机燃烧的总排放比汽油机低。由于柴油机压缩比高、过量空气系数大，所以CO、HC和NO_x的排放均比较低。同时高压缩比提高了柴油机的热效率，大的过量空气系数可使燃烧完全，从而提高了燃油经济性。柴油机燃烧中比较大的问题是微粒的排放，这样的碳分子链中可能包含HC，主要是醛，它们飘浮在空气中，可通过呼吸而吸入人体内，这种排放物由于可能致癌而引起人们的普遍关注。

二、柴油机电子控制喷射系统（简称电控喷射系统）

柴油机电控技术与汽油机电控技术有许多相似之处，整个系统都是由传感器、ECU和执行器三大部分组成。在柴油机电控系统上所用的传感器中，如转速、压力、温度等传感器以及油门踏板传感器，与汽油机电控系统都是一样的。ECU在硬件方面也很相似，在整车管理系统的软件方面也有近似处。汽油机电控技术在国外已经成熟，商品化程度已很高，因此大部分传感器和ECU已不是难点，也不是柴油机电控技术的难点。柴油机电控技术有两个明显的特点：一个特点是其关键技术和技术难点就在柴油喷射电控执行器上；另一个特点是柴油机电控喷射系统的多样化。

柴油机是一个热效率比较高的动力机械。它采用高压喷油泵（包括提前器）和喷油嘴将适量的燃油，在适当的时期，以适当的空间状态喷入柴油机的燃烧室，以造成最佳的燃油与空气混合和燃烧的最有利条件，实现柴油机在功率、转矩、转速、燃油消耗率、怠速、噪声、排放等多方面的要求。柴油机燃油喷射具有高压、高频、脉动等特点，其喷射压力高达60～150MPa，甚至200MPa，为汽油喷射的几百倍、上千倍。对于燃油高压喷射系统实施喷油量的电子控制，困难大得多。而且柴油喷射对喷射正时的精度要求很高，相对于柴油机活塞上死点的角度位置远比汽油机要求准确，这就导致了柴油喷射的电控执行器要复杂得多。因此，柴油机电控技术的关键和难点就是柴油机喷射电控执行器，也即柴油机电控喷射系统，主要控制量是喷油量和喷油正时。

近年来，柴油机的关键技术都有很多突破性的发展。燃油喷射系统是影响燃烧过程的重要因素，高压直喷系统和共轨系统都使柴油机的燃油经济性和排放性能有很大改善。废气再循环、氧化催化器和微粒捕捉器改善了柴油机的各项排放。发动机管理系统对喷油和进气过程进行综合控制，保证发动机能够在保持良好的动力性基础上，燃油经济性和排放性能都能达到最优，同时降低振动和噪声。

燃油喷射系统是影响缸内燃烧过程的关键因素，对柴油机的动力性、燃油经济性和排放性能都有重要影响。要改善柴油机缸内燃烧，燃油喷射系统一方面要有理想的喷射速率特性，另一方面要提高喷射压力。传统的喷射系统由于结构和原理等限制，不能同时达到这两个要求，柴油机电控喷射系统就逐渐发展起来。

柴油机在机械控制时代，就已经有直列泵、分配泵、泵喷嘴、单缸泵等结构完全不同的系统，每个系统各有其特点和适用范围，每种系统中又有多种结构。实施电控技术的执行机构比较复杂，因此形成了柴油喷射系统的多样化。

在传统的喷射系统的基础上首先发展起来的电控喷射系统是位置控制系统，称为柴油机第一代电控喷射系统，而时间控制系统则称为柴油机第二代电控喷射系统。高压共轨系统被世界内燃机行业公认为20世纪三大突破之一。将成21世纪柴油机燃油系统的主流，即柴油机第三代电控喷射系统。目前，这三代技术在柴油机中都有应用，体现了柴油机电控喷射系统的多样性。

1. 位置控制系统

位置控制系统的特点是不仅保留了传统的喷油泵-高压油管-喷油器系统，而且还保留了喷油泵中齿条齿圈、滑套、柱塞上控油螺旋槽等控制油量的机械传动机构，只是对齿条或滑套的运动位置由原来的机械调速器控制改为微型计算机控制。

日本Denso公司的ECD-V1系统，德国BOSCH公司的EDC系统、日本Zexel公司的COVEC系统、英国Lucas公司的EPIC系统等都属于位置控制的电控分配泵系统。日本Zexel公司的COPEC系统，德国Bosch公司的EDR系统和美国Caterpillar公司的PCEC系统等都属于位置控制的电控直列泵系统。

2. 时间控制系统

时间控制系统保留原来的喷油泵-高压油管-喷油嘴系统，用高速强力电磁阀直接控制高压燃油的喷射。一般情况下，电磁阀关闭，开始喷油；电磁阀打开，喷油结束。喷油始点取决于电磁阀关闭时刻，喷油量取决于电磁阀关闭的持续时间，传统喷油泵中的齿条、滑套、柱塞上的斜槽和控制喷油正时的提前器等全部取消，对喷射定时和喷射油量控制的自由度更大。

日本Denso公司的ECD-V3系统电控分配泵，日本Zexel公司的Model-1电控分配泵，美国Detroit公司的DDEC电控泵喷嘴、德国BOSCH公司的EUP13电控单体泵等都属于时间控制系统。

3. 共轨控制系统

共轨式电控喷射系统改变了传统的柱塞泵脉动供油原理，采用新型的产生高压的燃油系统，例如通过油锤响应、液力增压、共轨蓄压或者高压共轨等形式形成高压。采用压力时间式燃油计量原理，用电磁阀控制喷射过程，可以实现对喷射油量和喷油定时的灵活控制。

德国BOSCH公司、日本Denso公司和英国Lucas公司都研制出了电控高压共轨系统，并开始小批量向市场供货。德国戴姆勒-奔驰公司利用BOSCH公司的技术首先在世界范围内推出了采用新型高压共轨燃油喷射系统的4气门直喷式柴油机，并用于A、C级轿车上。

共轨式电控喷射系统又称为公共轨道式电控喷射系统，是指该系统中有一条公共油管，用高压（或中压）输油泵向共轨（公共油道）中泵油，用电磁阀进行压力调节并由压力传感器反馈控制。有一定压力的柴油经由共轨分别通向各缸喷油器，喷油器上的电磁阀控制喷油正时和喷油量。喷射压力或直接取决于共轨中的高压压力，或由喷油器中增压活塞对共轨来的油压予以增压。共轨式电控喷射系统的喷射压力高且可控制，又可以实现喷油速率的柔性控制，以满足排放法规的要求。与电控泵喷嘴系统比较，虽然电控泵喷嘴系统也可实现高达200MPa的喷射压力，但对于原来采用传统的泵-管-嘴系统柴油机来说，采用共轨式柴油机电控喷射系统对柴油机结构的改造工作量不大，能比较方便地采用，并且能达到120～160MPa的高压喷射，某些系统今后也能达到200MPa的喷射压力。因此共轨式电控喷射系统被认为是近年来世界上正在积极发展的一种喷射系统。

如图2-16所示，高压共轨系统利用较大容积的共轨腔将油泵输出的高压燃油蓄积起来，并消除燃油中的压力波动，然后输送给每个喷油器，通过控制喷油器上的电磁阀实现喷射的开始和终止。其主要特点可以概括如下：

1）共轨腔的高压直接用于喷射可以省去喷油器内的增压机构，而且共轨腔内是持续高压，高压油泵所需的驱动力矩比传统油泵小得多。

2）通过高压油泵上压力调节电磁阀，可以根据发动机负荷状况以及燃油经济性和排放性的要求对共轨腔内的油压进行灵活调节，尤其优化了发动机的低速性能。

3）通过喷油器上的电磁阀控制喷射定时、喷射油量以及喷射速率，还可灵活调节不同工况下预喷射和后喷射的喷射油量以及预喷射的时间间隔。

高压共轨系统由五个部分组成，即高压油泵、共轨腔及高压油管、ECU、各类传感器和执行器。供油泵从燃油箱将油泵入高压油泵的进油口，由发动机驱动的高压油泵将燃油增压后送入共轨腔内，再由电磁阀控制各喷嘴在相应时刻喷油。

预喷射在主喷射之前，将小部分燃油喷入气缸，在缸内发生预混合或者部分燃烧，缩短主喷射的着火延迟期。这样缸内压力升高率和峰值压力都会下降，发动机工作比较缓和，同时缸内温度降低使得NO_x排放减少。预喷射还可以降低失火的可能性，改善高压共轨系统的冷起动性能。

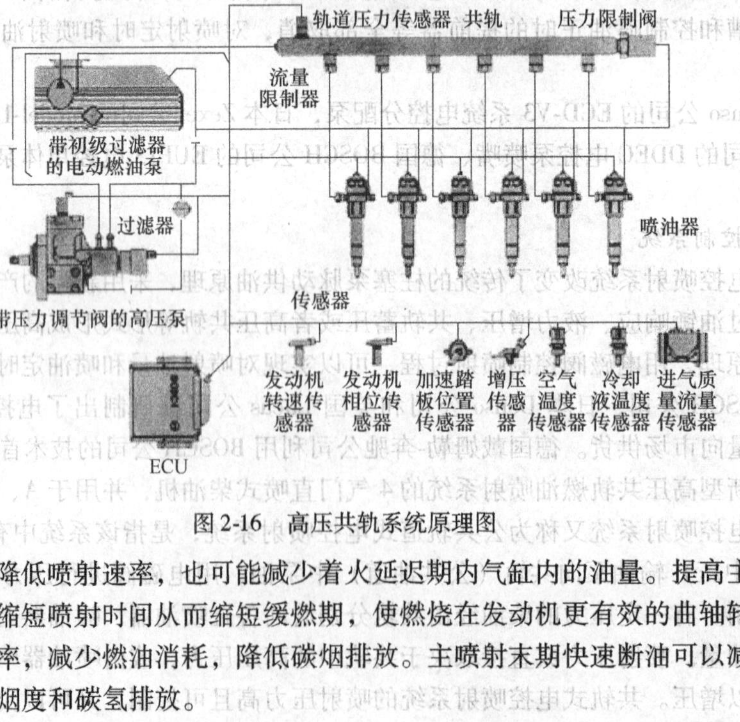

图2-16　高压共轨系统原理图

主喷射初期降低喷射速率，也可能减少着火延迟期内气缸内的油量。提高主喷射中期的喷射速率，可以缩短喷射时间从而缩短缓燃期，使燃烧在发动机更有效的曲轴转角范围内完成，提高输出功率，减少燃油消耗，降低碳烟排放。主喷射末期快速断油可以减少不完全燃烧的燃油，降低烟度和碳氢排放。

4. 柴油机的电控喷射

柴油机电控喷射系统的应用，为在满足排放法规的条件下，使柴油机燃油经济性和动力性等性能达到最优提供了前提条件。它比机械式供油系统有很多的优点，主要有以下几个方面：

1）实现了对喷油量的精确控制。

2）实现了喷油定时的精确控制。

3）实现了怠速控制。

4）实现了废气再循环控制。

5）实现了线控制系统（加速踏板电位器）。

6）防止发动机喘振。

7）向数据采集系统输出有用信息。

8）具有温度补偿功能。

9）实现了车速自动控制。

柴油机电控喷射系统是整机（或整车）的一个重要组成部分。尽管已经开发了多种形式的电控喷射系统，其功能也有强弱，但系统的基本控制量主要是循环供油量和供油提前角。典型柴油机电控系统框图如图 2-17 所示，电控喷射系统主要由三个部分组成，即传感器、ECU 和执行机构。传感器包括柴油机转速传感器、加速踏板位置传感器、齿条位置传感器、喷油时刻传感器、车速及进气压力传感器、进气温度传感器、燃油温度传感器、冷却液温度传感器等。ECU 根据各种传感器实时检测到的柴油机运行参数，与 ECU 中预先已经存储的参数值或参数图谱（称为 MAP 图）相比较，按其最佳值或计算后的目标值把指令输送到执行器。执行器根据 ECU 指令控制喷油量（齿条位置或电磁阀关闭持续时间）和喷油正时（正时控制阀开闭或电磁阀关闭始点）。柴油机电控喷射系统还可和整车传动装置的 ECU、ABS 的 ECU 及其他系统的 ECU 互通数据，从而实现整车的电子控制。

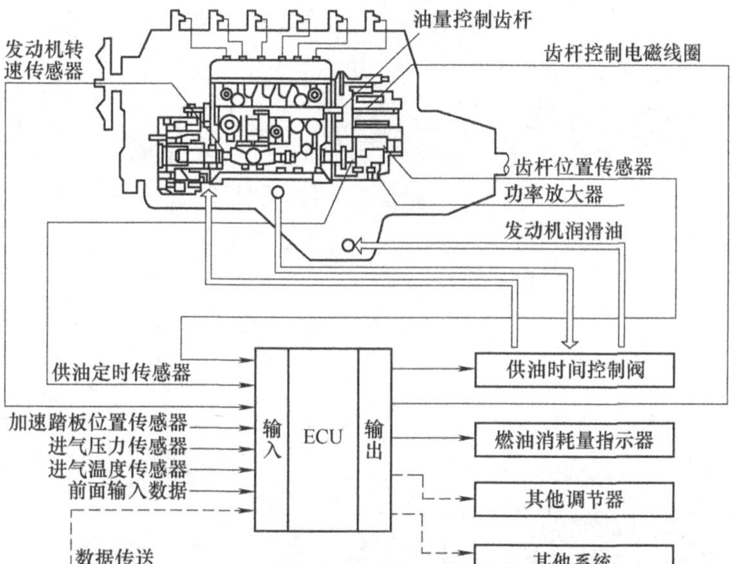

图 2-17　典型柴油机电控系统框图

一般来说，理想的供油量和供油时间值存储在ECU的存储器中，喷油量由加速踏板位置和发动机转速计算，喷油开始时刻由下列各参数确定：供油量、发动机转速、发动机温度和进气压力。ECU可以通过针阀升程传感器信号比较理想的喷油始点和实际的喷油始点。

废气再循环通过一个简单的电磁阀来控制，废气再循环控制是发动机转速、温度和供油量的函数。ECU也通过继电器控制电热塞，以改善柴油机的起动性能。

第三章 电子点火及发动机的其他控制系统

第一节 数字点火控制系统

微机控制的点火系统可以根据发动机的工况对点火提前角进行实时控制，从而获得混合气的最佳燃烧，保证最大限度地改善发动机的高速性能，提高其动力性、燃油经济性，减少排气污染。

微机控制的点火系统并不能直接驱动点火，而是要经过高压发生器才能实现对发动机的点火控制。按照高压分配方式，微机控制的点火系统目前主要有两种形式：一种是带分电器的电控点火系统，即通过分电器分火，不需要对发动机进行判缸，可使计算机控制软件变得相对简单，硬件也可相应简化，更适合对现有发动机进行改造；另一种是近年来发展起来的利用多只点火线圈且不带分电器的直接点火系统，主要包括判缸和对各缸的高压发生系统进行点火控制。每个气缸用一套高压发生装置、点火线圈及其驱动电路。对于气缸数为偶数的发动机，由于一缸的压缩行程正好是另一缸的排气行程，因此可以两缸合用一套高压发生装置（点火线圈）。这就是所谓的直接点火方式。由于这种点火方式需要较多的点火线圈，还需要一套点火顺序控制装置，即判缸装置。该装置成本较高，结构也较复杂。由于采用了数字式微机技术，故一般又称之为数字点火控制系统。

一、数字点火控制系统综述

1. 数字点火控制系统的特点

在数字点火控制系统中，点火控制包括点火提前角控制、通电时间控制和爆燃控制三个方面，并具有以下三个特点：

1）在各种工况及环境条件下，均可获得最佳点火提前角，从而使发动机在动力性、燃油经济性、排放性及工作稳定性等方面均处于最理想状态。

2）在全部工作范围内，均可对点火线圈的导通时间进行控制，从而使点火线圈中储存的点火能量保持恒定不变，提高了点火的可靠性，能有效地防止点火线圈过热，并且减少了能源消耗。此外，该系统可以很容易地实现在全部工作范围内提供稀薄燃烧所需恒定点火能量的目标。

3）通过采用闭环控制技术，可使各缸点火提前角控制在刚好不发生爆燃的临界状态，从而获得较高的燃烧效率，有利于提高发动机的各种性能。

2. 数字点火控制系统的组成

数字点火控制系统一般由电源、传感器、电子控制单元（ECU）、点火控制模块、分电器和火花塞等组成，如图 3-1 所示。

1）电源。电源用于供给点火系统所需的点火能量，它一般由蓄电池和发电机共同组成。

2）传感器。传感器主要用于检测发动机各种运行参数的变化，为ECU提供点火提前角的控制依据。其中，最主要的传感器是发动机转速传感器、进气歧管绝对压力传感器、曲轴位置传感器、凸轮轴位置传感器，此外还有冷却液温度传感器、爆燃传感器、节气门位置传感器及起动开关、空调开关等。

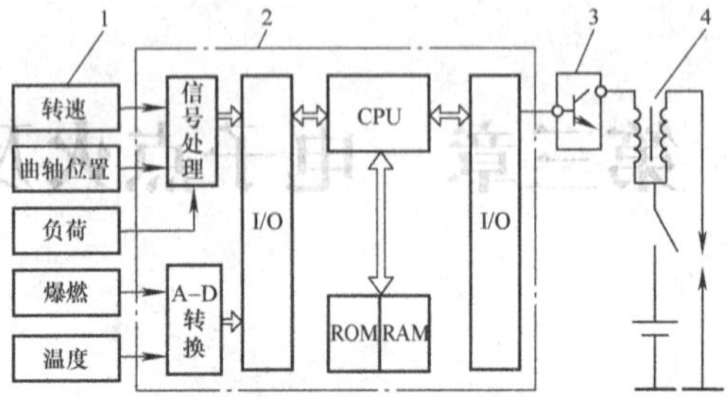

图3-1　数字点火控制系统的组成

1—传感器　2—ECU　3—点火控制装置　4—点火线圈

3）电子控制单元。电子控制单元（ECU）是点火系统的中枢，在发动机工作时，它不断地采集各传感器的信息，按事先设定的程序计算出最佳点火提前角，并向点火控制装置发出点火指令。

4）点火控制模块。点火控制模块是ECU的一个执行机构，它可将ECU输出的点火信号进行功率放大后再驱动点火线圈工作。

5）点火线圈。点火线圈通过将点火瞬间所需的能量储存在线圈的磁场中，并将电源提供的低压电转变为15~20kV的高压电，从而在火花塞电极间击穿点火。

6）分电器。分电器根据发动机点火的工作时序，将点火线圈产生的高压电依次送到各缸火花塞。在无分电器数字点火方式中，也无分电器。

7）火花塞。火花塞将点火线圈产生的具有一定能量的电火花引入气缸，进而点燃气缸内的可燃混合气。

3. 数字点火控制系统的工作原理

数字点火控制系统的基本工作原理及控制过程如下所述：

1）发动机运行时，ECU不断地采集发动机的转速、负荷、冷却液温度、进气温度等信号，并根据存储器中存储的有关程序与数据，确定出该工况下最佳点火提前角和初级电路的最佳导通角，并以此向点火控制模块发出控制指令。

2）点火控制模块根据ECU的点火指令，控制点火线圈初级电路的导通和截止。当电路导通时，有电流从点火线圈中的初级线圈通过，点火线圈此时将点火能量以磁场的形式储存起来。当初级线圈中电流被切断时，在其次级线圈中将产生很高的感应电动势（15~20kV），经分电器送至工作气缸的火花塞，点火能量被瞬间释放，并迅速点燃气缸内的可燃混合气，发动机完成做功过程。

此外，在带有爆燃传感器的点火提前角闭环控制系统中，ECU还可根据爆燃传感器的输入信号来判断发动机的爆燃程度，并将点火提前角控制在轻微爆燃的范围内，使发动机能够获得较高的燃烧效率。

二、点火提前角的控制

由于发动机点火提前角对发动机的动力输出、燃油消耗、排气净化等性能产生直接影响，因此必须予以严格的控制，才能满足日益提高的发动机动力性、燃油经济性、环保性要求。

由于点火提前角的控制本身属于相当复杂的多变量求解问题，国内、外实践证明很难找到进行控制的精确数学模型，而且也没有这个必要。考虑到影响发动机点火提前角的主要因素是发动机转速和负荷，因此目前普遍通过试验方法来获得发动机在不同转速、不同负荷时所对应的最佳点火提前角，以此确定三维控制模型图（图 3-2a），再将该模型图转换成二维表格，便可将这些数据存储在微机的存储器中（图 3-2b），以供实际的点火提前角控制使用。

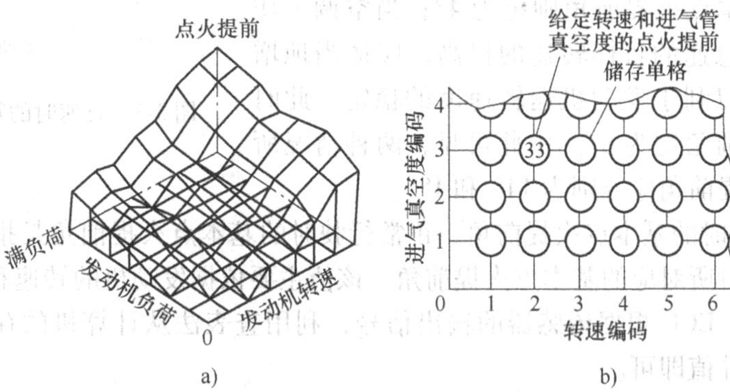

图 3-2 点火提前角控制的试验方法

a）三维控制模型图 b）存储在微机存储器中的数据

在发动机实际运行中，ECU 通常根据发动机转速传感器和节气门位置传感器输入的信息，从对应的二维表中找出所对应的点火提前角最佳值，再根据其他传感器信息进行修正，就可以对点火系统进行适时、精确的控制了。

点火提前角控制系统，各制造厂家因开发的点火装置型号不同而各有不同。日本丰田汽车公司的发动机集中控制系统，其点火提前角的控制如下式所示：

实际点火提前角 = 初始点火提前角 + 基本点火提前角 + 修正点火提前角

点火提前角的控制包括以下两种基本情况：

① 起动期间的点火时刻控制。发动机在起动时，在固定的曲轴转角位置点火，与发动机的工况无关。

② 起动后发动机正常运行期间的点火时刻控制。由进气歧管压力信号（或进气量信号）和发动机转速确定的基本点火提前角和修正量决定。修正项目随发动机各异，并根据发动机各自的特性曲线进行修正。修正量有暖机修正量、稳定怠速修正量、空燃比反馈修正量、过热修正量、爆燃修正量、最大提前/延迟角控制及其他修正量。

1. 初始点火提前角

初始点火提前角是原始设定的，又称为固定点火提前角。对于丰田汽车的 IG ~ GEL 发动机来讲，其值为上止点前 10°曲轴转角。出现下列情况之一时，实际点火提前角等于初始点火提前角：

1）当发动机起动或发动机起动转速在 400r/min 以下时。

2）当 T 端头短路或节气门位置传感器怠速触点闭合，车速在 2km/h 时。

3）当发动机 ECU 的后备系统工作时。

2. 基本点火提前角

基本点火提前角通常以二维表格的形式存储在计算机的存储器中，又分为怠速和正常行驶两种情况：

1）怠速时的基本点火提前角。怠速时的基本点火提前角是指节气门位置传感器的怠速触点闭合时所对应的基本点火提前角，如图3-3所示，其值还根据发动机的怠速转速及空调是否工作而略有不同。当空调不工作时，怠速基本点火提前角则定为4°；当空调工作时，随着发动机怠速的目标转速的提高，应适当地增大点火提前角，以利于发动机运转速度的稳定，此时怠速基本点火提前角定为8°。由此可见，两种情况所对应的实际点火提前角应分别为14°和18°。

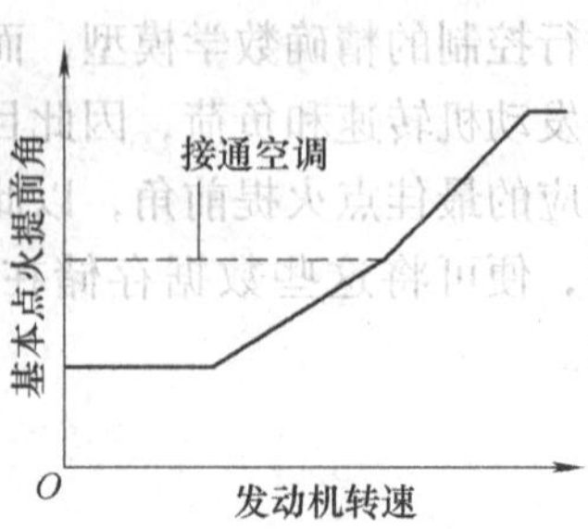

图3-3　怠速时的基本点火提前角

2）正常行驶时的基本点火提前角。正常行驶时的基本点火提前角是指节气门位置传感器怠速触点打开时所对应的基本点火提前角。该值主要依据发动机的转速和用进气量表示的发动机负荷而定。ECU根据传感器的输出信号，利用查表法从计算机的存储器中找出基本点火提前角的最佳值即可。

3. 点火提前角的修正

通过上述方法获得点火系统的初始点火提前角和基本点火提前角后，再通过修正才可以得到最终的用来进行实际控制的最佳点火提前角。点火提前角修正一般分为暖机修正、怠速稳定修正、过热修正及空燃比反馈修正四种。

1）暖机修正。图3-4所示为点火提前角暖机修正特性曲线。该特性曲线指的是当节气门位置传感器怠速触点闭合时，微机根据发动机冷却液温度进行修正的点火提前角。当冷却液温度较低时，由于混合气的燃烧速度较慢，因此应适当地增大点火提前角，以促使发动机尽快暖机；随着冷却液温度的升高，点火提前角修正值应逐渐减小。

2）怠速稳定修正。发动机怠速运转时，如果空调、动力转向系统等动作而引起负载发生变化，则会导致发动机转速不稳定。点火提前角怠速稳定修正特性曲线如图3-5所示，ECU可根据实际转速与目标转速的转速差动态地修正点火提前角。若发动机的怠速转速低于目标转速，则控制系统将相应地增大点火提前角，以利于怠速的稳定；反之，则将相应地减小点火提前角。

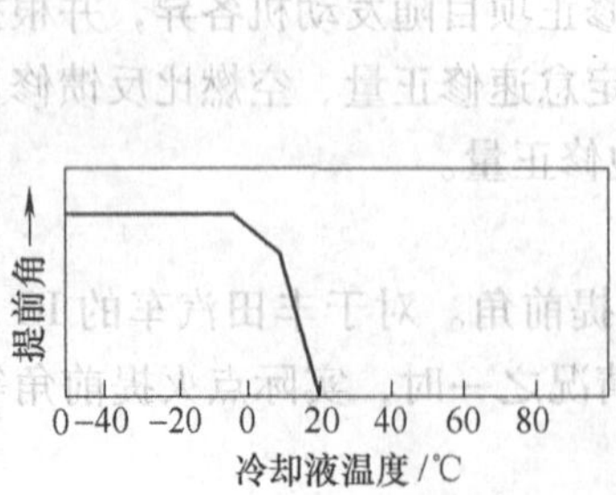

图3-4　点火提前角暖机修正特性曲线

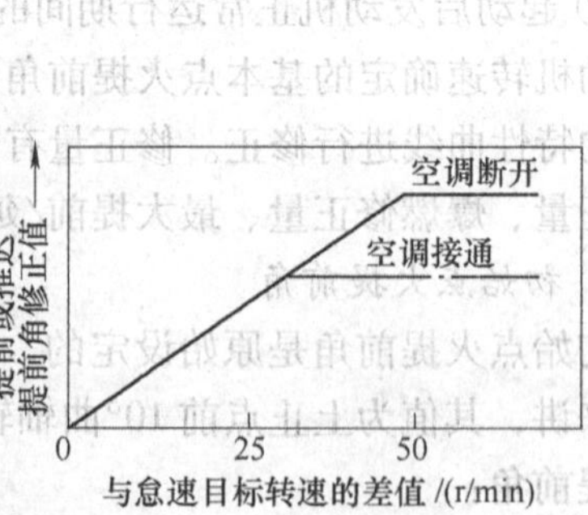

图3-5　点火提前角怠速稳定修正特性曲线

此外，为使发动机怠速转速能稳定在目标转速上，点火提前角的怠速稳定修正与怠速控制系统中的怠速调整同步进行。这样有助于提高怠速转速的控制精度及怠速稳定性，有效地防止发动机怠速熄火的现象产生。

3）过热修正。当发动机处于正常行驶运行工况，并且节气门位置传感器无怠速信号输出时，若冷却液温度过高，则为了避免发生爆燃，应适当地减小点火提前角。但当发动机处于怠速运行工况时，若冷却液温度过高，则为了避免发动机长时间过热，应增大点火提前角。点火提前角过热修正特性曲线如图 3-6 所示。

4）空燃比反馈修正。当装有氧传感器的电控燃油喷射系统进入闭环控制时，ECU 通常根据氧传感器的反馈信号对空燃比进行修正。随着修正喷油量的增加或减少，发动机的转速在一定范围内波动。为了提高发动机转速的稳定性，当反馈修正喷油量减少而导致混合气变稀时，应适当地增大点火提前角，反之则减小。点火提前角空燃比反馈修正特性曲线如图 3-7所示。

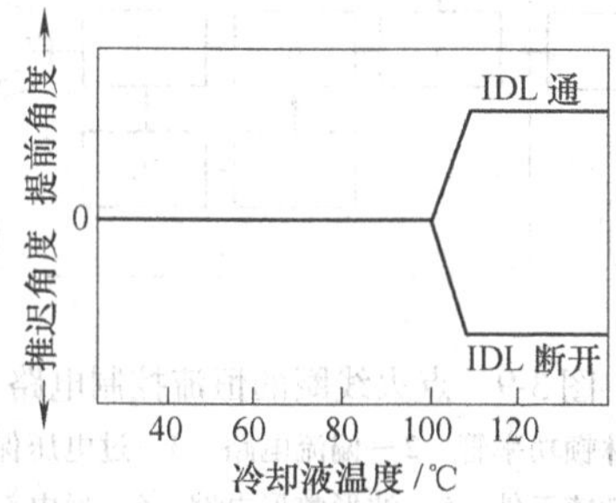

图 3-6　点火提前角过热修正特性曲线

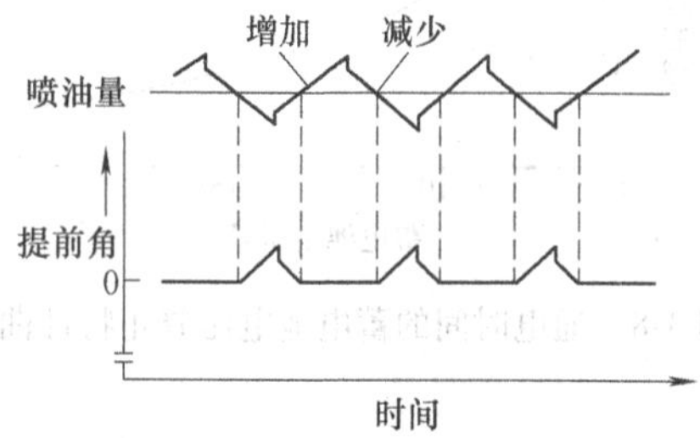

图 3-7　点火提前角空燃比反馈修正特性曲线

发动机实际的点火提前角就是固定点火提前角、基本点火提前角和修正点火提前角三项之和。当发动机工作时，曲轴每旋转一圈，ECU 就会根据所测的参数值确定点火提前角并发出点火信号，同时随着发动机的转速和负荷变化进行适时控制。

但是，当 ECU 计算出的实际点火提前角超过允许的最大值及最小值范围时，发动机将难以运转。由于在初始点火提前角已被固定的情况下，受 ECU 控制的部分只是后面两部分之和，因此该值应保证在某一允许范围之内，一般最大提前角为 35°～45°，最小提前角为 －10°～0°。当超过此范围时，ECU 就应以设定的最大或最小点火提前角进行控制。

三、通电时间的控制

通电时间的控制就是闭合角的控制。

对于电感储能式电子点火系统，当点火线圈的初级电路被接通后，其初级电流是按指数规律增长的。初级电路被断开的瞬间初级电流所能达到的值（即断开电流）与初级电路接通的时间长短有关，只有通电时间达到一定值，初级电流才可能达到饱和。而次级电压最大值 U_{2max} 是与断开电流成正比的。因此，必须保证通电时间能使初级电流达到饱和，为此必须增加通电时间，但另一方面如果通电时间过长，点火线圈又会发热并使电能消耗增大，反而不利于点火系统的正常工作。因此，要控制一个最佳的通电时间必须兼顾上述两方面的要求，显然在电子控制单元 ROM 中存放的初级线圈导通时间（即通电时间）并不是常数。同时，当蓄电池的电压变化时，也将影响初级电流，如蓄电池电压下降，在相同的通电时间里初级电流所达到的值将会减小，因此必须对通电时间进行修正。图 3-8 所示为通电时间的蓄电池电压修正特性曲线。

在有些点火装置中，为了减小转速对次级电压的影响，提高点火能量，采用了初级线圈电阻很小的高能点火线圈，其饱和电流可达30A以上，这一技术被称为高能点火技术(HEI)。为了防止初级电流过大烧坏点火线圈，在点火控制电路中增加了恒流控制电路，如图3-9所示，从而保证在任何转速下初级电流都能达到规定值——7A，一方面改善了点火性能，另一方面又能防止初级电流过大而烧坏点火线圈。

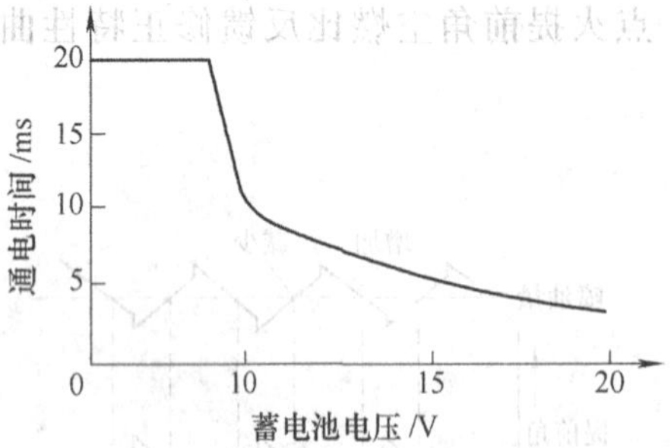

图3-8　通电时间的蓄电池电压修正特性曲线

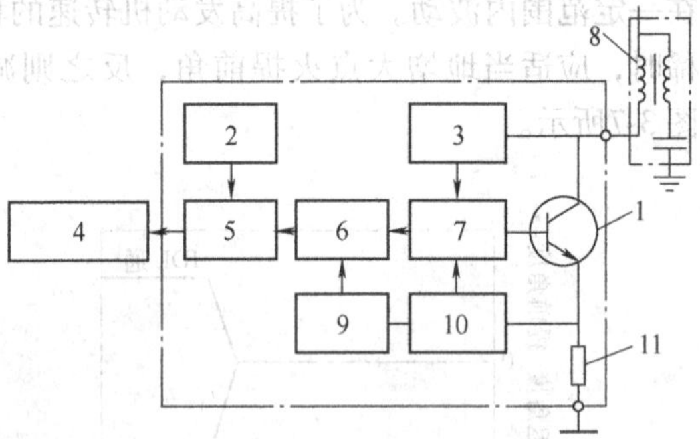

图3-9　点火线圈的恒流控制电路

1—达林顿功率管　2—偏流电路　3—过电压保护电路　4—磁电敏感元件　5—波形整形电路　6—通电率发生电路　7—放大电路　8—点火线圈　9—通电率控制电路　10—恒定电流控制电路　11—电流检测电阻

四、爆燃控制

汽油机气缸内的混合气在压缩行程快要终了被火花塞点燃后，就会以火花塞为中心通过火焰传播方式向四周进行燃烧，从而完成可燃气体在气缸内膨胀做功这一过程。在此期间，如果气缸压力和温度异常升高，那么就可能会发生部分混合气在火焰尚未传播到位时就自行着火燃烧的现象。如此，整个燃烧室内会瞬时形成多火源燃烧，同时还伴随产生高温和强大的压力波，如果持续时间长，则会引起气缸体、气缸盖和进气歧管等薄壁构件的高频振动，对运动件或机构就会产生冲击载荷，发出很大的噪声并造成损坏，这种现象就称为爆燃。除此之外，爆燃还很可能产生火花塞电极或活塞过热、熔损等现象，造成发动机的严重故障，它是汽油机运行过程中最有害的一种故障现象，必须尽力防止爆燃的产生。在电控点火系统中若增加爆燃传感器进行闭环控制，则可以有效地防止爆燃的产生。

1. 爆燃与点火时刻的关系

气缸压力与点火时刻有着密切的关系，其关系曲线如图3-10所示。曲线A是气缸内不燃烧时的压力波形，曲线B、C、D分别表示不同点火时刻气缸内的燃烧压力波形，显然点火提前角越大，燃烧压力越高，则越容易产生爆燃，如曲线B所示。曲线D对应的点火提前角较小，此时发动机的输出功率（以曲线所包阴影部分面积来衡量）较小。

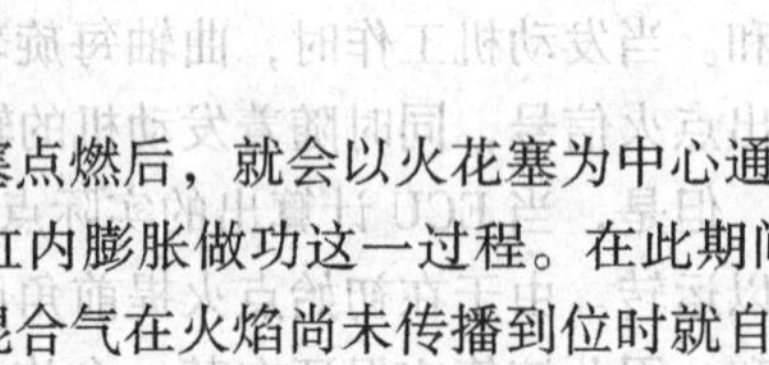

图3-10　气缸压力与点火时刻的关系曲线

曲线 C 对应的点火提前角既能保证一定的功率输出，又不产生爆燃，因此该曲线对应的点火提前角最合适。

从图 3-11 中可以看出，让发动机发出最大转矩的点火时刻（MBT 曲线）出现在爆燃界限的附近。因此，在有爆燃传感器的点火闭环控制系统中，可以利用爆燃传感器能够检测到爆燃界限的功能进行反馈控制，把点火时刻控制在爆燃界限的附近，有利于提高发动机的动力性。

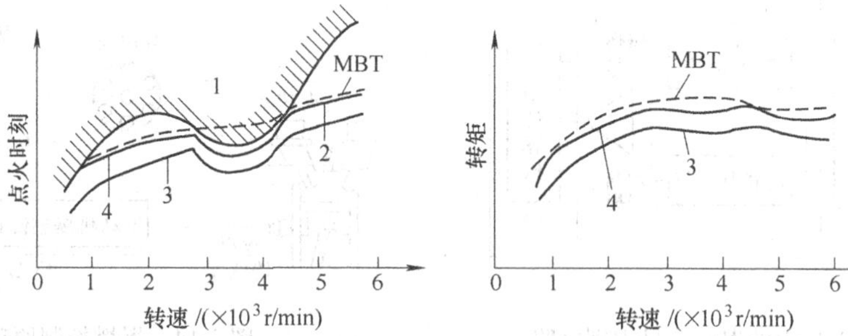

图 3-11　爆燃与点火时刻的关系

1—爆燃范围　2—余量幅度　3—无爆燃控制时　4—有爆燃控制

尤其是在装有废气涡轮增压的发动机上，由于使用的是绝热增压的空气燃烧，因此发生爆燃的可能性会增加，更需要采用闭环爆燃控制系统。为了有效地防止发动机发生爆燃，在有的控制系统中，除了可控制点火提前角外，还可同时控制废气旁通阀的动作，以便更有效地抑制爆燃的产生。

2. 爆燃控制系统

（1）爆燃的检测　发动机是否发生爆燃，可用爆燃传感器来进行检测。爆燃传感器大多数安装在发动机气缸体上，利用压电元件的压电效应把爆燃传到气缸体上的机构振动状态转换成电压信号，再通过 ECU 对信号进行处理和识别，进而控制发动机的点火提前角。

爆燃传感器的种类有很多，可分为共振型、非共振型和火花塞座金属垫型三种。现在广泛采用的是宽幅共振压电式爆燃传感器。该类传感器虽然输出电压的峰值较低，但可以在较大振动频率范围内检测出共振电压信号。由于宽幅共振压电式爆燃传感器具有感测频率范围较广的优点，因此适用于检测随发动机转速变化而产生的不同爆燃频率的信号。

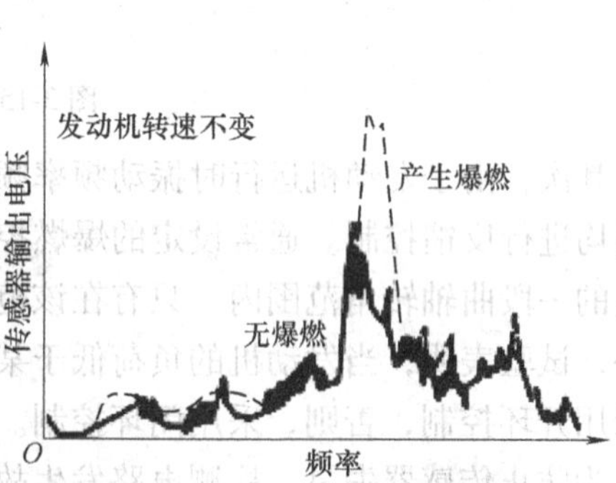

图 3-12　爆燃传感器的检测频率与电压输出

（2）爆燃的控制方法　综上所述，安装在发动机气缸体上的爆燃传感器可感应出发动机不同频率范围内的振动，而且当发动机发生爆燃时，传感器可产生较大振幅的电压信号，如图 3-12 所示。

发动机是否发生爆燃，可用 ECU 中的爆燃信号识别电路（图 3-13）来判定。如图 3-14 所示，先用滤波电路将爆燃信号进行过滤，只允许特定频率范围的爆燃信号通过滤波电路，再将滤波后信号的峰值电压与爆燃强度基准值进行比较，若其值大于爆燃强度基准值，则控制系统可由此判定爆燃程度，并以某一固定值（1.5°～2°曲轴转角）逐渐减小点火提前角，直至无爆燃信号出现，而且在一段时间内保持其值不变。若又有爆燃发生，则继续前一控制过程；若无爆燃发生，则又开始以相同固定值逐渐增大点火提前角，一直到爆燃重新发生，如此周而复始。

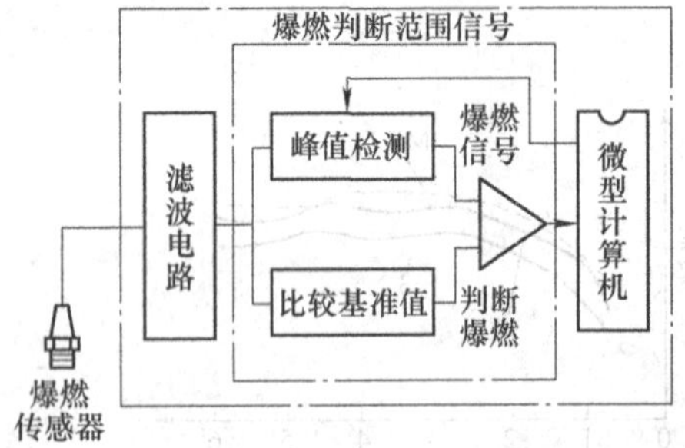

图 3-13　ECU 中的爆燃信号识别电路

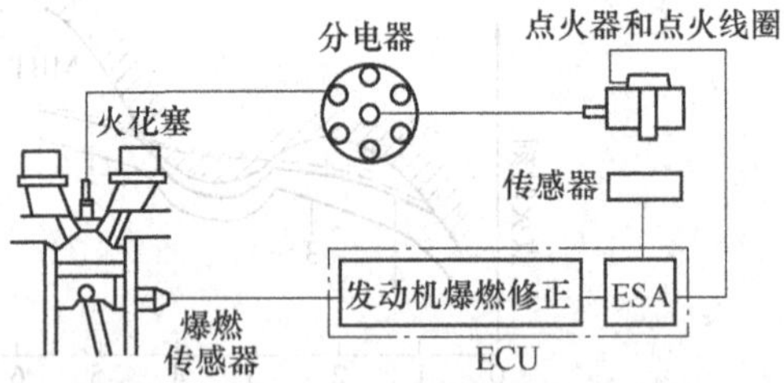

图 3-14　爆燃控制原理

爆燃强度一般是根据爆燃信号超过基准值的次数来判定，该次数越多，爆燃强度越大；次数越少，则爆燃强度越小（图 3-15）。

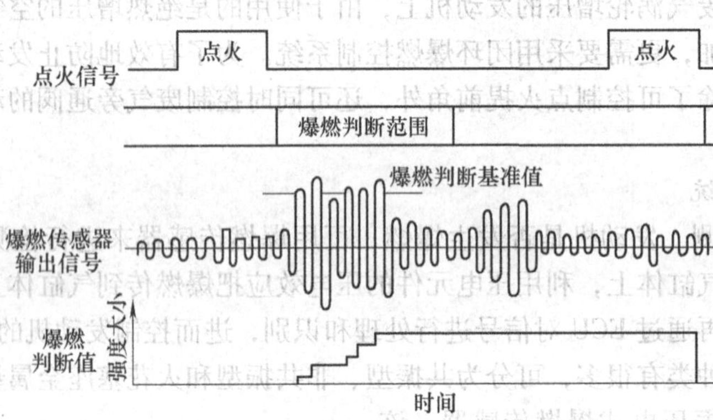

图 3-15　爆燃强度的判断

其次，由于发动机运行时振动频率频繁而剧烈，为了提高控制系统的可靠性，并非任何时间均进行反馈控制。通常设定的爆燃控制范围，仅限于能够识别发动机点火后爆燃且可能发生的一段曲轴转角范围内。只有在该范围内，控制系统才允许对爆燃信号进行信号识别。此外，试验表明，当发动机的负荷低于某一值时，一般不会出现爆燃。此时，点火控制系统也采用开环控制，否则，采用闭环控制。

为防止传感器失灵、检测电路发生故障、线缆断裂等意外情况，系统内设置了一个安全电路。一旦出现上述情况，安全电路将点火时刻推迟，并且使仪表警告灯发亮，警告驾驶员爆燃控制系统发生了故障。

五、DLI系统

DLI 是 Distributor-Less Ignition 的简称，即无分电器点火（系统）。DLI 系统是在微机控制的基础上将点火系统中的分电器总成用电子控制装置取代后形成的，又称直接点火系统。它利用电子分火控制技术将点火线圈的次级绕组直接与火花塞相连，即把点火线圈产生的高压电直接传送给火花塞进行点火，从而实现了点火系统全电子化的目标。

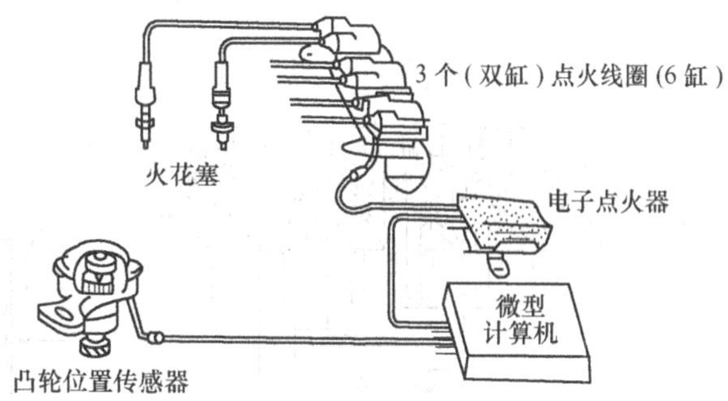

图 3-16　DLI 系统的组成

由于无分电器点火系统改变了传统的机械式分火方式，即用微机控制电子配电方式取而代之，因此失误率小、无机构磨损、无须调整，而且高压电通过点火线圈直接作用在火花塞上，故可减少无线电干扰及能量损失。DLI 系统的组成如图 3-16 所示。

与前面介绍的点火控制系统不同的是，DLI 系统的点火控制模块同时还具备电子配电功能，即可控制点火线圈组中点火线圈导通与截止的时序，以此控制火花塞依次击穿点火的时序，完成点火控制过程。

DLI 系统根据电子配电方式又可分为单独点火配电方式和双缸同时点火配电方式两种类型。其中，单独点火配电方式的 DLI 系统可将点火线圈直接安装在火花塞的顶部，这样不仅取消了分电器，同时也取消了高压线，故分火性能较好，相比较而言，其结构和点火控制电路最为复杂，如图 3-17 所示。

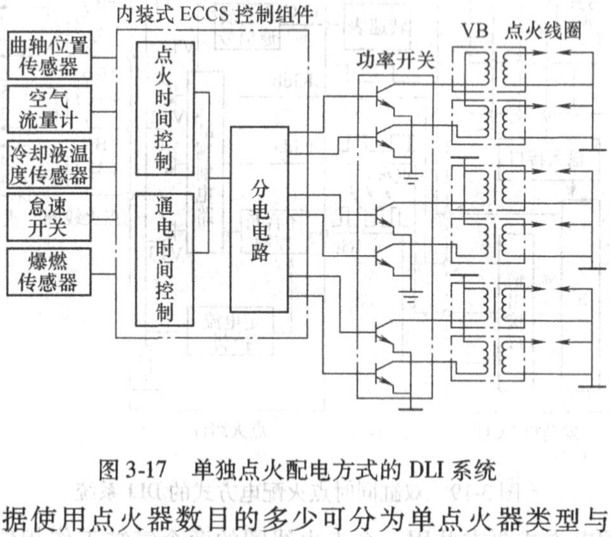

图 3-17　单独点火配电方式的 DLI 系统

单独点火方式根据使用点火器数目的多少可分为单点火器类型与多点火器类型，如图 3-18 所示。

双缸同时点火配电方式因两个火花塞共用一个点火线圈且同时点火，因此这种分火方式只能用在气缸数为双数的发动机上。此外，与单独点火配电方式相比，其结构与点火控制电路相对简单，仍然保留了点火线圈与火花塞之间的高压线，因此能量损失略大。其次，串联在高压回路的二极管，可用来防止点火线圈在初级绕组导通瞬间所产生的次级电压（1 000～2 000V）加在火花塞上后发生的误点火。目前这种分火方式应用得较多，如图 3-19 所示。

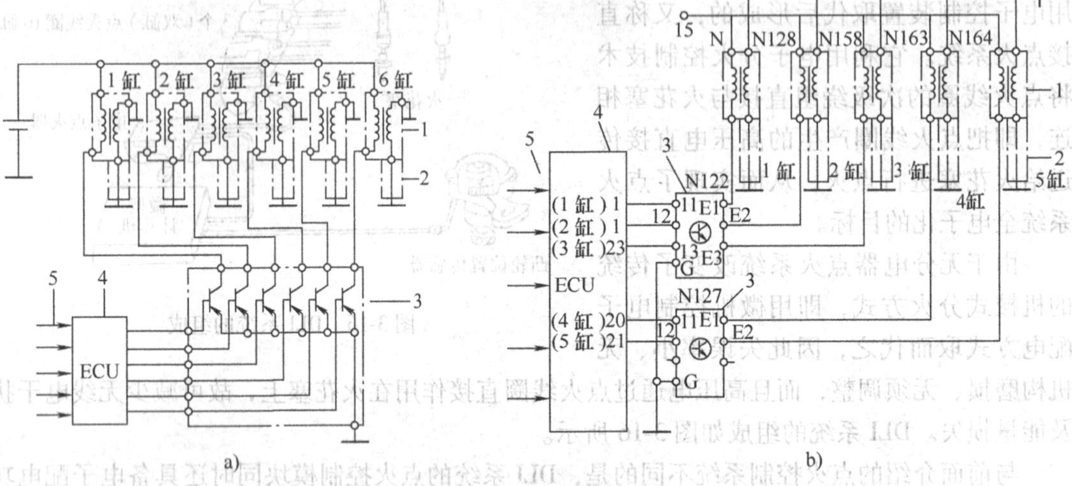

图 3-18　点火器类型

a）单点火器　b）双点火器

1—点火线圈　2—火花塞　3—点火器　4—ECU　5—传感器信号

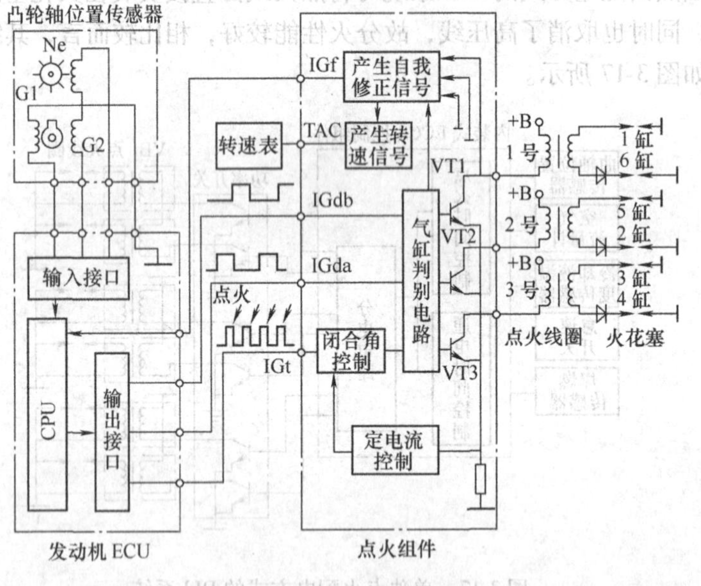

图 3-19　双缸同时点火配电方式的 DLI 系统

双缸同时点火配电方式要求共用一个点火线圈的两个气缸工作相位相差 360°曲轴转角。当点火线圈点火时，同时点火的两个气缸，一个处于压缩行程上止点附近，另一个处于排气行程上止点附近。处于排气行程的气缸，由于气缸内气体的压力较小且气缸内混合气又处于后燃期，易产生火花，因此放电能量损失很少。而大部分的点火高压和点火能量被加在压缩行程的火花塞上，因此处于压缩行程的火花塞的跳火情况与单独点火的火花塞跳火情况基本相同。

双缸同时点火配电方式还有一种特殊的配电方式称为二极管配电点火方式，如图 3-20

所示。二极管配电点火方式的特点是四个气缸共用一个点火线圈，但此点火线圈为内装双初级绕组、双输出次级绕组的特制点火线圈，并且利用四个二极管的单向导电性来交替完成对1、4缸和2、3缸配电过程。这种点火配电方式与双缸同时点火配电方式相比，具有相同的特性，但对点火线圈要求较高，而且发动机的气缸数应是数字4的倍数。

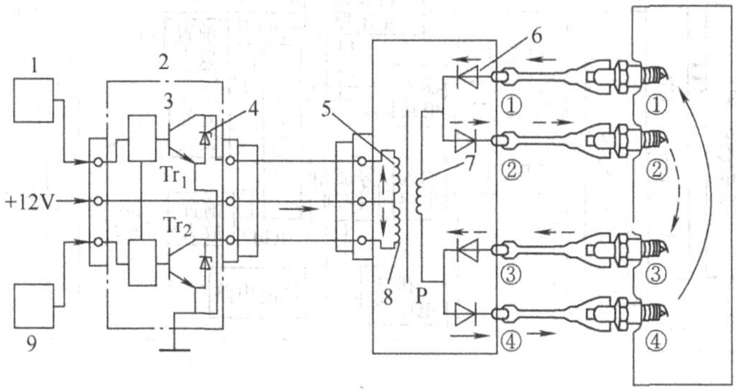

图3-20　二极管分配式同时点火的DLI系统工作原理图

1—1、4缸触发信号　2—电子点火控制器　3—控制部分　4—稳压器　5—初级绕组A　6—高压二极管　7—次级绕组　8—初级绕组B　9—2、3缸触发信号

此外，无分电器点火系统同样可以采用点火提前角自动控制方式（图3-21）。图3-21中所示的DLI系统是一种典型的双缸同时点火配电方式的无分电器点火系统。该系统ECU的输入信号主要来自进气歧管压力传感器、冷却液温度传感器、曲轴位置传感器、节气门位置传感器、空调开关、起动开关等。其中，曲轴位置传感器分别输出G1、G2和Ne信号。G1和G2分别用于提供各缸点火时刻基准和判缸信号，Ne除了向控制系统提供用于计量的1°曲轴转角信号外，还可提供发动机转速信号。

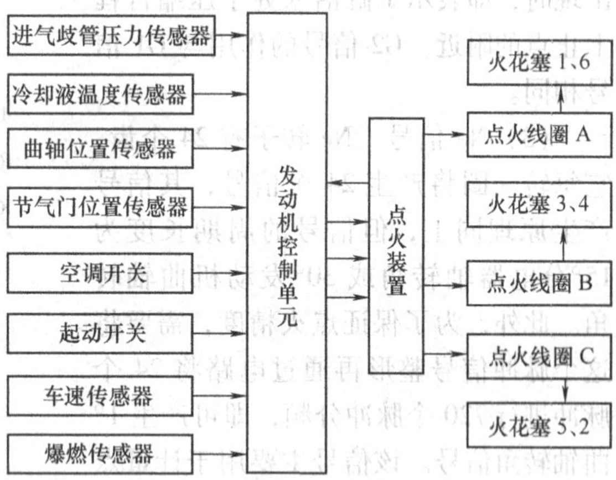

图3-21　丰田汽车DLI系统框图

图3-22所示为日本丰田公司1G-GZEU型发动机采用的DLI系统电路原理图，ECU除向点火控制模块输出点火信号1Gt外，还可同时输出气缸判别信号1GdA和1GdB，为点火控制模块提供气缸的点火时序。下面以此为例加以说明。

1. 来自曲轴位置传感器的信号

在图3-22中，曲轴位置传感器由G1、G2及Ne三个线圈组成，其功能是判别气缸及检测曲轴转角的位置，以此来确定点火提前角和导通角。

（1）G1信号　G1信号产生的原理与普通磁电式信号发生器的工作原理相同。因为G1线圈的曲轴转角位置对应于6缸活塞压缩行程上止点附近，所以只要G1线圈信号波峰出现时，就表示6缸活塞处于压缩行程上止点附近，该信号主要用于点火时刻基准的确定。

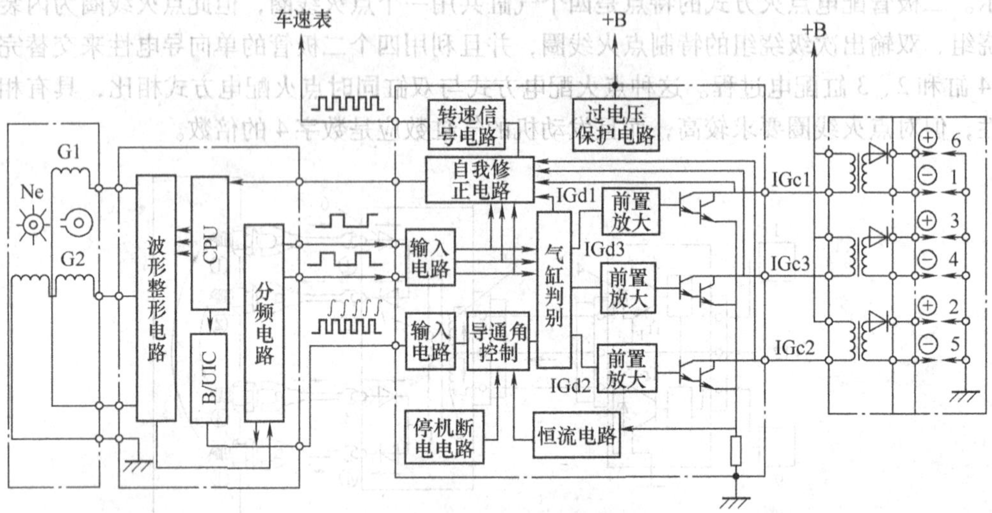

图 3-22　日本丰田公司 1G-GZEU 型发动机采用的 DLI 系统电路原理图

（2）G2 信号　G2 信号与 G1 信号相同，但由于 G2 线圈与 G1 线圈相位相差 360°曲轴转角，因此当 G2 信号波峰出现时，即表示 1 缸活塞处于压缩行程上止点的附近。G2 信号的作用与 G1 信号相同。

（3）Ne 信号　Ne 转子有 24 个齿，它每转一圈将产生 24 个信号，其信号产生原理同上，但信号的周期长度为 15°分电器轴转角或 30°发动机曲轴转角。此外，为了保证点火精度，需要将这个脉冲信号整形再通过电路将 24 个脉冲进行 720 个脉冲分频，即可产生 1°曲轴转角信号。该信号主要用于计量点火提前角和点火线圈的导通角。

2. 微机的输出信号

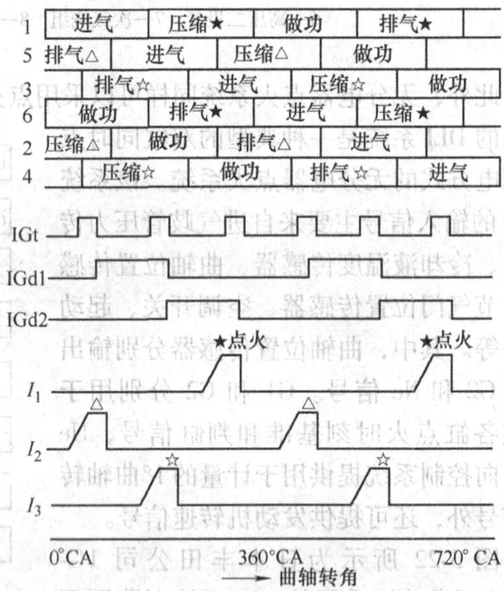

图 3-23　ECU 输出信号分析

△—2、5 缸点火点火动作　☆—3、4 缸点火点火动作

★—1、6 缸点火点火动作　I_1—1、6 缸点火电流信号

I_2—2、5 缸点火电流信号　I_3—3、4 缸点火电流信号

当 ECU 检测到发动机的转速、进气量、冷却液温度、起动开关等信号后，便可精确计算点火提前角，以此向点火控制模块发出 IGd1、IGd2 及 IGt 信号（图 3-23）。其中，IGt 为点火信号，用于各缸点火提前角的控制；而信号 IGd1、IGd2 为判缸信号，其信号状态见表 3-1。点火控制模块由此可判定发动机气缸的点火次序，依次完成对各点火线圈点火过程的控制，使火花塞依次产生击穿电压，点燃气缸内的可燃混合气，发动机对外做功。

表 3-1 IGd1 和 IGd2 的信号状态

	1、6 缸	2、5 缸	3、4 缸
IGd1	0	0	1
IGd2	1	0	0
动作	点火	点火	点火

此外，各点火线圈导通角的控制，则是由点火控制模块中的导通角控制模块完成的。其次，由于电控燃油喷射系统中喷油器的驱动信号也来自曲轴位置传感器，若点火系统出故障使火花塞不点火，而曲轴位置传感器工作正常，则喷油器会照常喷油，因此会造成气缸内喷油过多，导致发动机再起动困难或行车时三元催化转化器过热。为了避免这种现象的发生，特设定当点火过程完成后点火控制模块应及时向 ECU 返回 IGf 点火确认信号，若 3 ~ 5 次均无 IGf 信号返回，则 ECU 便以此判定点火系统有故障并强行断油，致使发动机熄火。

第二节 怠速控制

一、怠速控制的基本方法

一般情况下，发动机的怠速工况是指发动机只维持空转，不对外输出功率的运行工况。此时汽油机发出的功率只用于它自身及所带的附件消耗的功率。在不同的情况下，怠速有不同的分类：按怠速转速的不同可分为低怠速和高怠速。低怠速时发动机输出的功率只要能维持自身的运转即可，而高怠速还要供给如车载空调、风扇及动力转向泵等负载的功率；按汽车运行工况的不同可分为驻车（空挡）怠速和行车（驱动挡）怠速；另有冷机怠速和热机怠速之分等。在电控汽油机的怠速控制系统中，一般将节气门小于一定的阈值作为进入怠速控制的主要条件。怠速控制系统的功能是当发动机进入怠速工况时，通过改变怠速进气量和点火提前角等，使发动机输出适当的指示功率，从而保持目标转速；此外，还必须保证各种工况改变时能够平顺地过渡。

怠速转速控制实际上主要是对怠速进气量进行控制。电子控制单元根据各传感器输入信号所决定的目标转速与发动机实际转速进行比较，确定两转速间的差值，并经执行机构改变进入发动机的空气量，使实际转速达到目标转速，但此种方法响应较慢。点火提前角对发动机转速的变化影响较快，但可变化的范围较小，通常怠速稳定性是通过点火提前角修正来完成的。当负载突变时通过喷油量和进气量共同改变来实现怠速控制。怠速控制系统如图 3-24 所示。

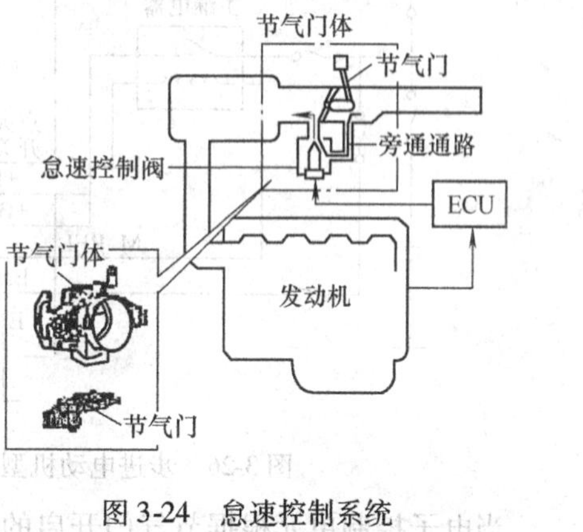

图 3-24 怠速控制系统

二、怠速控制装置（步进电动机型）

旁通空气量是由执行机构怠速控制阀（Idle Speed Control Valve，ISCV）来控制的。最广泛应用的执行机构是步进电动机型怠速控制装置，例如凯迪拉克轿车的北极星发动机、雷克萨斯400轿车发动机均采用这种形式。怠速控制阀装在进气管内，电子控制单元控制步进电动机增减流过节气门旁通通道的空气量，从而控制发动机的怠速转速。

步进电动机与怠速控制阀做成一体。步进电动机可顺时针或逆时针旋转，使怠速控制阀沿着轴向移动，改变阀与阀座之间的空隙，调节流过节气门旁通通道的空气量。怠速控制阀可有125种不同的开启位置。

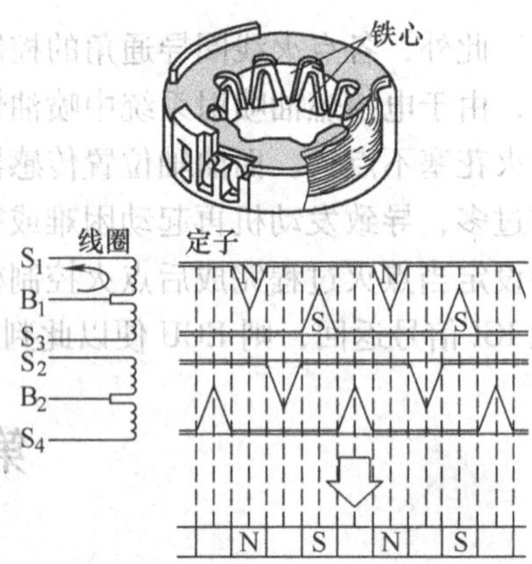

图3-25 步进电动机型怠速控制阀定子的结构和电路图

步进电动机的转子是用永久磁铁制成的16个磁极。定子是由两个带有16个爪齿状的铁心按图3-25所示的方式交错地装配在一起，每个铁心上有两组线圈，S_1 和 S_2、S_3 和 S_4 两组线圈的绕线方向相反。怠速控制阀固定在轴的一端，阀轴另一端的丝杠旋入步进电动机的转子内，当转子旋转时，阀随着阀轴一起作轴向移动，改变了阀与阀座之间的距离。转子的旋转方向可以通过改变四个线圈的通电状态来实现，线圈每通电一次，转子约转过11°（1/32圈）。线圈通电时，定子被激励，定子和转子间磁极同极性相斥，异极性相吸，在磁场力作用下，转子转动一步；当线圈通电方向相反时，转子则向相反方向转动。

步进电动机型怠速控制阀与电子控制单元的连接电路如图3-26所示。图3-26中的 +B 和 +B_1 是通过主继电器的蓄电池电压，Batt 为未经主继电器的蓄电池电压。与冷却液温度传感器、空调等负荷的工作状态相对应的目标转速都存放在电子控制单元的存储器中。

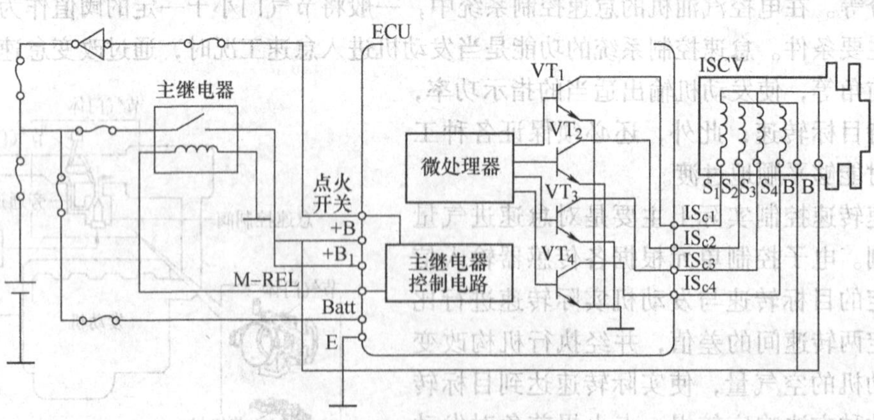

图3-26 步进电动机型怠速控制阀与电子控制单元的连接电路

当电子控制单元根据节气门开启的角度和车速判断发动机处于怠速运转时，根据实际转速与目标转速的差值，决定Tr1～Tr4的通断，给怠速控制阀供电，驱动步进电动机，调节旁通空气量，使发动机转速达到所要求的目标值。

第三节 废气再循环控制

一、工作原理

废气再循环（EGR）能单独或与三元催化转化器相结合使用，以减少 NO_x 的排放。NO_x 是在高温下，N_2 和 O_2 发生化学作用形成的产物。燃烧温度越高，NO_x 的生成物越多。小部分已燃烧的气体返回到进气歧管，在进气混合气中起到惰性稀释作用，混合气中单位燃料对应氧的浓度也减少，在气缸内的燃油蒸气量减少了，降低了燃烧速度，燃烧温度随之下降，从而有效地抑制了 NO_x 的生成。

从图 3-27 可看出，EGR 率由 0 增加到 20% 的过程中，NO_x 减少得很快；当 EGR 率超过 20% 以后，NO_x 则减少得较为缓慢。由于发动机燃烧不稳定，工作粗暴，使油耗和 HC 增加较大，因此除了要满足极严酷的排放法规外，EGR 率一般控制在 10% ~20% 较合适。EGR 率对排放和油耗的影响还与空燃比和点火提前角有关，例如某发动机转速为 2 000r/min 时，不同空燃比下 EGR 率与 NO_x、HC 和燃油消耗率的关系曲线如图 3-28 所示。

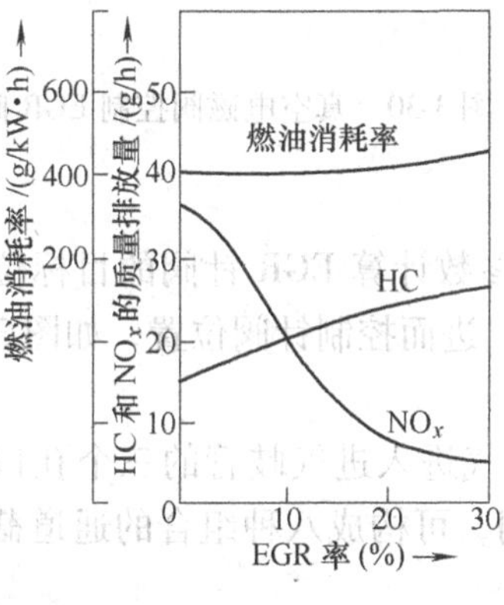

图 3-27 EGR 与燃油消耗率和排放的关系

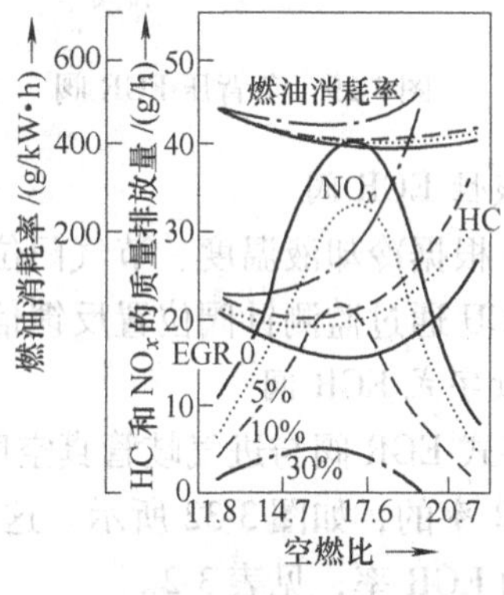

图 3-28 不同空燃比下 EGR 率与 NO_x、HC 和燃油消耗率的关系曲线

二、EGR 阀

EGR 控制系统中，EGR 阀是关键部件。不同的 EGR 率是通过 EGR 阀的调节来实现的。现代发动机中广泛采用电控 EGR 阀的方法。电控的 EGR 阀主要有以下几种：

1. 负背压 EGR 阀

负背压 EGR 阀是由进气歧管真空度和排气背压的变化来决定 EGR 率的，如图 3-29 所示。在负背压 EGR 阀的膜片上有一个内真空通气孔，与进气歧管相连。当排气背压小（怠速）时，在小弹簧作用下将通气孔封住，负背压 EGR 阀不起作用，ECU 控制电磁阀通断，从而控制负背压 EGR 阀真空室的真空度；当作用在膜片上方的真空度足够大时，将克服大弹簧的压力使负背压 EGR 阀打开。负排气背压时，真空通气孔打开，负背压 EGR 阀关闭。

2. 真空电磁阀控制 EGR 阀

真空电磁阀控制 EGR 阀是一个脉宽调制器控制的真空电磁阀，如图 3-30 所示。控制电磁阀的占空比就可改变作用在 EGR 阀上的真空度，电磁阀起作用时间越长，EGR 率越大；反之，EGR 率越小。当电磁阀占空比为 0 时，无 EGR 作用；当电磁阀占空比为 100% 时，EGR 率最大。ECU 根据发动机转速、冷却液温度、节气门位置、进气歧管绝对压力等信号来调节 EGR 率。

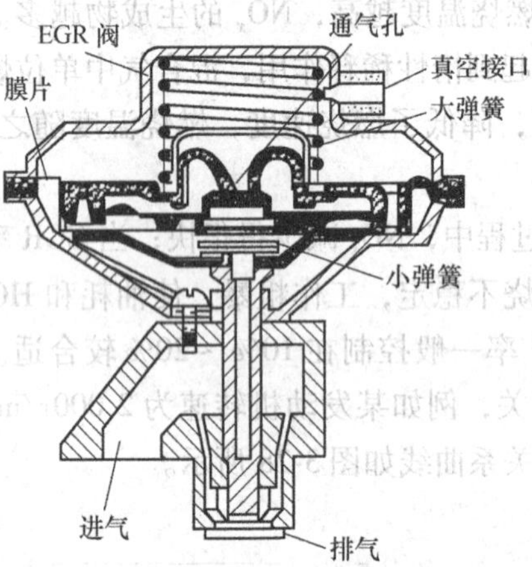

图 3-29　负背压 EGR 阀

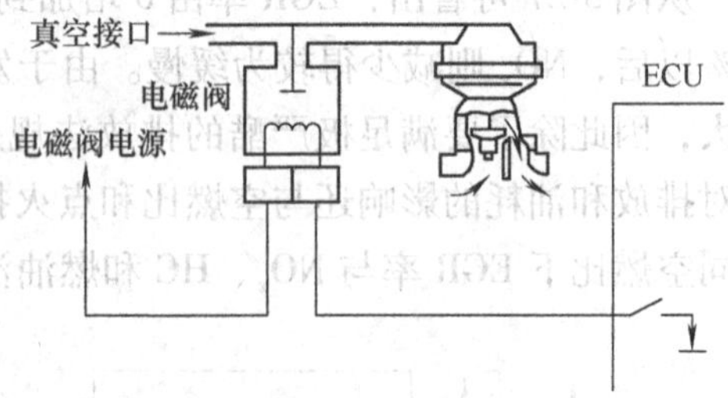

图 3-30　真空电磁阀控制 EGR 阀

3. 线性 EGR 阀

ECU 根据冷却液温度、节气门位置和进气流量等参数计算 EGR 针阀的目标位置。工作期间，ECU 通过监测针阀位置反馈信号构成闭环控制，进而控制针阀位置，如图 3-31 所示。

4. 数字式 EGR 阀

数字式 EGR 阀与进气歧管真空度无关，它是由废气进入进气歧管的三个孔口来精确地控制 EGR 率的，如图 3-32 所示。这三个孔口大小不同，可构成八种组合的通道截面积，调节不同的 EGR 率，见表 3-2。

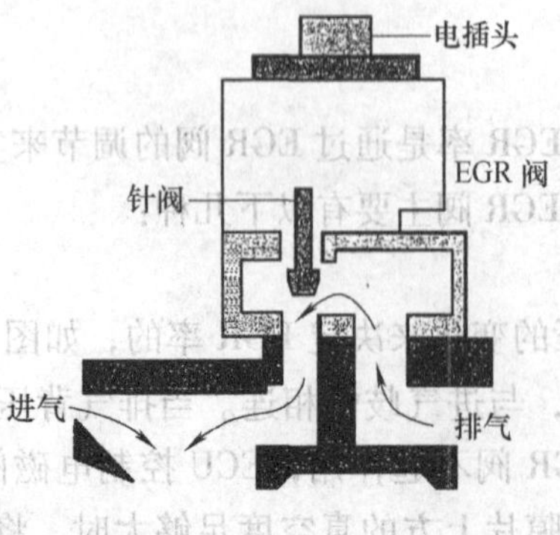

图 3-31　线性 EGR 阀的电路原理图

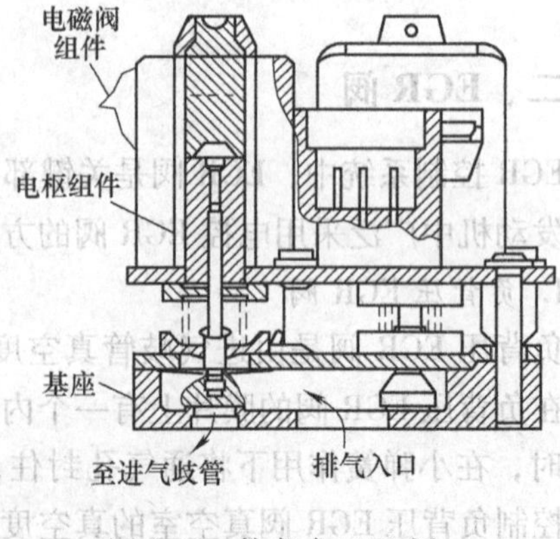

图 3-32　数字式 EGR 阀

表 3-2 数字式 EGR 逻辑表

编号	第一孔	第二孔	第三孔	EGR 率（%）
0	关	关	关	0
1	开	关	关	14
2	关	开	关	29
3	开	开	关	43
4	关	关	开	57
5	开	关	开	71
6	关	开	开	86
7	开	开	开	100

当电磁线圈通电时，与轴连在一起的电枢和针阀均升起，孔口被打开。由于 EGR 率只与孔口的大小有关，因而提高了控制的精度。

数字式 EGR 阀通过 ECU 的搭铁电路开启，此驱动电路使电磁线圈通电，升起针阀，并使排气进入进气歧管。

ECU 通过冷却液温度、节气门位置和进气歧管绝对压力等传感器的信息调节各个电磁线圈的工作。

三、EGR 的控制策略

1）在冷机或怠速、小负荷时，NO_x 的排放量本来就很小，为了发动机稳定的运行要求气缸内充分充气，因此在这些情况下 EGR 阀是关闭的。

2）在轻微加速或低速巡航控制期间，可以使用小量的 EGR，以减少 NO_x 的浓度，同时保持良好的驱动性。

3）中等发动机负荷时，NO_x 的排放量是较高的，尽最大可能地使用 EGR，从而大量减少 NO_x 排放物。随着负荷的增加，EGR 率也可以相应地增加（图 3-33 中深色部分）。

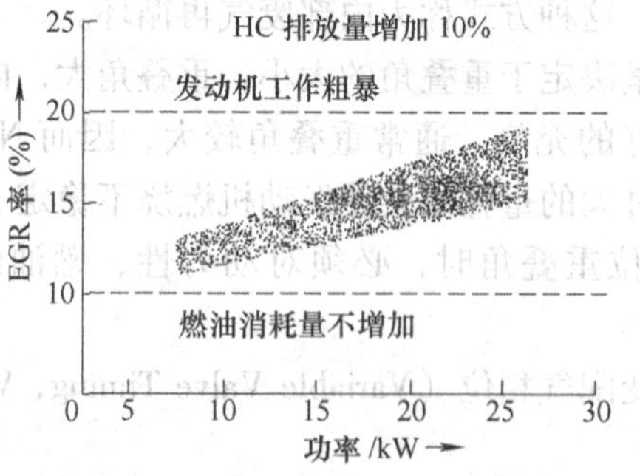

图 3-33 EGR 率与发动机性能的关系

4）当要求发动机大功率、高转速时，为了保证发动机具有较好的动力性，此时混合气也较浓，NO_x 排放物相对较少，因此可不用 EGR 或少用 EGR。

5）EGR 率对排放和油耗的影响还受到空燃比和点火提前角等因素的限制，如图 3-34 和图 3-35（图中负荷是用歧管绝对压力表示的）所示。在增大 EGR 率时，同时适当地增大点火提前角，进行综合控制，就能得到较好的排放、燃油消耗率等发动机性能。

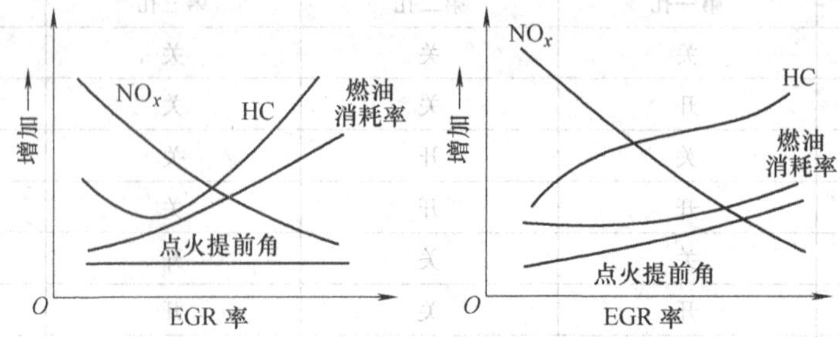

图 3-34　EGR 率与点火提前角的关系

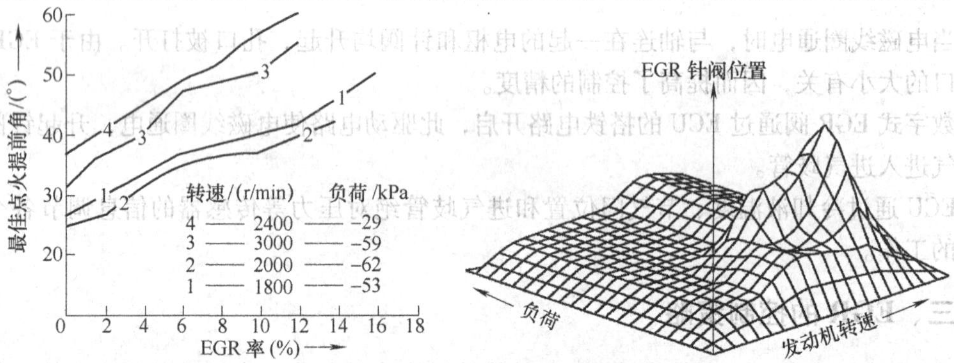

图 3-35　EGR 率与发动机转速和负荷的关系

四、内部废气再循环

通常把发动机排气经过废气再循环阀进入进气歧管，并与新鲜混合气混合在一起的方式称为外部废气再循环。由于配气相位重叠角同时进、排气门开启，造成一部分废气滞留在气缸内，稀释了新鲜混合气，这种方式称为内部废气再循环。

滞留在气缸内的废气量决定于重叠角的大小，重叠角大，内部废气再循环量也大。高比功率的发动机，由于有较好的充气，通常重叠角较大，因而 NO_x 排放物相对较低。但是重叠角不能无限加大，因为过大的重叠角会使发动机燃烧不稳定、失火，以及使 HC 排放量增加。因此，在确定配气相位重叠角时，必须对动力性、燃油经济性和排放性能进行综合考虑。

现代发动机中采用可变配气相位（Variable Valve Timing，VVT）后，内部废气再循环将可取代外部废气再循环。

第四节　燃油蒸发排放物控制

车辆一般都装有蒸发排放物控制系统，以避免燃油箱内的燃油蒸发逸至大气中。蒸发排放物由在低温时蒸发的碳氢化合物组成，这些碳氢化合物中大多数含有有害物苯。微量浓度的苯被吸入肺中以后，会影响血液的成分，严重的会导致白血病。

为了减少燃油蒸发的排放物，炭罐被连接到燃油箱的通风口以储存燃油蒸气。当条件允许时，ECU 通过驱动电路打开电磁阀，利用进气歧管真空度去“净化”炭罐，吸取储存的蒸气，将它送入发动机进行燃烧。燃油蒸发排放控制系统及其炭罐分别如图 3-36 和图 3-37 所示。

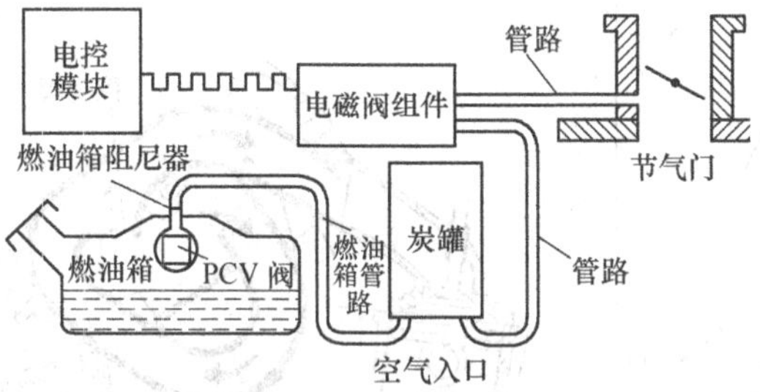

图 3-36　燃油蒸发排放控制系统

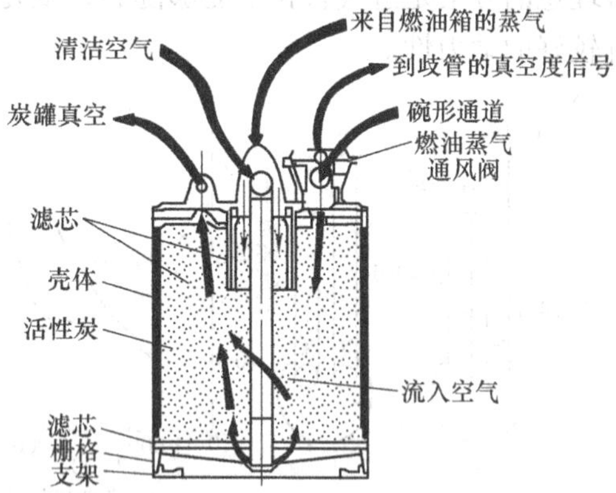

图 3-37　燃油蒸发排放控制系统的炭罐

蒸发的燃油从燃油箱中逸出，通过一个单向阀暂时储存在炭罐内。吸入发动机并燃烧的燃油蒸气的数量由占空比控制的电磁阀的开度确定，而电磁阀的开度由 ECU 根据发动机的工作状态确定。在非怠速的情况下，最大的电磁阀开度由闭环的空气流量确定，可达 100%。

当下列工况满足时，电磁阀打开。

1）热机（65. 25℃ <冷却液温度<110. 25℃）。

2）驱动挡。

3）发动机的转速高于怠速转速（1. 2% <节气门开度<100%）。

4）氧传感器功能正常（发动机已进入闭环工作模式或断油时间小于 2s）。

5）系统电压低于 17V。

注：括号中的内容为某车型的标定数据。

第五节　发动机管理系统发展的新技术

一、可变进气流量控制

当发动机转速低时，进气速度必须高，以克服气缸内的气体压力，需要采用长而窄的进气管道；当发动机转速高时，进气已具有较高的速度，为了减小流动阻力，需要一个短而宽的进气管道。

可通过每一缸使用两个进气管道来满足这样复杂的要求，即一个主进气通道和一个副进气通道，副进气通道中装有一个圆盘阀，阀的位置由 ECU 根据发动机的转速进行控制，如图 3-38 所示。在低速时控制阀保持关闭，迫使所有的进气经主通道高速地流入；在高速时控制阀保持全开，以减小进气的流动阻力；在发动机中等转速时控制阀微微地开启，以免在两种运行方式变换时输出转矩发生突变。控制阀可通过电磁阀控制的真空膜片起作用，也可通过伺服电动机起作用，后者的控制较精确。

另一种控制方法是在低速时进气管长，进气的路径和控制阀的位置如图3-39中实线所示；在高速时控制阀开启，进气管变短，进气的路径和控制阀的位置如图3-39中虚线所示。最理想的方案是进气管长度能够随转速变化而变化，可使发动机在低速、中速和高速时都具有较好的动力性。

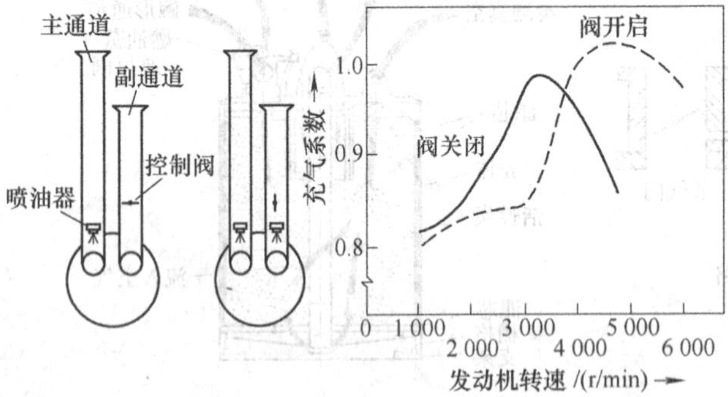

图3-38　可变进气流量控制及其在各种转速下的充气系数示意图

图3-39　可变进气管长度示意图

二、可变配气相位

配气相位和气流通过能力会影响到发动机的充气效率、残余废气量和泵气损失，从而影响发动机的动力性、燃油经济性、怠速稳定性和排放性能，它们是发动机研究的热点之一。配气相位是指凸轮型线与凸轮轴相对于曲轴的角度；气流通过能力与气门直径、升程和气门开启延续角（气门开启到气门关闭曲轴转过的角度）的大小有关。

对一台发动机来说，低速时最有利的进气晚关角要比高速时小，低速、低负荷时气门的重叠角和开启延续角比高速、高负荷时小。传统的配气机构中配气相位和气门开启延续角以及气门升程均为固定值，为了兼顾高、低速和高、低负荷各种工况，对配气相位采用了折中的办法。采用可变气门驱动后，可改变气门升程、气门的开启和关闭时刻及气门开启延续角等某些或全部参数，使自然进气发动机的性能有很大提高。对于增压发动机，通常不需要采用VVT技术，因为增压发动机的气门定时是按照有利于低速工况设计的（重叠角小，进气门关闭早），在高速时增压器出口的压力高，充气不会恶化。

在自然进气发动机上应用VVT技术有如下优点：

1）重叠角的控制。在低速、低负荷时，采用小的重叠角，使气缸内的残余废气减少，改善了燃烧品质，提高了怠速稳定性。在高速、高负荷时，采用大的气门重叠角，延迟了进气门的关闭时刻，利用进、排气惯性可多进气和多排气，提高了输出转矩，增加了动力性。

2）采用进气门的早开或晚关，以取消节气门或与节气门配合控制负荷，减少节流损失，改善部分负荷工况的燃油经济性。

3）降低有害排放物。在大负荷时，通过对重叠角的控制，实现发动机内的废气再循环，增加残余废气量，稀释工质，降低燃烧温度，从而使NO_x排放量降低。合理控制进气开启角和排气晚关角，组织好气流，实现扫气，有利于新鲜的工质和激冷层的气体混合，可使 HC 排放量下降。

常见的 VVT 有下列几种：

1）利用两组凸轮分别控制高、低速时的配气相位。低速时进气门的摇臂分别受各自的凸轮控制，高速凸轮空转；高速时两个进气门的摇臂由联接销连在一起，由高速凸轮控制摇臂运动。图 3-40 所示为日本本田公司开发的 VVT 结构简图。

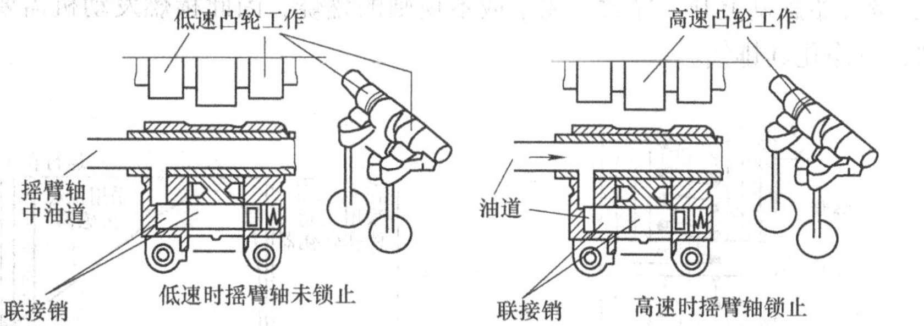

图 3-40 日本本田公司开发的 VVT 结构简图

2）丰田公司在新的发动机上采用了 VVT-i 技术，利用机油控制阀，通过机油压力使凸轮轴相对于曲轴位置连续改变。发动机的动力性有明显提高，在 MZ-FE 带有 VVT 的发动机上，在转速为 5 800r/min 时最大功率为 162kW，在转速为 4 400r/min 时最大转矩值为 304N · m，如图 3-41 和图 3-42 所示。

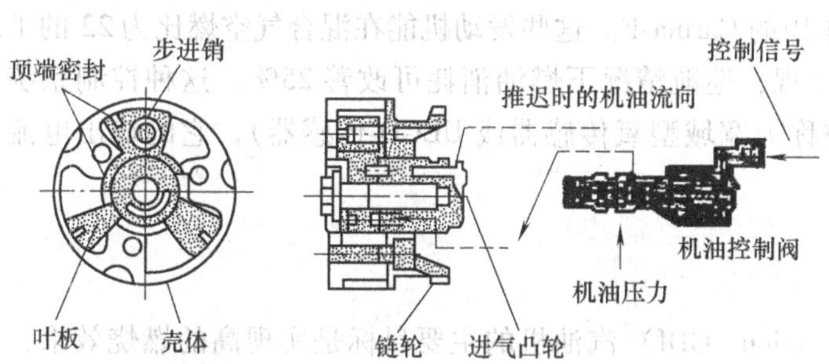

图 3-41 丰田 VVT-i 的工作原理

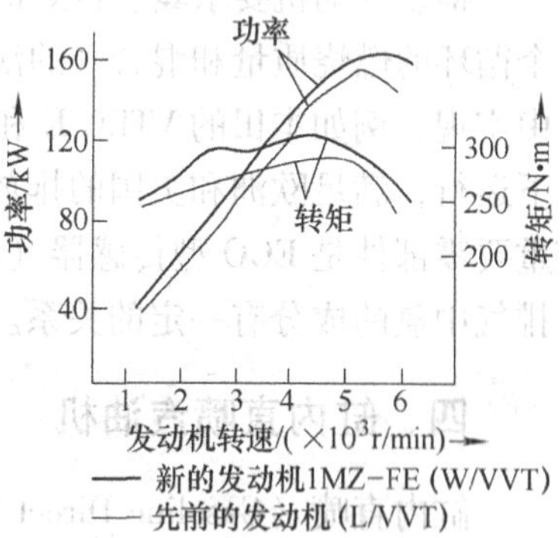

图 3-42 丰田 VVT-i 对发动机性能的影响和采用情况

3）理想的 VVT 是采用电磁阀控制气门，它既可改变气门升程曲线（配气相位），又可改变气门最大升程。如图 3-43 所示，上、下两个电磁铁不通电时气门在弹簧作用下处于中间位置；上面电磁铁通电，即可关闭气门。利用下面电磁铁的不同通电状况，可改变气门的最大升程。电磁阀控制气门机构可取消节气门，增加内部废气再循环，降低 NO_x 排放量，泵气损失可降低 30%。这种机构结构简单，控制灵活。但其气门运动规律不能精确控制，会受到气门落座的冲击；电磁铁效率低，需要大的驱动功率；尺寸大，布置有困难，成本高；电磁铁有升温现象，会影响驱动力控制。这种机构在产品上使用不多。

三、稀燃发动机控制

稀燃发动机通过在混合气的空燃比大于其化学计量比的工况下运行实现低排放。由图3-44能看出，当空燃比为16:1～25:1时，CO和NO_x排放物降至非常低，同时燃油消耗量至少改善10%，还可减少CO_2的排放（“温室气体”）。但是由于稀燃发动机运行接近燃烧极限，HC的排放量开始急剧上升，导致不完全或不规则的燃烧，因此稀燃发动机需要一个氧化催化转化器，以净化其排气。

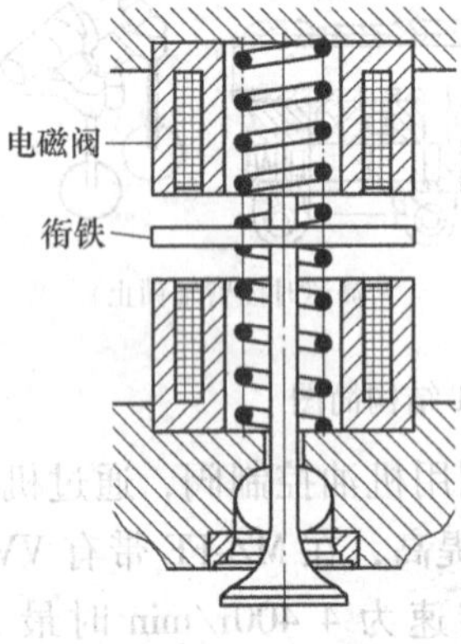

图3-43　电磁阀控制气门机构

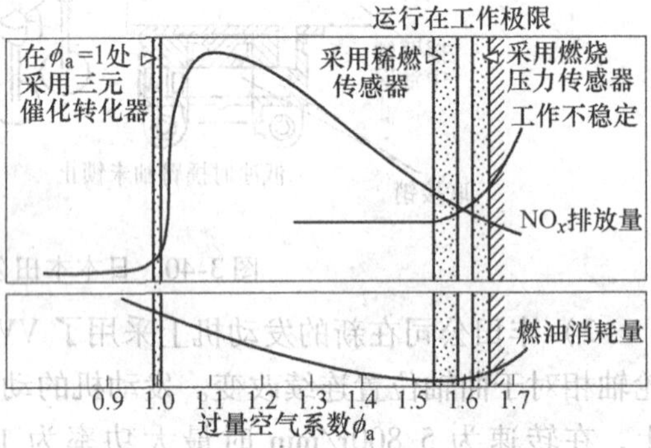

图3-44　稀燃的极限

稀燃发动机要求具有良好的混合气储备和点燃稀混合气的高能火花，能够很好地检测每个循环的燃烧质量和混合气的滚流与旋流强度。这些要求有许多已在日本设计的现代发动机中实现，例如本田的VTEC-E和丰田的Carina-E。这些发动机能在混合气空燃比为22的工况下运行，满足欧洲和美国的排放法规，巡航情况下燃油消耗可改善25%。这种控制系统的重要零部件是EGO型传感器（被称为宽域型氧传感器或UEGO传感器），它的输出电流与排气中氧的成分有一定的关系。

四、缸内直喷汽油机

缸内直喷（Gasoline Direct Injection，GDI）汽油机的主要目标是实现高的燃烧效果，达到超低的燃油消耗，并具有比MPI发动机更高的输出功率，而且排放性能不降低。

1. 缸内直喷汽油机的结构特点

1）直型的进气道，比普通MPI发动机的水平进气道具有更好的充气效果。

2）在压缩行程的后期喷入燃油，活塞顶部的形状可控制混合气的形状和燃烧室内的气流，使保持密集空燃比的混合气能在混合气扩散前将混合气引至火花塞附近，以利于着火。

3）高压油泵提供缸内直喷所需的8～12MPa的喷油压力，使气缸内的直喷油雾粒直径达到20～25μm，而MPI发动机的油雾粒直径为200μm。有的GDI发动机和电控柴油机一样采用油压传感器，可对油轨内的油压进行调节。

4）高压旋流式喷油器，可提高油粒雾化细度，喷孔较大，不易堵塞，减小了贯穿度，如图3-45所示。

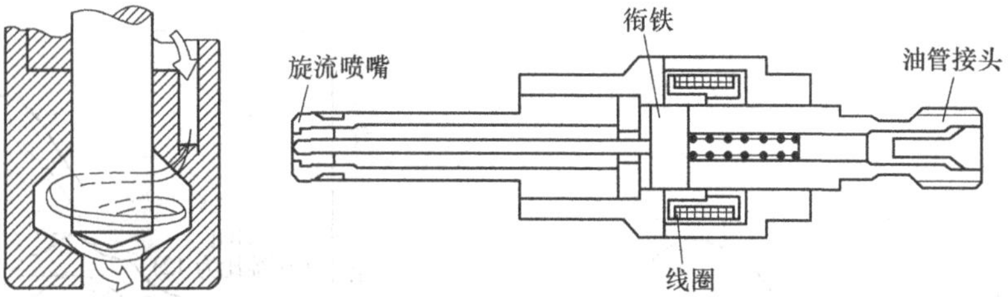

图 3-45　GDI 发动机高压旋流式喷油器

2. 缸内直喷汽油机的工作原理

缸内直喷汽油机中小负荷时，燃油在压缩行程后期向气缸内喷油，利用活塞的形状和气缸内的滚流在火花塞附近形成浓的混合气；采用层状充气，实现稀燃，可使 A/F 达 30 ~ 40（采用废气再循环技术时可达 35 ~ 55）。大负荷时在进气行程（上止点后 60° ~ 120°CA）喷射均匀的混合气，由于燃油喷入气缸内，汽油蒸发使气缸内的充气温度降低，爆燃的倾向减少，可提高发动机的压缩比（$\varepsilon = 12$），从而使发动机的热效率得到提高。

3. GDI 发动机的优点

1）小负荷时燃油消耗明显下降。在装设手动变速器的汽车上，采用 GDI 发动机比 MPI 发动机怠速时油耗降低了 40%，如图 3-46 所示。巡航控制期间，油耗降低了 35%，如图 3-47 所示。10 ~ 15 工况 GDI 发动机油耗降低了 35%，如图 3-48 所示。

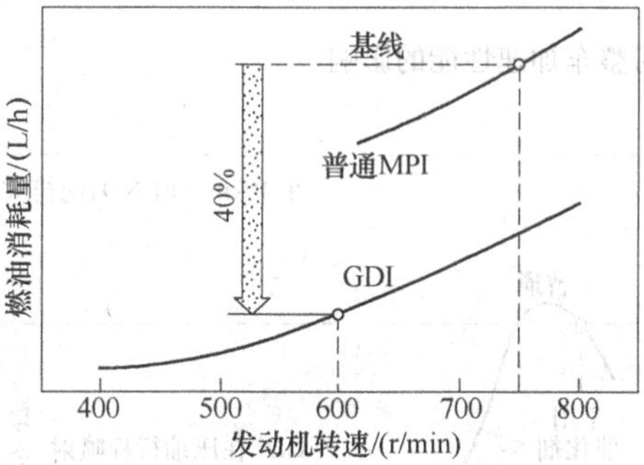

图 3-46　GDI 发动机怠速时油耗降低

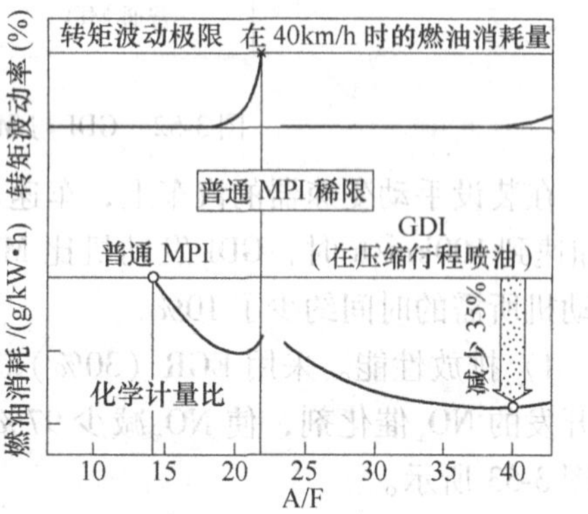

图 3-47　巡航控制时 GDI 与 MPI 发动机油耗的比较

2）动力性提高。由于压缩比提高并采用了质调节，使得发动机在全工况范围内容积效率提高 10%，转矩和功率均有提高，如图 3-49 ~ 图 3-51 所示。

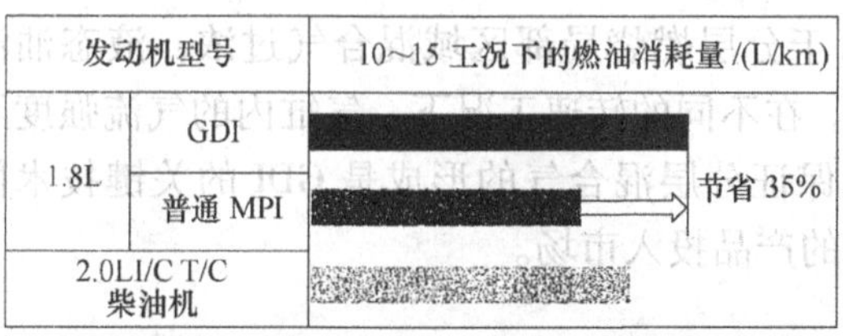

图 3-48　10 ~ 15 工况 GDI 与 MPI 发动机油耗的比较

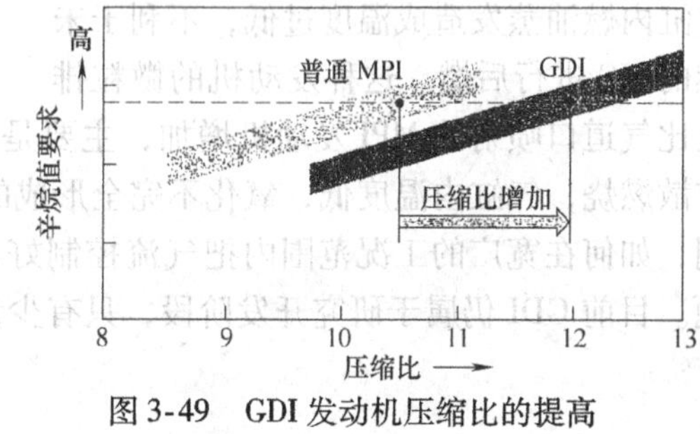

图 3-49　GDI 发动机压缩比的提高

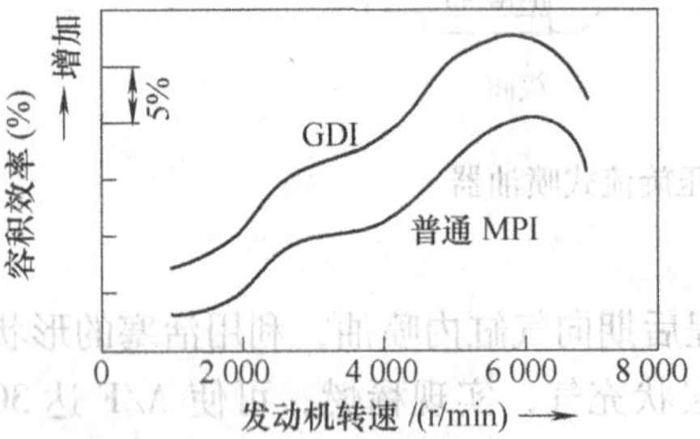

图 3-50　GDI 发动机容积效率的提高

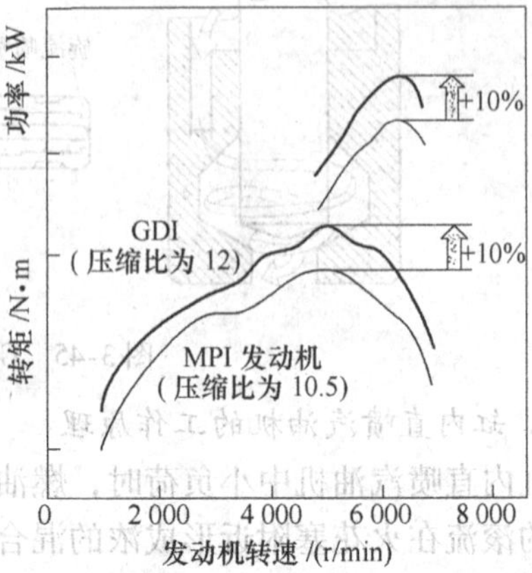

图 3-51　GDI 发动机动力性的提高

3）加速性能明显提高。GDI 与 MPI 发动机对整车加速性能的影响如图 3-52 所示。

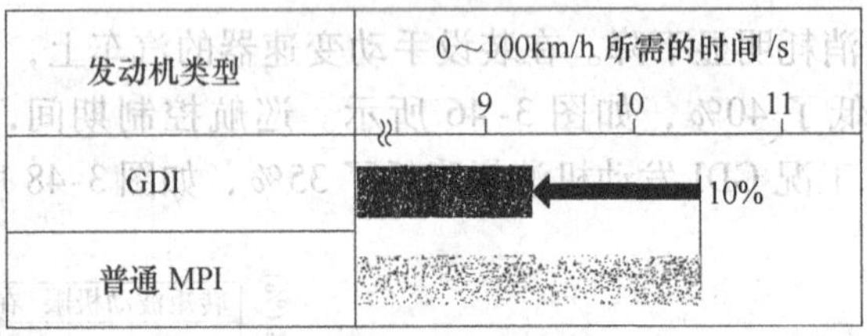

图 3-52　GDI 与 MPI 发动机对整车加速性能的影响

在装设手动变速器的汽车上，车速从 0 加速到 100km/h 时，GDI 发动机比 MPI 发动机所需的时间约少了 10%。

4）排放性能。采用 EGR（30%）和新开发的 NO_x 催化剂，使 NO_x 减少 97%，如图 3-53 所示。

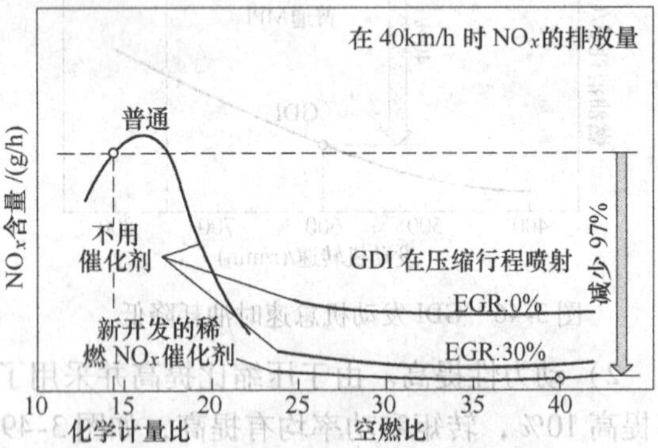

图 3-53　GDI 发动机 NO_x 的降低

4. GDI 发动机存在的问题

GDI 发动机在中小负荷下未燃的 HC 较多，这是由于油雾会碰到活塞顶部的气缸壁，分层燃烧使局部区域混合气过稀，气缸内燃油蒸发造成温度过低，不利于未燃的 HC 进行后燃。这种发动机的微粒排放比气道口喷射的 MPI 发动机增加，主要是由于分层燃烧局部区域混合气过浓，液态油滴扩散燃烧，气缸内温度低，氧化不完全形成的。在不同的转速工况下，气缸内的气流强度不同，如何在宽广的工况范围内把气流控制好，保证分层混合气的形成是 GDI 的关键技术问题。目前 GDI 仍属于研究开发阶段，只有少量的产品投入市场。

第四章　汽车防抱死制动系统

第一节　概　　述

汽车防抱死制动系统（Anti-Lock Braking System）是指汽车在制动过程中能实时判定车轮的滑移率，自动调节作用在车轮上的制动力矩，防止车轮抱死并取得最佳制动效能的电子装置。

汽车在行驶中遇到危急情况驾驶员会采取紧急制动，有相当多的交通事故是由于汽车在紧急制动时车轮抱死，从而导致各种非稳定因素造成的。汽车的 ABS 就是为了消除在紧急制动过程中出现的这些非稳定因素（诸如侧滑、跑偏、失去转向操纵能力）而研制的。当驾驶员猛踩制动踏板时，对于装设常规制动器的汽车，它的四个车轮很快会处于抱死状态，车轮不再滚动而是在路面上滑移。结果不但不能实现最佳的制动效果，反而还会带来以下的负效应：

1）由于车轮被抱死，车辆失去操纵性，不能按照驾驶员操作意图改变行驶方向以躲避障碍物或行人而造成交通事故。

2）在非对称附着系数的路面上车轮抱死，则车辆将丧失直线行驶稳定性，易出现侧滑、甩尾及急转等危险现象。

3）车轮抱死时的附着力一般低于路面所能提供的最大附着力，车轮在全抱死状态下的制动距离反而略有增加。

4）由于车轮被抱死导致轮胎局部与地面之间产生急剧的摩擦作用，降低了轮胎的使用寿命。

电控防抱死制动系统能把车轮的滑移率控制在一定的范围之内，可充分利用轮胎与路面之间的附着力，有效地缩短制动距离；提高车辆制动时的可操控性，避免车轮抱死时易出现的各种交通事故，使制动器的综合效能发挥到最佳状态。ABS 是普遍公认的提高汽车主动安全性的有效装置之一。

第二节　轮胎与路面之间的相互关系

ABS 的理论基础是轮胎与路面之间的相互作用关系。汽车通过轮胎与路面之间的相互作用，把发动机传至车轮的驱动力矩转变为推动汽车前进的驱动力，在制动时把作用在车轮上的制动力矩转变为制动力。在弯道行驶时，由于地面对轮胎的侧向作用力，使车辆能按驾驶员的要求改变其运动方向。路面所能提供的附着力（即最大纵向、侧向作用力）与附着系数有关，附着系数 μ 定义为路面附着力 F_t 与作用在车轮上的垂直负荷 F_N 之比

$$\mu = \frac{F_t}{F_N} \tag{4-1}$$

它与轮胎的结构、材料、花纹、气压及路面特性等多种因素有关，如子午线轮胎在干燥路面上的附着系数最大。不同路面的附着系数在0.05～1的范围内，在冰面上最小，约为0.05左右，其他路况介于这两者之间。根据汽车的行驶方向可将附着系数分为纵向附着系数μ_b和侧向附着系数μ_s。在车轮制动时，作用在车轮上的纵向制动力和侧向附着力分别为

$$F_b = \mu_b F_N \tag{4-2}$$

$$F_s = \mu_s F_N \tag{4-3}$$

附着系数还与车轮的滑移/滑转率有关。在分析ABS制动问题时，把车轮的滑移/滑转率定义为

$$\begin{cases} \lambda = \dfrac{v_e - v_w}{v_w} & 驱动，\ \lambda < 0 \\ \lambda = \dfrac{v_e - v_w}{v_e} & 制动，\ \lambda \geqslant 0 \end{cases} \tag{4-4}$$

式中，v_e为实际车速，$v_e = \omega_w r_e$。其中，r_e为车轮有效滚动半径，定义如图4-1所示；ω_w为车轮转动角速度；v_w为车轮的切向速度。

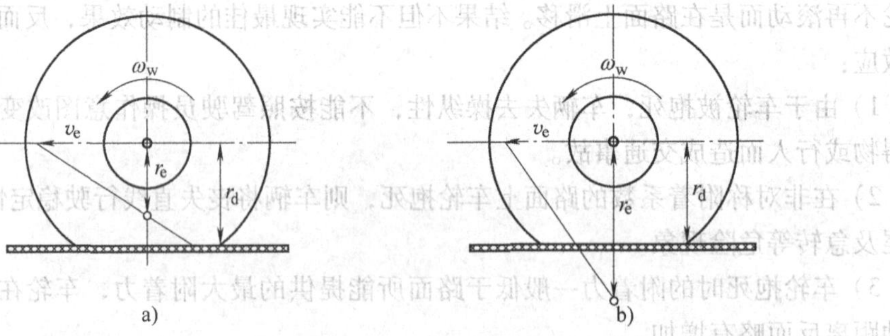

图4-1 车轮的滚动半径

a）驱动工况 b）自由滚动或制动工况

如果把实际车速用动力滚动半径r_d表示，则车辆在自由滚动时的有效角速ω_e为

$$\omega_e = \frac{v_e}{r_d} \tag{4-5}$$

把式（4-5）和$v_w = \omega_w r_d$代入式（4-4），则式（4-4）还可写成另一种形式

$$\begin{cases} \lambda = \dfrac{\omega_e - \omega_w}{\omega_w} & 驱动，\ \lambda < 0 \\ \lambda = \dfrac{\omega_e - \omega_w}{\omega_e} & 制动，\ \lambda \geqslant 0 \end{cases} \tag{4-6}$$

式中，λ在［−100%，+100%］范围内变化。当λ在［−100%，0%）区间时为驱动工况，此时轮速大于车速，车轮相对于地面滑转，对应的λ值称为滑转率。当λ在（0，100%］区间时为制动工况，此时车速大于轮速，车轮相对于地面滑移，λ值称为滑移率。几个特殊点$\lambda=0$、$\lambda=-100\%$和$\lambda=100\%$分别对应车轮自由滚动、车轮纯空转和车轮被完

全抱死状态。

车轮的滑移率与纵、横向附着系数之间的关系曲线（μ-λ 曲线）如图 4-2 所示。不同的路面特性、轮胎参数及轮胎的侧偏角都会影响 μ-λ 曲线。对于 μ_b-λ 曲线，滑移率从 0 开始，纵向附着系数 μ_b 随 λ 上升到最大值 $\mu_{bmax}(\lambda_k)$ 。自 λ_k 以后，纵向附着系数或多或少保持下降的趋势。由控制理论可知，当滑移率 λ 小于 λ_k 时的区间是稳定制动区，大于 λ_k 后为非稳定制动区，λ_k 为临界稳定点。制动时一旦车轮的滑移率 $\lambda > \lambda_k$，如不迅速减小制动力，则车轮就会很快抱死。对于实际应用中的 ABS，滑移率 λ 被控制在 λ_k 附近的小范围内，即图 4-2 中的阴影部分。侧向附着系数 μ_s 在 μ-λ 曲线上 $\lambda=0$ 时具有最大值，之后随着 λ 的增加 μ_s 一直呈下降趋势。ABS 把 λ 控制在 λ_k 附近，既能使路面提供最大的制动力，又能提供足够大的侧向附着力，满足车辆制动时的直线行驶稳定性和操纵稳定性要求。

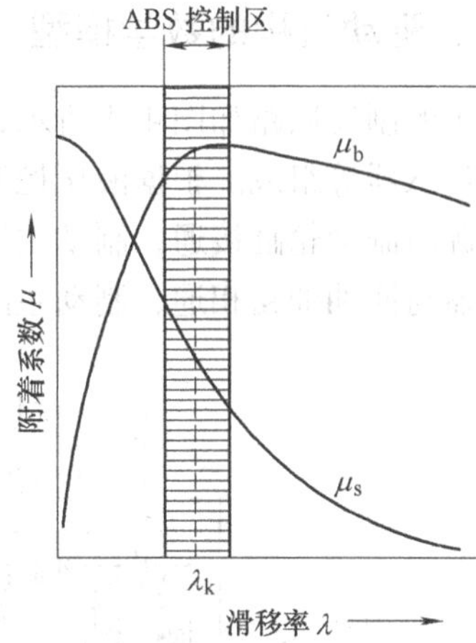

图 4-2　车轮的滑移率与纵、横向附着系数之间的关系曲线（μ-λ 曲线）

ABS 正是利用道路与轮胎之间的关系，强制性地把车轮的滑移率控制在临界点 λ_k 附近，使路面附着性能得到最充分的发挥，从而达到最佳的制动效果。对于有经验的驾驶员，当驾车行驶在较滑路面上或速度较高而需紧急制动时，往往不是一脚把制动踏板踩到底来施加全制动，而是采用“点制动”的方法来达到安全减速、停车的目的。这正是驾驶员在常规制动器上无意识地实施了防抱死制动的过程。

第三节　单轮车辆系统的数学模型

一、车轮制动状态数学模型

为研究防抱死制动的控制过程和在纵向平面上的特性，车辆可简化为如图 4-3 所示的单轮车辆系统力学模型。由于车速通常是指直线运动速度，轮速用角速度表示，因此在后文中车速用 v 表示，车轮角速度用 ω 表示。由此可得车轮和整车的运动微分方程分别为

$$J\dot{\omega} = r_d F_b - T_b - T_f \tag{4-7}$$

$$m\dot{v} = -F_b - F_w \tag{4-8}$$

式中，T_f 为车辆的滚动阻力矩；T_b 为制动力矩；m 为汽车的质量；$\dot{v}$ 为汽车制动时的负加速度；F_w 为车体受到的迎风阻力，即空气阻力；J 为车轮的转动惯量，对于驱动轮还应计入传动系统的转动惯量 J_T，单轮车辆系统可取 $J=(J_T/2)+J_{qw}$，J_{qw} 为驱动轮的转动惯量。

另外，式中地面对车辆的制动力 F_b 按式（4-2）计算，该式中的纵向附着系数 μ_b 与车轮滑移率及路面状态有关。

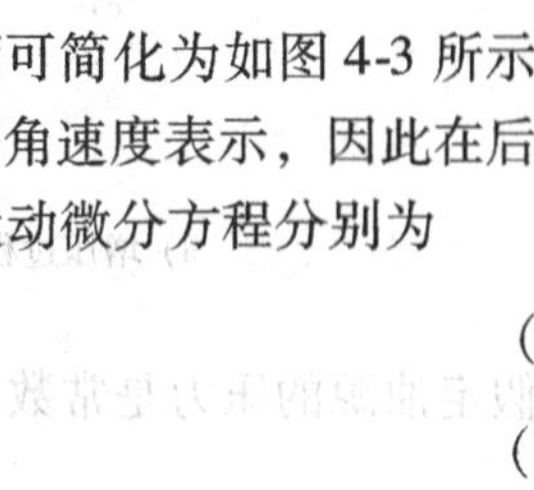

图 4-3　单轮车辆系统力学模型

二、驱动机构的数学模型

汽车的制动回路如图4-4所示，它主要由制动踏板、制动主缸、液压控制阀、制动轮缸及速度传感器等组成。根据液压控制阀的位置可使制动器对应三种不同状态：①当液压控制阀使油源与制动轮缸接通，制动主缸增压；②液压控制阀关闭，制动器保压；③液压控制阀使制动器与回油油路相通，制动主缸减压。

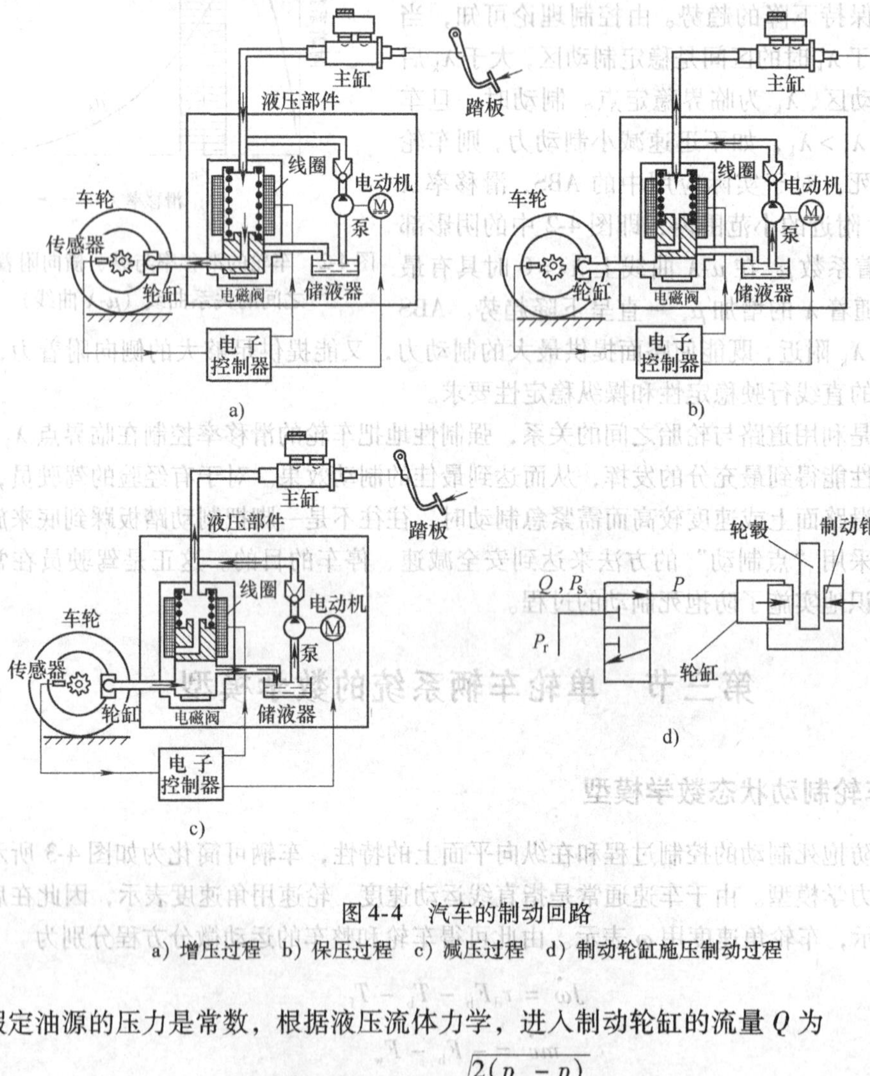

图4-4　汽车的制动回路

a）增压过程　b）保压过程　c）减压过程　d）制动轮缸施压制动过程

假定油源的压力是常数，根据液压流体力学，进入制动轮缸的流量 Q 为

$$Q = c_d A\sqrt{\frac{2(p_s - p)}{\rho}} \tag{4-9}$$

式中，c_d 为液压控制阀的流量系数；A 为液压控制阀的过流面积；p_s 为油源压力；p 为制动主缸压力；ρ 为油液密度。

在制动开始时，进入制动主缸的油液推动活塞动作，消除了与钳盘之间的间隙。不考虑油液的可压缩性，根据流量连续方程，可求得活塞的运动速度 v_p 为

$$v_p = \frac{Q}{A_p} \tag{4-10}$$

式中，A_p 为油缸的作用面积。

设制动器的间隙为 S_0，则消除间隙所需要的时间 t_d 为

$$t_d = \frac{S_0}{v_p} = \frac{S_0 A_p}{Q} \tag{4-11}$$

所求的 t_d 即为制动器响应的滞后时间。消除制动器间隙以后，进入制动主缸的油液被压缩增压，增压变化规律为

$$Q = \frac{V_d}{\beta_e}\frac{dp}{dt} \tag{4-12}$$

式中，V_d 为油缸及管路的容积；β_e 为油液的体积弹性模量。

把式（4-9）代入式（4-12）得

$$\frac{dp}{dt} = K\sqrt{(p_s - p)} \tag{4-13}$$

式中，$K = \frac{\beta_e}{V_d} c_d A \sqrt{\frac{2}{\rho}}$。

对于开关阀，K 为常数。由式（4-13）可见，当液压控制阀的开口保持恒定时，油缸的压力升率 K 不是常数，而是随制动主缸的压力升高而减小。在减压过程，由制动主缸排出的油液为

$$Q_r = -c_d A_r \sqrt{\frac{2}{\rho}(p - p_r)} \tag{4-14}$$

式中，p_r 为回油油路压力；A_r 为液压控制阀回油油路的过流面积。

此时油缸内被压缩的油液释放，油缸压力下降变化率为

$$\frac{dp}{dt} = -K_r\sqrt{(p - p_r)} \tag{4-15}$$

式中，$K_r = \frac{\beta_e}{V_d} c_d A_r \sqrt{2/\rho}$。

在进行系统分析与设计时，为了简化系统，可按图 4-5 所示的方法把式（4-13）和式（4-15）在常用的工作压力点（图中标注为 p_0）线性化得

$$\frac{dp}{dt} = uk_0 \quad u = \begin{cases} 1, & \text{增压} \\ -1, & \text{减压} \\ 0, & \text{保压} \end{cases} \tag{4-16}$$

式中，k_0 为液压控制阀的线性化系数。

由式（4-16）得作用在车轮上的制动力矩的变化率为

$$\frac{dT_b}{dt} = K_b u \tag{4-17}$$

式中，K_b 为与制动器的结构参数和线性化系数 k_0 有关的常数。考虑到制动主缸在增压和减压时需要不同的变化率以满足不同的使用性能，则作用在车轮上的制动力矩的变化率可进一步写成如下的形式

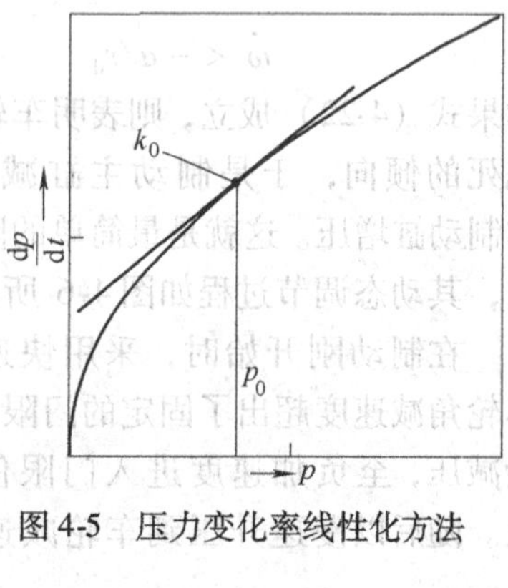

图 4-5　压力变化率线性化方法

$$\frac{dT_b}{dt}=u \quad u=\begin{cases}U_i, & 增压\\ -U_o, & 减压\\ 0, & 保压\end{cases} \tag{4-18}$$

第四节　ABS逻辑控制算法

防抱死制动的目的是把车轮的滑移率控制在 λ_k 附近，使路面的附着系数得到最充分的发挥。那么应以哪些参数作为控制目标，才能使控制的效能最佳呢？事实上，由不同的算法都可以达到预期的目标，且每种算法将以不同的规律逼近期望的点。下面以车辆上普遍采用的逻辑控制算法为例，分析防抱死制动的调节过程。

一、简单逻辑控制算法

逻辑算法的出发点是：路面的附着系数是有限的，而且在一定范围［0，1］内变化。路面的附着系数越大，则制动时由路面产生的制动力越大，该制动力对车轮轴线的力矩就是驱动车轮不被抱死的反驱力矩。假设路面附着系数有（0，一般路面，∞）三种情况：第一种工况可以认为是理想的冰面，在上面制动时车轮可以很快抱死，因为这种路面不能产生抵抗车轮抱死的制动力。车轮虽然可以轻易地抱死，但整车仍将按照原来的初速度继续在冰面上滑行，汽车并不会因制动而减速。第三种工况意味着路面与轮胎之间具有像齿轮与齿条的运动关系，如果突然把车轮抱死，将犹如汽车直接碰撞在一个刚性的障碍物上，其后果不堪设想（实际上，第三种工况是不存在的，因为汽车的制动力矩是有限的，路面附着系数也是有限的）。在一般的路面附着条件下，制动过程中无论车轮的滑移率如何变化，作用在四个车轮上的总的制动力都必然满足不等式

$$F_b \leqslant \mu_{max}mg \tag{4-19}$$

汽车制动时对应的最大减速度也必然满足条件

$$a \leqslant \mu_{max}g \quad (a>0) \tag{4-20}$$

所以，当车轮的角减速度超过极限条件

$$\dot{\omega}r_d < -a \tag{4-21}$$

时，则表明制动力已超出路面所提供的最大附着力，车轮可能出现抱死倾向。基于上述分析，最简单的ABS控制逻辑可确定为

$$\dot{\omega} < -a/r_d \tag{4-22}$$

如果式（4-22）成立，则表明车轮可能出现抱死的倾向，于是制动主缸减压；反之，则制动缸增压。这就是最简单的防抱制动算法，其动态调节过程如图4-6所示。

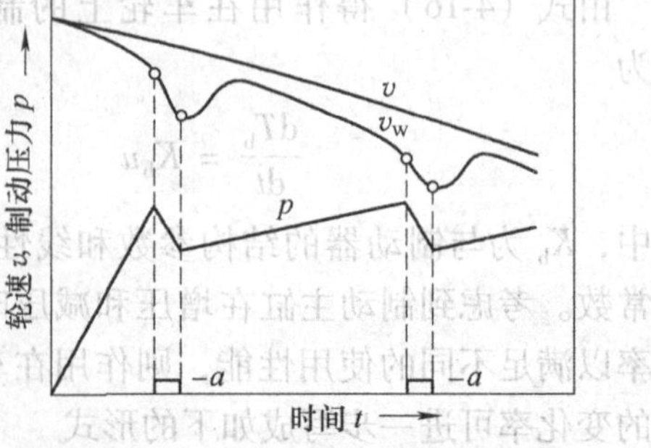

图4-6　以车轮负加速度作为门限的防抱制动过程

在制动刚开始时，采用快速升压。当车轮角减速度超出了固定的门限值 $-a$ 时开始减压，至负加速度进入门限值 $-a$ 内结束。随后以慢速升压到车轮减速度再次超

出门限值 $-a$，似此周期性地重复，直至汽车完全制动。

单一负加速度门限条件算法简单，但车轮的滑移率变化较大，也不能适应路面附着系数的变化。

现在分析，制动过程中当车轮角减速度超出门限值 $-a$ 后，轮缸缓慢减压，车轮的减速度从门限值 $-a$ 之外进入门限值之内，并逐渐从减速变为加速。从减速到加速的转变过程中，车轮的角减速度必然经过等于零的点。减速度为零的点是指对车轮施加的制动力矩与路面所能提供的制动力产生的反驱力矩达到平衡的点。可见，只要车轮的加速度大于零（即路面所能提供的制动力对车轮中心的力矩大于所施加的制动力矩），就可避免抱死的倾向。于是又可取一个适当大的正数 $+a$（$+a$、$-a$ 仅表示车轮的加、减速度，它们的值可以是不同的）作为车轮加速度的门限值，构成双门限的逻辑控制，经组合可得到三个常用的逻辑判定条件

$$\begin{cases} \dot{\omega} < -a & \text{减压} \\ \dot{\omega} > +a & \text{保压　,上一个是减压过程} \\ \dot{\omega} < +a & \text{增压　,上一个是保压过程} \end{cases} \tag{4-23}$$

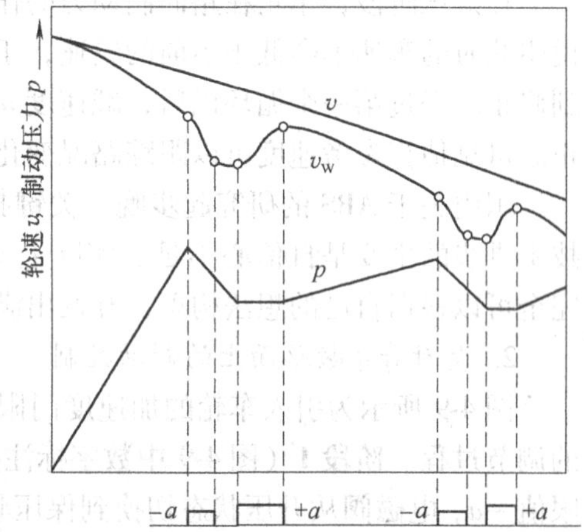

图 4-7　车轮正、负加速度门限值的防抱控制

按照逻辑条件式（4-23），实现防抱死制动的调节过程如图 4-7 所示。

［$+a$，$-a$］作为系统出现抱死和解除抱死的门限条件，由此构成的逻辑控制可以适应不同的路面特性，一般可消除车轮抱死现象。但当路面附着系数出现跃变时，就不能快速适应了，因此简单逻辑控制对快速变化的路面跟踪性能较差。

二、以车轮加、减速度和滑移率结合的逻辑控制

1. 参考车速和滑移率的计算

为了适应路面特性的变化，必须通过相应的逻辑条件识别出这些变化，再对控制逻辑作相应的修改，使车辆在不同运行环境下都能取得最佳的效果。为此引入了车轮的滑移率作为辅助的门限值，与车轮负加速组合构成双参数逻辑控制算法。由式（4-6）可知，确定滑转率要用到车体速度。测定车体速度有接触式和非接触式两种方法，采用非接触式测定（如多普勒仪）价格较高。采用接触方式（如五轮仪）很不方便，其形态也难以被用户所接受。因此，现今汽车上一般不采用直接测量的方法获得实际车速，而是采用间接的方法由车轮的角速度和负加速度构造车辆的参考速度，其构造方法如图 4-8 所示。

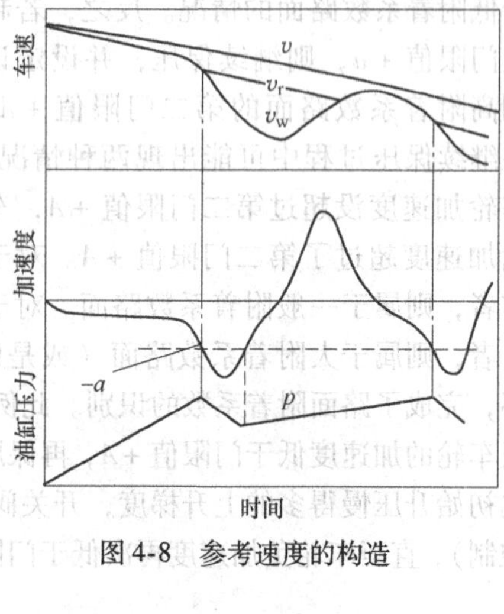

图 4-8　参考速度的构造

在初始制动过程中，当车轮的负加速度小于 $-a$ 时，把此时车轮的速度作为初始参考速度 v_{r0}，以后以减速度 a_r（通常取汽车在一般路面制动时能达到的减速度为事先设定值）计算参考速度，即

$$v_r = v_{r0} - a_r t \tag{4-24}$$

由于车轮的角速度是已知的，当参考速度估算出来以后，则车轮的参考滑移率为

$$\lambda = \frac{v_r - r_d\omega}{v_r} \times 100\% \tag{4-25}$$

在减压阶段，车轮在路面制动力的作用下反驱增速。当车轮的速度大于参考速度后，则说明此时的车速不会低于当前的轮速，于是应把参考速度设定为当前的轮速，使参考速度得到修正。经过第一个循环以后，减速度 a_r 也被估算出来，式（4-24）中的加速度 a_r 再被修正。可见估算参考速度可以跟踪路况变化，也具有一定的精度。

国内关于ABS的研究起步晚，关键技术一般来源于国外。在自主开发方面，阻碍ABS技术进步的主要是自信心不足。实际上ABS算法并不神秘，只要理解了ABS的工作过程，完全可以根据自己的想法构思，开发出满足市场需求的ABS。

2. 大附着系数路面上的制动控制

图4-9所示为引入车轮的加速度门限值 $+a$，并在典型的大附着系数路面上防抱死制动的调节过程。**阶段1**（图4-9中数字标注处）轮缸快速升压，直至车轮负加速度很快超出门限值 $-a$，电磁阀从升压状态切换到保压状态，同时由式（4-24）和式（4-25）估算出参考车速和滑移率为 λ_1 的门限曲线。**阶段2** 保压，轮速继续下降，当轮速降至低于 λ_1 的门限值时，电磁阀由保压状态切换到减压状态。**阶段3** 减压，轮速又开始回升，当车轮的负加速度进入门限值 $-a$ 内，减压过程结束后又开始保压。**阶段4** 定时保压，即一个规定时间间隔的保压过程，用于识别路面的附着系数是高、中、低的三种情况。在给定的保压时间内，如果车轮的加速度不能超过门限值 $+a$，则属于低附着系数路面的情况。反之，若超过门限值 $+a$，则继续保压，并设定识别高附着系数路面的第二门限值 $+A$，在继续保压过程中可能出现两种情况，车轮加速度没超过第二门限值 $+A$，车轮加速度超过了第二门限值 $+A$。对于前者，则属于一般附着系数路面。对于后者，则属于大附着系数路面（或是已跃变到大附着系数路面）。经过一个完整的制动循环，完成了路面附着系数的识别。此例属于大附着系数路面，则要对轮缸进行一次增压，直至车轮的加速度低于门限值 $+A$，再保压至低于门限值 $+a$。在随后的升压过程中，一般采用比初始升压慢得多的上升梯度，开关阀以增压-保压的方式不断进行切换（相当于调制脉宽控制），直至车轮负加速度再次低于门限值 $-a$，此后似此周期性地重复。

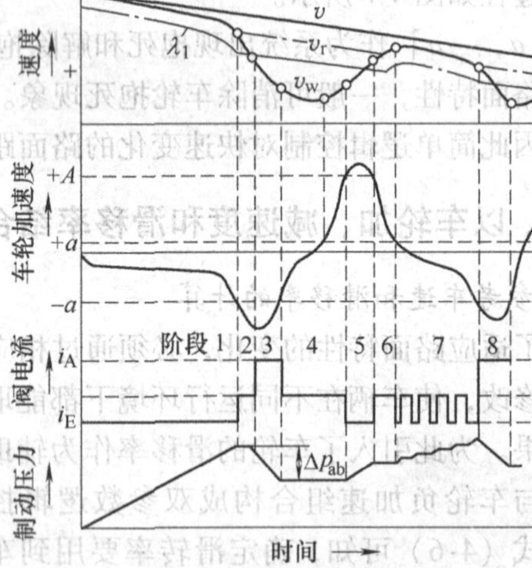

图4-9 大附着系数路面的制动调节过程

3. 小附着系数路面的制动控制

图 4-10 所示为在小附着系数路面上的制动调节过程，在初始的 1、2 调节阶段与大附着系数路面相同。**阶段 3** 首先有一个定时保压阶段，由于在给定的时间内车轮的加速度达不到门限值 $+a$，于是可以判定此时是属于小附着系数路面的情形，控制逻辑产生一个小的减压-保压脉冲，使车轮缓慢升速，然后比较车轮加速度是否到门限值 $+a$，如果低于此门限值，则会再次产生减压-保压脉冲，车轮继续升速直至超过门限值 $+a$。**阶段 4** 为保压阶段，当车轮加速度再低于门限值 $+a$ 时，**阶段 4** 结束。**阶段 5** 是以增压-保压（脉宽调制）方式的慢速升压过程，直至出现门限值 $-a$，到此第一个控制周期结束。因为在高附着系数路面和在小附着系数路面上的控制逻辑不同，所以制动开始的第一个周期是用于识别路面特性的。自第二周期开始采用与路面附着系数相对应的控制算法，如第一个周期的**阶段 3** 加了一个缓慢减压过程，结果导致车轮以较大滑移率运行较长时间，这对汽车的操纵稳定性来说是不利的。为纠正这种现象，在**阶段 6**（第二周期）的制动压力是持续下降到出现门限值 $+a$，结果车轮只在短时间处于大滑移状态，改善了操纵稳定性。

当路面附着系数向大值突变时，其识别方法是采用第二加速度门限值 $+A$；而当路面附着系数向小值跃变时，则以第二滑移率门限值 λ_2 作为识别依据。图 4-11 给出了路面的附着系数由大到小跃变的识别方法和调节过程。在**阶段 1** 出现了附着系数由大到小的跃变，车轮的减速度在超出门限值 $-a$ 时切换到减压状态——**阶段 2**。在**阶段 2**，车轮滑移率超出了第二门限 λ_2 。这是由于路面附着系数的突然降低，导致使车轮速度回升的摩擦力也随之降低。所以，当电子装置监测到车轮滑移率门限信号 λ_2 时，即可判定路面的附着系数出现了由大到小的跃变，随后将按照小附着系数路面特性确定控制逻辑。

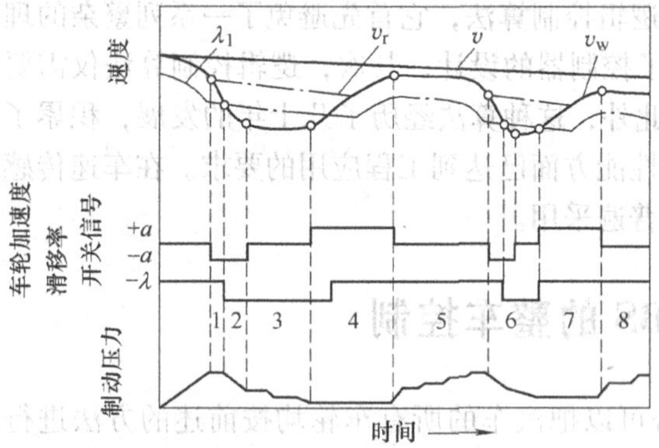

图 4-10　在小附着系数路面上的制动调节过程

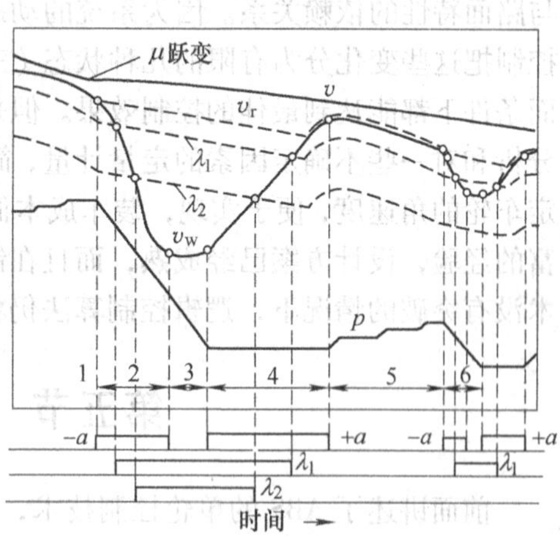

图 4-11　路面的附着系数由大到小跃变的识别方法和调节过程

综上所述，逻辑控制是把车轮的加速度分为 $-a$、$+a$、$+A$ 等几个门限值，再辅以车轮的滑移率门限值 λ_1、λ_2，并利用控制逻辑从减压切换到保压后的规定时间间隔中，根据可能出现的几种门限信号（$+a$，$+A$，λ_1，λ_2）识别出路面的特性（低、一般和高附着系数路面三种情况）。再根据识别结果，分别采用不同的控制逻辑，确保防抱死制动系统对路面状况的跟踪性能，保证在各种路面条件下都能取得期望的制动效果。

门限条件又称为边界条件，常用的防抱死制动边界条件见表4-1。表中P边界条件是指当满足这些条件时，车轮就有抱死的倾向，此时应当降低制动轮缸的压力，使车轮增速。而R边界条件，则是指当满足这些条件时，车轮就避免了抱死的倾向，可对制动轮缸再次升压。从P和R中挑选不同的条件可以组成各种控制逻辑。例如德国博世（BOSCH）公司采用的就是P_1R_3控制逻辑，再辅以其他特征量来识别路面特性的变化，以保证控制逻辑对路面附着系数变化的适应能力。

表4-1　常用的防抱死制动边界条件

P边界与对应的条件	
P_1	$-\dot{\omega}r_d > k_1$
P_2	$-\dot{\omega}/\omega > k_2$
P_3	$-\dot{\omega}r_d > k_1$ 和 $-\dot{\omega}/\omega > k_2$
R边界与对应的条件	
R_1	当所有P条件都不满足时
R_2	满足P条件后延迟固定时间τ_d
R_3	$\dot{\omega}r_d > k_3$
R_4	$\ddot{\omega} < 0$
R_5	$\ddot{\omega} < 0$ 和 $\dot{\omega}r_d > k_5$

从形式上看，逻辑控制与防抱死制动系统的模型（动态特征）无关，但实际上决定逻辑控制的门限值是根据所用的车型和路面特性在反复试验的基础上确定的，它隐含了系统模型与路面特性的依赖关系。因为系统的动态特性和路面条件在较大的范围内连续变化，而逻辑控制把这些变化分为有限的几种状态（三种状态）。显然，不能期望逻辑控制算法在不同路面条件下都能达到最佳的控制效果。但采用逻辑控制算法，它首先避免了一系列繁杂的理论分析和对一些不确定因素的定量计量，简化了控制器的设计；其次，逻辑控制算法仅需要测定车轮的角速度，便于实现，装车成本低。此外，这种算法经历了几十年的发展，积累了丰富的经验，设计方案已经成熟，而且在制动性能方面已达到工程应用的要求。在车速传感技术没有突破的情况下，逻辑控制算法仍将会普遍采用。

第五节　ABS的整车控制

前面讲述了ABS的单轮控制技术，是否可以把汽车的所有车轮均按前述的方法进行控制就能达到期望的效果呢？要回答这一问题，得先分析汽车直线行驶在非对称路面上制动时的整车制动动力学。设汽车的一侧车轮在高附着系数路面上行驶，另一侧在低附着系数路面上行驶（如冰面，这是我国东北地区的冬天经常遇到的路面条件）。按前面讲述的单轮控制方式，各个车轮的滑移率都控制在峰值点，于是左、右两侧的制动力不等使汽车产生侧向偏转的过程，如图4-12所示。

在制动刚开始时，前轮的偏转角为零，因而作用在车轮上的侧向力为零。由图4-12可得，作用在车辆上的偏转力矩为

$$M_{\sum} = (F_{\mathrm{bfl}} + F_{\mathrm{brl}})B/2 - (F_{\mathrm{bfr}} + F_{\mathrm{brr}})B/2 \tag{4-26}$$

式中，B 为轮距；F_{bfl}、F_{bfr} 分别为作用在左、右前轮上的制动力；F_{brl}、F_{brr} 分别为作用在左、右后轮上的制动力。

在偏转力矩的作用下，车辆回转运动方程为

$$J_v \dot{\omega}_{yaw} = M_{\sum} \tag{4-27}$$

式中，J_v 为整车惯性矩；ω_{yaw} 为汽车横摆角速度。

由式（4-26）和式（4-27）可知，车辆将向高附着系数的一侧偏转。为了保持车辆直线状态，由驾驶员和车辆构成闭环系统，驾驶员观测到汽车行驶方向与期望行驶方向出现偏差时，通过转向盘对车辆的行驶方向进行校正。当导向轮（假定为前轮转向的车辆）偏转一定的角度（图 4-13）后，作用在车辆上的回转力矩变为

$$M_{\sum} = (F_{bfl} + F_{brl})B/2 - (F_{bfr} + F_{brr})B/2 - (F_{sfl} + F_{sfr})a + (F_{srl} + F_{srr})b \tag{4-28}$$

式中，第一个下标 b、s 分别表示作用在车轮上的纵向力和侧向力；第二个下标 f、r 表示作用在前、后车轮上的力；第三个下标 l、r 表示作用在左右两侧车辆上的力；a、b 分别表示车辆的重心到前、后车轮中心的距离。可见，只要把前轮适当地偏转一定的角度，就能抵消制动力不等所产生的回转力矩，并保持汽车直线行驶的稳定性。

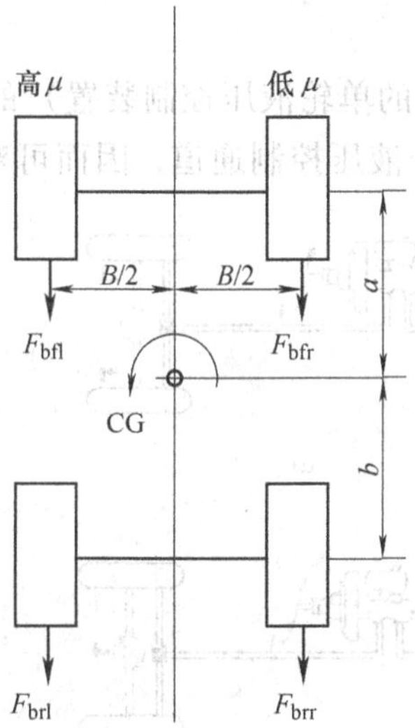

图 4-12　车辆在非对称路面上制动时的侧偏现象

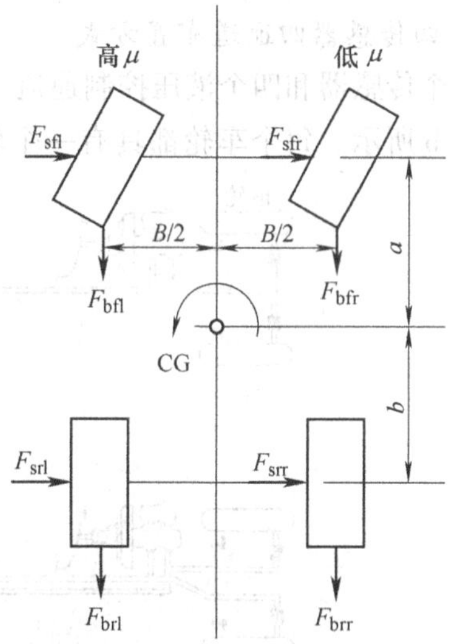

图 4-13　在非对称路面上的整车动力学（带修正导向轮偏转角）

但在上述情况下驾驶员往往处于毫无准备的状态，因而很难在短时间作出及时、正确的判断，并把车轮偏转一个合适的角度来达到校正的目的。再考虑到驾驶员的技术熟练程度、反应时间以及对这类问题的处理经验等实际情况，那就更难期望通过驾驶员的操作来满足车辆在制动时的直线行驶稳定性。为此必须采取相应的措施，以保证车辆在图 4-12 所示路面条件下的直线行驶稳定性。解决上述问题有不同的方法，最好的方法是基于汽车动力学的综合控制。因为汽车期望的横摆角速度由转向盘的输入和车速确定，一旦监测到在制动过程中出现了转向盘转角为零（直线行驶状态）而汽车横摆角速度不为零的情形，由综合控制系统即可判定车辆当前的工况属于路面特性的扰动导致车辆非稳态的回转运动。于是通过车辆行驶方向

自动控制系统把导向轮逆着非稳态横摆方向转动一个角度，就可抵消制动过程中的非稳态现象，保证车辆在制动过程中的直线行驶稳定性。在当前技术条件下，最为实用的方法就是通过ABS自身的整车布置方式和整车控制技术来满足车辆在不同路面条件下的操纵性与稳定性。

一、整车布置方式

如前所述，ABS单轮控制算法仅是把车轮的滑移率控制在μ_b-λ的峰值点。由四个车轮构成的整车系统，如果所有的车轮都采用单轮方式进行独立控制，那么就会在非对称的路面上出现如图4-12所描述的现象，汽车不能保持行驶方向的稳定性。所以，对于整车系统，除了评价ABS的制动距离，还必须考虑汽车的操控性和行驶方向稳定性。通过ABS的整车布置，可以明显改善汽车的直线行驶稳定性。尤其是初期的ABS，因传感器和控制装置的成本较高，有些车辆上采用了不完备的配置形式，即传感器数和车轮控制通道数（一个车轮的独立控制装置称为一个通道）少于车轮数，ABS的整车布置就显得十分重要。此外，为了提高ABS的可靠性，通常把常用的ABS分成两个独立的液压回路，确保即使其中一条液压回路失效，系统仍然有一条液压回路能正常工作。随着ABS控制技术的不断进步，这种整车布置方式正在被软件方式（ABS整车控制算法）所替代。ABS常用的几种整车布置方式分述如下：

1. 四传感器四通道布置方式

四个传感器和四个液压控制通道（即具有四个独立的单轮液压控制装置）的ABS如图4-14a、b所示。每个车轮都具有一个轮速传感器和一个液压控制通道，因而可对每个车轮

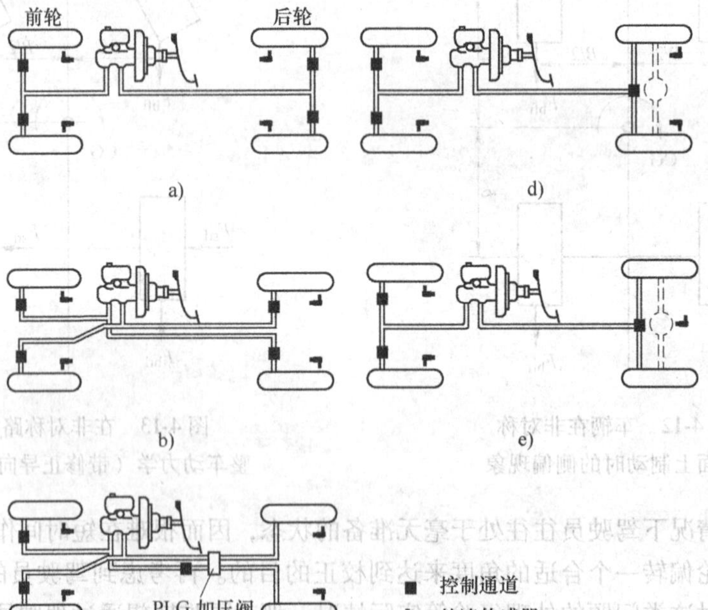

图4-14　ABS的布置形式

a）四通道四传感器前、后制动管路用　b）四传感器四通道X形制动管路用

c）四传感器三通道带加压泵的X形制动管路用

d）四传感器三通道前、后制动管路用　e）三传感器三通道前、后制动管路用

实现独立控制。如果按照单轮控制目标进行独立控制，把每个车轮的滑移率都控制在 μ_b-λ 曲线的峰值点，那么在对称路面上既可以使制动距离最短又能保持较好的操控性，而且 ABS 的总体性能还可以发挥到最佳状态。但在非对称路面（如图 4-12 所示的情形）上，将在左、右两侧车轮上产生不同的制动力，使汽车很难保持它原来的行驶方向，操控性和方向稳定性恶化。可见，四传感器四通道是 ABS 最完备的配置系统，也必须配合相应的控制方式，才能达到预期的效果。

为了提高系统的可靠性，图 4-14a 采用两个独立的液压回路，一前一后布置，即前、后轮缸分别采用不同的液压回路，保证即便其中的一条液压回路出现故障，另一条液压回路仍然能可靠、稳定地工作。图 4-14b 所示为两个独立的液压回路，按对角方式（X 形方式）布置，即处在对角线上的两个轮缸采用同一液压回路。当其中的一条回路出现问题，系统仍然能够有效地工作，只是效能降低了一半。特别需要注意的是，两条独立的液压回路不能左、右布置，一旦其中一条回路出现故障，在制动工况下整车就会因突然制动而回转，这将导致十分严重的后果，情形可能比单一的液压回路更糟。

2. 四传感器三通道系统

四传感器三通道 ABS 的布置方式有如图 4-14c、d 两种形式。图 4-14c 采用对角形式布置，由机械方式（柱塞加压阀）实现车轮低选控制。其整车控制策略是：两前轮采用独立控制，后轮以两前轮中较易抱死的车轮所施加的制动力矩作为标准，按选低的方式对后轮施加相等的制动力矩进行控制。图 4-14d 采用前、后布置方式以提高系统在出现故障时的可靠性，整车控制策略采用电控方式实现低选控制。图 4-14c、d 两种布置与低选控制方式组合的结果改善了汽车在非对称路面上制动时的方向稳定性，但制动距离会有所增加。由此看出，ABS 的某些性能指标，如稳定性和制动距离是相互矛盾的。在改善其中某一项性能指标的同时，可能会伴随另一项指标的降低。所以，在设计系统时必须进行综合评价，使各项性能指标加权后的总体性能指标为最佳。

3. 三传感器三通道系统

三传感器三通道 ABS 如图 4-14e 所示，一般为前、后布置方式，两前轮采用独立控制方式，两后轮取差速器的转速信号（或平均轮速）并由同一通道进行控制，仅采用低选控制方式。

4. 四传感器二通道系统

四传感器二通道系统是按对角方式布置的 ABS 所用的简易系统。前轮一般采用独立控制，后轮控制有如图 4-15a、b 两种形式。在图 4-15a 中，前轮的制动液通过一个定比减压阀，按固定的比例减压后传至对角后轮。该布置方式的 ABS，当在不对称路面上制动时，高附着系数侧前轮产生的高压传至低附着系数侧后轮，会使对角上的后轮抱

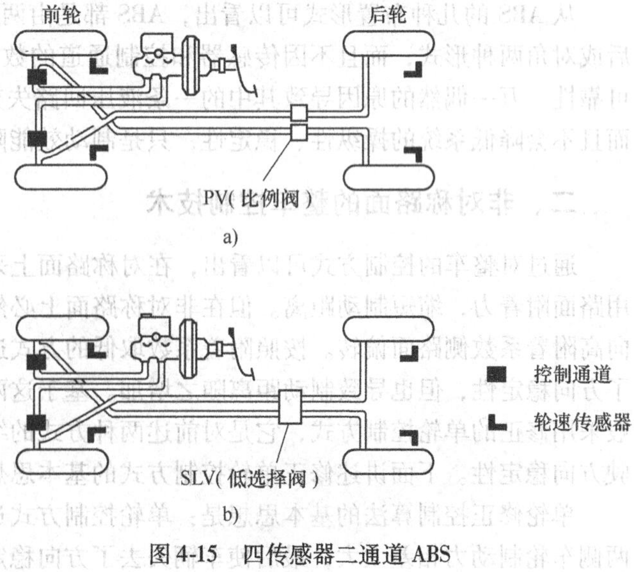

图 4-15 四传感器二通道 ABS

死。而在低附着系数侧前轮的输出压力较低，与它相对的高附着系数侧后轮将不抱死。所以，该方式即使在非对称路面上，一般也能保持汽车行驶方向的稳定性（图4-16a）。与三通道的和四通道的相比，后轮制动力一般稍有不足，制动距离有所增长。

为了避免如图4-16a中低附着系数侧车轮出现抱死现象，把图4-16a中的定比减压阀改为如图4-15b中的低选阀，则控制高附着系数侧前轮的高压不是直接传到低附着系数侧后轮，而是从两前轮中取较低压力传至后轮。在非对称路面上制动时，压力按照低选方式传递的路径如图4-16b所示。可见，四传感器二通道布置方式带低选控制阀可防止后轮抱死，进一步改善了制动时的方向稳定性。与没有低选阀（图4-16a所示系统）相比，带低选阀的系统更接近于三通道甚至四通道系统的性能。

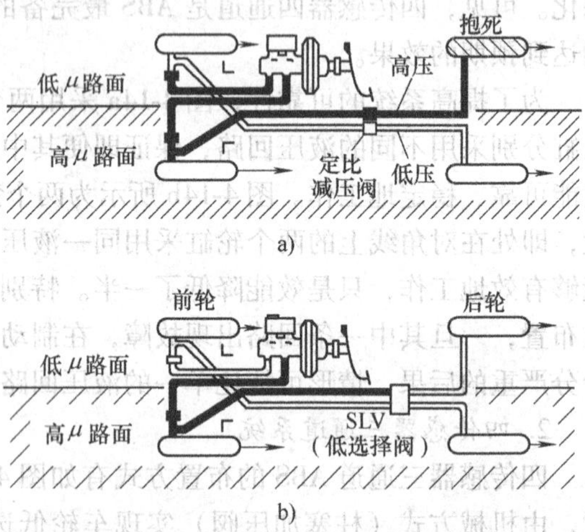

图4-16　二通道ABS的控制方式
a）定比减压阀　b）带低选控制阀

综上所述，ABS的总体性能与通道数和传感器数目有关，一般而言，传感器和通道数目越多，则ABS的性能越好。四传感器四通道ABS是完备的布置方式，由于各个车轮均能任意设定其控制目标，因而可以取得最佳的效果。但如果所有车轮均采用独立控制，则会导致汽车在非对称路面上失去方向稳定性。而简单地按照低选方式进行控制，则四传感器四通道ABS就降低到四传感器三通道ABS甚至四传感器二通道ABS的性能，使部分控制通道的潜力得不到充分的发挥，造成资源浪费。可见，前轮独立控制，后轮按照低选方式仅在二通道或三通道的非完备ABS上才有实用的价值。对于四传感器四通道ABS，必须研究分析整车控制技术，使全部的控制通道在各种路况下均能充分发挥它们的作用，以保证ABS总体性能最佳。

从ABS的几种布置形式可以看出，ABS都是由两路独立的液压回路组成，并布置成前、后或对角两种形式，而且不因传感器和控制通道的数目不同而异。其目的旨在提高ABS的可靠性，万一偶然的原因导致其中的一条液压回路失效，则另一条液压回路也能照常工作，而且不会降低系统的操纵性、稳定性，只是制动效能降低一半，制动距离随之增加而已。

二、非对称路面的整车控制技术

通过对整车的控制方式可以看出，在对称路面上采用单轮独立控制方式可最大限度地利用路面附着力，缩短制动距离。但在非对称路面上必然会导致两侧车轮制动力不等，使车辆向高附着系数侧路面偏转。按照附着系数取低的方式进行控制，虽然消除了偏转力矩，改善了方向稳定性，但也导致制动距离随之增加。基于这两种控制方式的特点，目前实用产品一般采用修正的单轮控制方式，它是对前述两种方式的综合，既兼顾了制动距离，又兼顾了行驶方向稳定性。下面讲述修正单轮控制方式的基本思想。

单轮修正控制算法的基本思想是：单轮控制方式过分强调利用路面附着系数，结果导致两侧车轮制动力相差太大，最后使车辆失去了方向稳定性。而低选控制方式则走到另一个极端，只要两侧附着系数不等，就不加选择地按照低附着系数侧进行控制，结果使制动器的效能得不到充分的发挥。单轮修正算法是在上述两者之间进行折中控制，对处于低附着系数侧的车轮按照自身的门限条件（由边界条件确定）进行控制，处于高附着系数的车轮则在低附着系数侧压力的基础上，适量地逐步增加一个变化的压力差。其工作原理（图4-17）是：当处于低附着系数侧的车轮（假定为左轮）到达减速度门限时开始减压，处于高附着系数侧的车轮（右轮）则开始保压，左轮减压结束时车轮减速度达到加速度门限，此时左轮开始保压，而右轮保压结束开始减压，减压幅度为左轮减压幅度乘以修正系数 α（$0<\alpha<1$），α 的具体取值视修正的要求而定。减压结束后右轮又开始保压，直到左轮低于加速度门限时，则两轮同时进入小步长增压阶段。这样每个ABS循环结束形成一个压力差，随着ABS循环的继续，其压力差逐步增加。

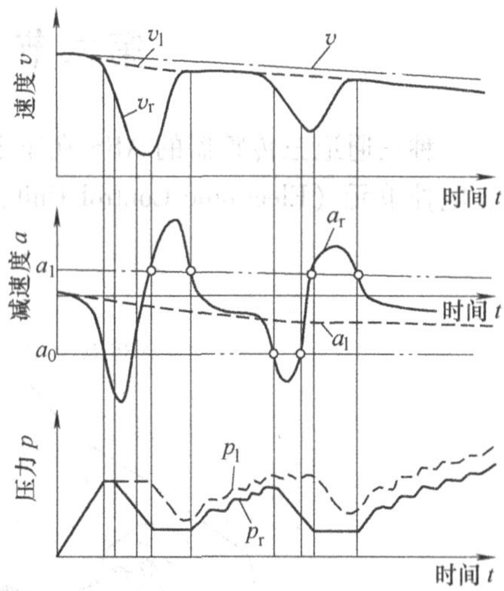

图4-17　单轮修正控制原理

用单轮修正控制算法和其他几种控制算法进行对比试验。假设汽车制动时行驶的初始速度为80km/h，进行试验的四种控制方式分别为无ABS、单轮独立控制IC/IC、低选控制SL/IC、单轮修正控制MIC/IC，对应的试验结果如图4-18所示。在四种控制方式中，低选方式制动距离最长，无ABS与单轮修正方式的制动距离十分接近，而且介于低选和单轮方式之间。仅从制动距离方面评价，单轮独立控制效果最优，低选方式效果最差。图4-18b所示为制动结束时，车辆的侧向位移和横摆角试验结果。由此可见，从方向稳定性方面评价，无ABS最差，以低选方式控制为最优。单轮修正方式再次介于单轮控制方式和低选控制方式之间。就制动距离和方向稳定性两项性能指标进行综合评价，则单轮修正控制方式为最优。

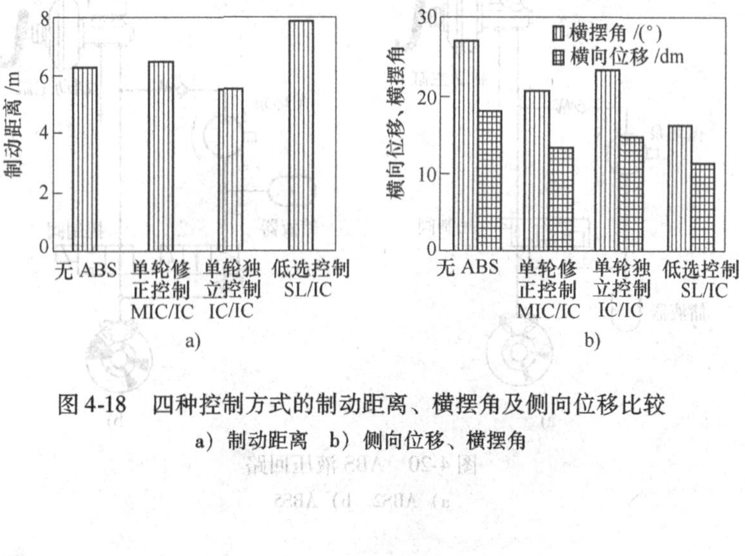

图4-18　四种控制方式的制动距离、横摆角及侧向位移比较

a）制动距离　b）侧向位移、横摆角

第六节　ABS与主要部件

一种三通道三传感器的ABS在车上的布置如图4-19所示。它主要由制动主缸、液压装置、电控单元（Electronic Control Unit，ECU）、轮速传感器以及制动轮缸组成。

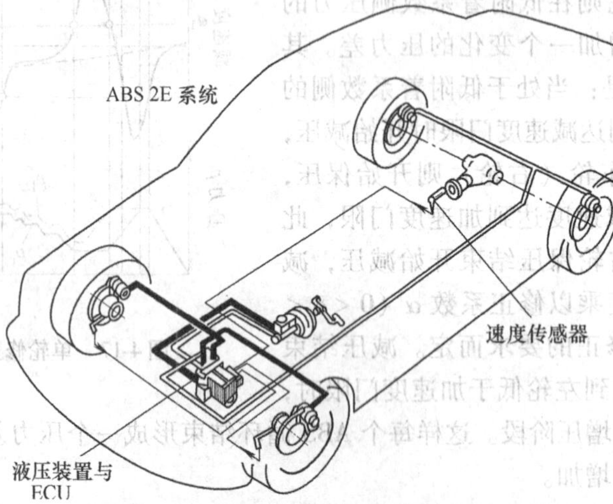

图4-19　三通道三传感器的ABS在车上的布置

一、液压控制系统回路

BOSCH公司生产的ABS2和ABS5的液压回路如图4-20所示。这两种液压回路的主要区别是ABS2采用3/3阀（三位三通），ABS5采用2/2阀（二位二通）。采用2/2阀组合方便，每个通道需要一个进油阀和一个出油阀，响应速度更快，尺寸小，可靠性好，目前在车上已得到广泛应用。

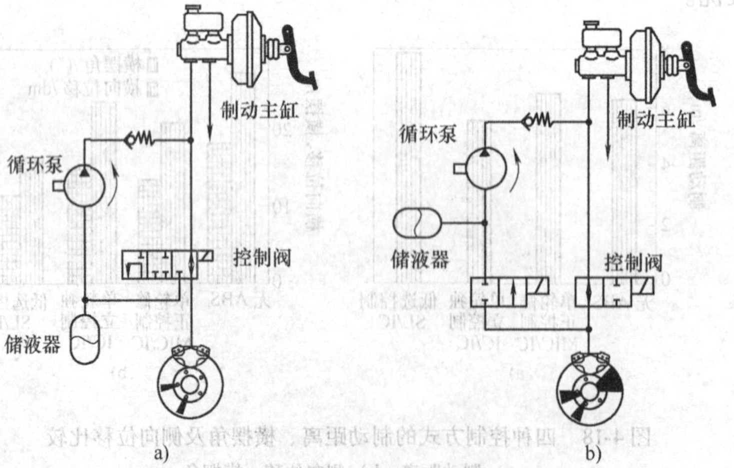

图4-20　ABS液压回路

a）ABS2　b）ABS5

由于采用制动方式实现防滑控制与防抱死制动控制的原理与方法类似，因此 ABS 液压装置和 ASR 液压回路一般都集成在一起。如 ABS/ASR5 液压回路（图 4-21），它在 ABS 液压回路的基础上，增加了两个切换阀和两个充液阀。切换阀用来完成从 ABS 状态到 ASR 状态的切换，或由 ASR 状态到 ABS 状态的切换。当切换阀处于非通电状态时，它是开启的。通电以后，切换阀关闭，进入 ASR 工作状态，油泵输出的高压油和制动主缸分开。此后 ASR 的增压、减压和保压与 ABS 的方式相同。充液阀在通常情况（ABS）下是关闭的，仅在 ASR 状态下是开启的，此刻油泵经充液阀快速通过制动主缸中心阀从油箱吸油。可见，ABS/ASR 与 ABS 采用了相同的液压回路，不同之处是加了切换阀，防止油泵输出的高压油经制动主缸返回油箱，保证 ASR 系统的工作压力。另外还加了充液阀，使油泵能快速通过制动主缸从油箱吸入油液，保证 ASR 响应的快速性。

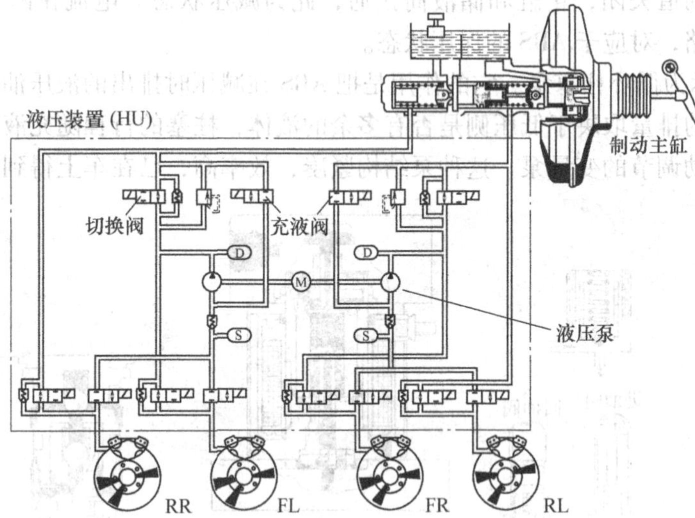

图 4-21　ABS/ASR5 液压回路

二、ABS 的基本元件

ABS 采用的轮速传感器的外形与基本结构如图 4-22 所示。由于齿圈、齿顶和电极之间的间隙随车轮的转动交替地进行变化，使得在线圈回路中感应出周期性的电压信号，经整形电路得到与轮速成正比的脉冲信号。

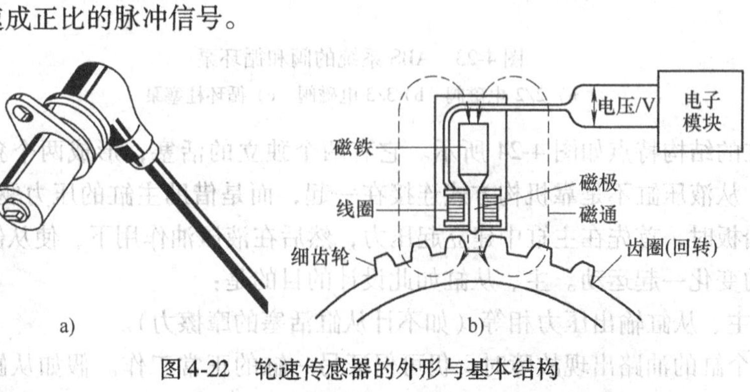

图 4-22　轮速传感器的外形与基本结构
a）外形　b）基本结构

ABS中采用的控制阀与柱塞式液压泵的结构如图4-23所示。

图4-23a所示为2/2电磁阀，实现增压、保压和减压三种状态，需要把两个阀集成在一起。因为每个阀芯仅有两个状态，开启或关闭，所以阀的结构非常简单。考虑到阀的作用不同，进油阀和出油阀的结构也略有不同（如进油阀，其阀芯背部无大刚度弹簧，在不通电时是常开的。对于出油阀，则其背部装有大刚度弹簧，在不通电时是常闭的），以保证当电气系统出现故障时，仍能使ABS按照常规制动方式工作。

图4-23b所示为3/3电磁阀，它有三个通孔，三个状态。根据输入电流的大小，可将阀芯控制在对应的三个状态，从而改变三个阀孔之间的通路。当电流为零时，阀芯在弹簧的作用下处于最低位置，主缸和轮缸相通，得到增压状态，以保证当电气系统出现故障时，ABS仍能按照常规系统进行工作（这是所有ABS都应具备的功能）。输入电流最大，阀芯移至最高位移，把主缸油道关闭，轮缸和储液筒接通，此为减压状态。电流在两者之间，阀芯居中，封闭所有通路，对应于ABS的保压状态。

图4-23c所示为循环柱塞泵。它的作用是把ABS在减压时排出的液压油加压后再送回到高压油路。油泵的排量取决于低压侧是否有多余的液体，柱塞的行程随充液量的多少自动进行调节，它是自动调节的变量泵。这种泵结构紧凑，效率高，已在车上得到广泛采用。

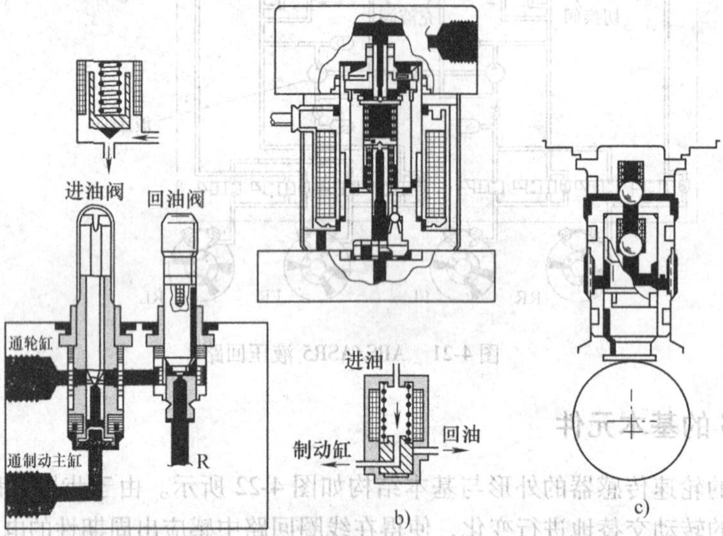

图4-23　ABS系统的阀和循环泵

a）2/2电磁阀　b）3/3电磁阀　c）循环柱塞泵

制动主缸的结构特点如图4-24所示。它有两个独立的活塞，形成两个独立的主、从式液压缸。主、从液压缸不是靠机构方式连接在一起，而是借助主缸的压力驱动从缸的活塞。当踩下制动踏板时，首先在主缸中建立起压力，然后在液压油作用下，使从缸活塞随主缸活塞依据压力的变化一起运动。主、从缸如此设计的目的是：

1）保证主、从缸输出压力相等（如不计从缸活塞的摩擦力）。

2）当一个缸的油路出现故障时，仍可保证另一缸的正常工作。假如从缸的液压管路松脱，不能建立起压力。当踩下制动踏板时，则首先不能在主缸中建立起压力，从缸活塞将随主缸活塞一起运动至最左端的限位块（图 4-24）。此时由于从缸活塞被限位，当进一步踩下踏板时，主缸开始按照正常工作方式建立起工作压力。

3）当系统处在 ASR 工作模式时，循环泵能通过充液阀经主缸的中心阀从油箱吸油，保证 ASR 响应的快速性。

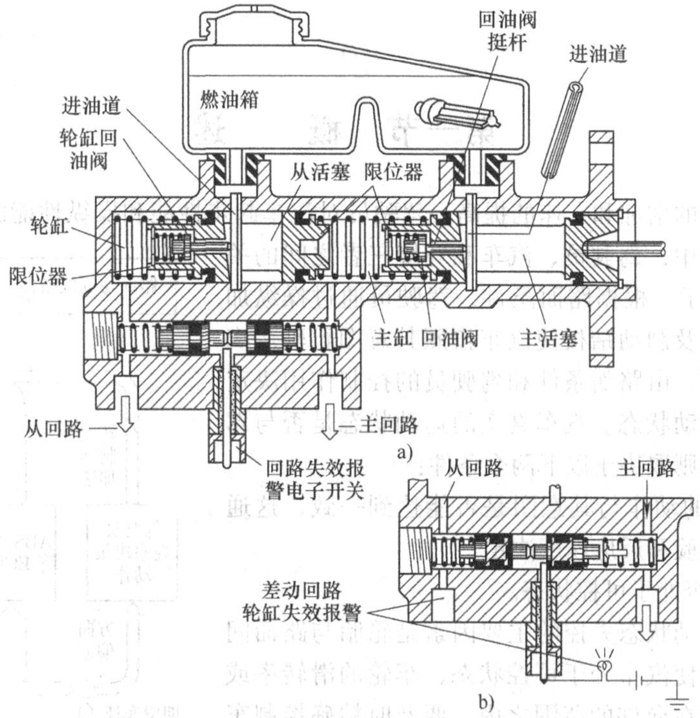

图 4-24　制动主缸的结构

为了研究 ABS 的控制算法对改善 ABS 制动性能、操纵性和方向稳定性的可靠性，许多文献研究了各种算法，但目前在车上广泛采用的仍是门限逻辑控制算法。从理论上来看，门限逻辑控制算法不是最优的，但经过相当长时间的完善和发展，对这种算法的理论分析和试验研究已趋于成熟，预计门限逻辑控制算法在车上还会继续应用相当一段时间。

ABS 在相当多的路面条件下（如峰值附着系数不明显的路面），在缩短制动距离方面比常规制动器并无明显优势，甚至没有优势。可以说，ABS 首先是用来改善汽车的操纵性和方向稳定性，其次是用来缩短汽车的制动距离。而最大限度地缩短汽车的制动距离和方向稳定性是相互矛盾的，例如单轮独立控制可最大限度地利用路面的附着系数，使制动距离缩短到极限，但由此会导致汽车的方向稳定性恶化。相反，采用低选控制方式是为了保证汽车的方向稳定性而牺牲了制动距离。单轮修正方式是对前述两种极限情况的折中，使制动距离和汽车方向稳定性的综合性能达到最佳。

第五章 驱动控制

第一节 概 述

随着交通量的增加和车速的提高，驾驶员对汽车起步性能和操纵性能的要求日益提高。汽车在行驶过程中，驾驶员、汽车和环境三者之间的关系可由图 5-1 表示。根据路面条件，驾驶员通过操纵加速踏板、转向盘及制动踏板使汽车按照其意图行驶。汽车作为被控对象，由路面条件和驾驶员的控制作用决定了它的真实的运动状态。汽车真实的运动状态是否与驾驶员的意图一致则取决于以下两个条件：

1）驾驶员的动作与其意图是否能达到一致，这通常由驾驶员的经验和反应速度决定。

2）系统是否处于可控状态。

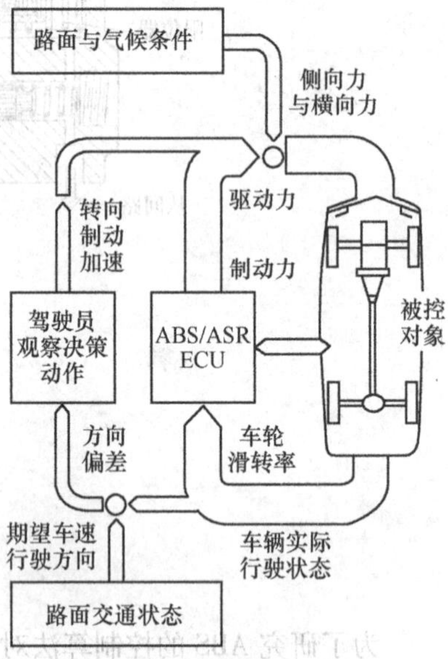

图 5-1 ABS/ASR 闭环控制系统

导致汽车运动状态失控的主要因素是轮胎与路面间的摩擦系数。要使汽车处于可控状态，车轮的滑转率或滑移率必须控制在允许的范围之内。要及时精确控制车轮的滑转率或滑移率在允许的范围之内，驾驶员的反应速度往往达不到要求，于是采用比人工响应速度快、精度高的自动控制系统已成为提高汽车燃油经济性和主动安全性的必然趋势。

ABS 是防止制动过程中车轮被抱死，保持方向稳定性和操纵性并缩短制动距离的装置。而驱动控制装置（Anti-Skidding Restraint Traction Control，Acceleration Slip Regulation，ASR 或 TRC）的作用是防止汽车在加速、起步过程中的滑转，特别防止汽车在非对称路面或在转弯时驱动轮的空转，它是保持方向稳定性、操纵性和最佳驱动力的装置。可以说，利用 μ-λ 曲线的性质，并把滑转率或滑移率控制在某一范围内，这两者是一致的。对于驱动控制，车轮的滑转率定义为

$$\lambda = \begin{cases} \dfrac{\omega r_d - v}{\omega r_d} & \lambda > 0, \quad 驱动 \\ \dfrac{\omega r_d - v}{v} & \lambda < 0, \quad 制动 \end{cases} \tag{5-1}$$

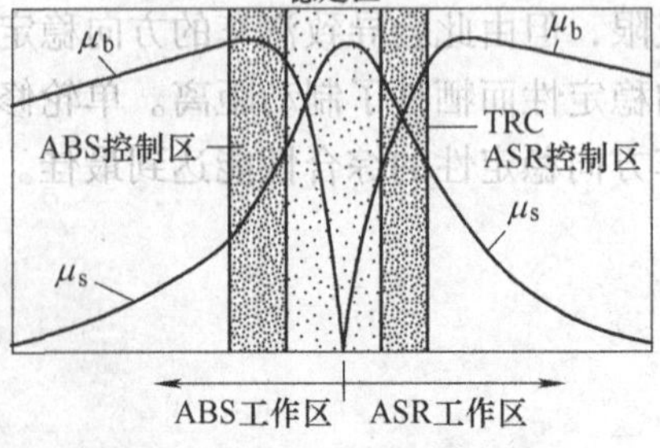

图 5-2 ABS/ASR μ-λ 曲线

由此可知，ASR 的控制区间与 ABS 相反。ABS 控制的是车轮的滑移率，而 ASR 控制的是车轮的滑转率（图 5-2）。

当今轿车的重量/输出功率比正在逐步减小，其趋势还会继续发展。也就是说，发动机转矩储备较大。所以在小附着系数的路面上，必须谨慎地控制加速踏板。对于大功率后轮驱动车辆，若猛踩加速踏板又突然释放，则可能导致汽车横摆；对于前轮驱动车，则可能导致驱动轮滑转而失去方向稳定性。为提高汽车的燃油经济性、动力性、方向稳定性和可操纵性，必须对驱动力进行控制。目前通常采用以下两种方法防止驱动轮滑转。

1）制动控制方式。对将要空转的驱动轮施加制动力，把发动机输出的多余的功率在制动器上消耗掉，控制车轮的滑转率在期望的范围内，其方法类似于 ABS。

2）发动机转矩控制方式。调节发动机输入到驱动轮上的转矩，使车轮的滑转率控制在合适的范围内。

图 5-3 给出了发动机控制与制动控制的轮速变化曲线。从图中可以看出，制动控制方式比发动机控制方式响应速度快，能有效地防止汽车起步时或者从高附着系数路面突然跃变到低附着系数路面时车轮的空转。制动控制方式还能对每个驱动轮进行独立控制，与差速器锁止装置具有同样的功能，在非对称路面上，尤其是当其中的一个车轮陷入泥坑时，可提高车辆行驶通过性。发动机控制方式则是根据路面状况输入给驱动轮最佳的驱动力矩，具体方法有改变喷油量、点火时间和节气门开度。这三种方法既可以单独使用，也可以组合起来使用。

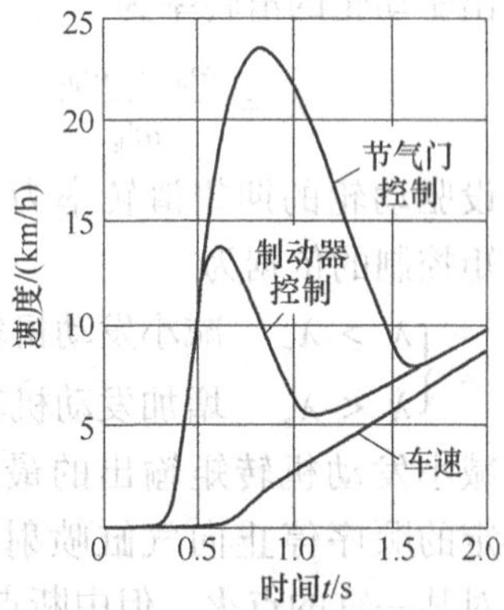

图 5-3 发动机控制与制动控制的轮速变化曲线

3）组合方式。组合方式即为制动 + 发动机转矩控制，实现驱动控制的响应速度快，对路面的适应能力强。随着发动机电子技术和防抱死制动的普及，组合模式将成为最基本的形式。

第二节 ASR 的原理

ASR 的工作原理也是利用轮胎与路面之间的附着力，通过控制车轮的滑转率，使作用在车轮上的驱动力和侧向力保持适当的比例关系。最大驱动力与侧向力的关系由摩擦圆确定（图 5-4），即驱动力和侧向力是相互制约的，若驱动力增大，侧向力就必然减小。若驱动轮发生滑转时，驱动力和侧向力就处在 *A* 区，相应的侧向力很小，此时若有很小的外力或路面倾斜等原因均会使车轮发生侧滑。为了防止侧滑，就必须适当地降低驱动力，提高抵抗侧滑的能力。ASR 和 ABS 都是为了增加汽车抗侧滑能力的装置，但 ASR 不是把车轮的滑转率控制在 μ-λ 曲线的峰值点，只是减小了驱动力，提高了侧向力，在这一点上与 ABS 也是不同的。

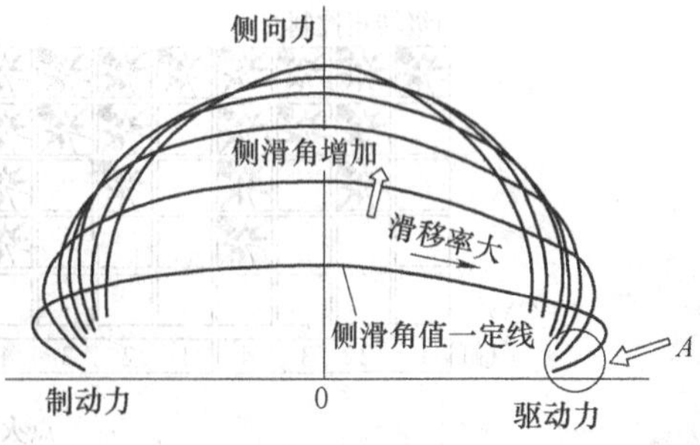

图 5-4 驱动力和侧向力摩擦圆

第三节　ASR的控制方法

一、发动机转矩调节方式

1. 控制燃油喷射和点火时间

对ASR非常重要的输入信息是车轮的旋转速度（驱动轮和从动轮）。当采用燃油喷射和点火时间调节发动机转矩方式时，ABS/ASR-ECU和发动机ECU可相互传递信息，如图5-5所示。由从动轮和驱动轮的转速可计算出驱动轮的滑转率为

$$\lambda = \frac{\omega_{dr} - \omega_{dn}}{\omega_{dr}} \tag{5-2}$$

设驱动轮的期望滑转率为λ_e，则发动机转矩控制的依据为

$$\begin{cases} \lambda > \lambda_e & \text{减小发动机转矩} \\ \lambda < \lambda_e & \text{增加发动机转矩} \end{cases} \tag{5-3}$$

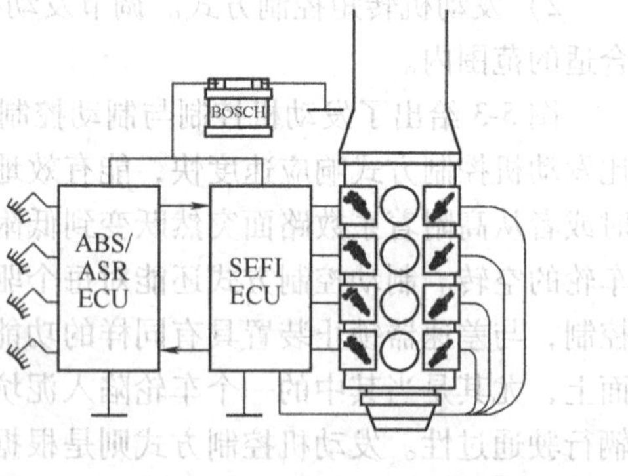

图5-5　ABS/ASR-ECU与发动机ECU之间的信息传递

SEFI—顺序电子燃油喷射

减小发动机转矩输出的最简单方法是按一定的顺序停止向气缸喷射燃油，也可中断对某一缸的点火。但中断点火会把没有燃烧的燃油排出气缸，降低了燃油经济性且加剧了对空气的污染。

发动机转矩四级输出方式（单循环控制）是一种逐级减小发动机输入转矩的控制方式，如图5-6所示。在一个工作周期内，各缸都喷射燃油，此为发动机正常的工作情况；各缸都不喷射燃油，则为发动机制动工况，此时发动机输出转矩达到最小。对于四缸发动机，在一个工作循环内，分别向一个气缸、两个气缸或三个气缸喷油，就可使发动机得到多级转矩输出。可见，控制发动机一个工作循环内参加工作气缸的数目，就可得到发动机转矩的四级输出。

图5-6　发动机转矩四级输出方式（单循环控制）

采用喷油中断法减小发动机的输出转矩非常简单，不需要增添其他硬件设备。驱动控制试验已经证实，借助于ASR控制软件，在各种路面条件下，它都能保证车辆行驶的方向稳

定性和操纵性。它不仅适用于前轮驱动车辆，也适用于后轮驱动车辆。但是这种方法在ASR工作模式下噪声偏大，振动比较厉害，发动机运转不平稳，而且它只能适用于顺序燃油喷射电控发动机。

2. 节气门调节方式

采用喷油中断和延迟点火的方法不需要增加硬件设备，但发动机噪声大，运转不平稳。因此，目前更广泛采用的是节气门调节方式，该系统的结构如图5-7所示。在这种ASR系统中，汽车各电控系统的ECU（发动机和传动系统ECU、ASR ECU以及ABS ECU）之间也需要相互传输信息。如轮速传感器的信号由ABS ECU可输入到ASR ECU，节气门位置传感器信号和发动机速度传感器信号也可通过发动机和传动系统ECU输入到ASR ECU。

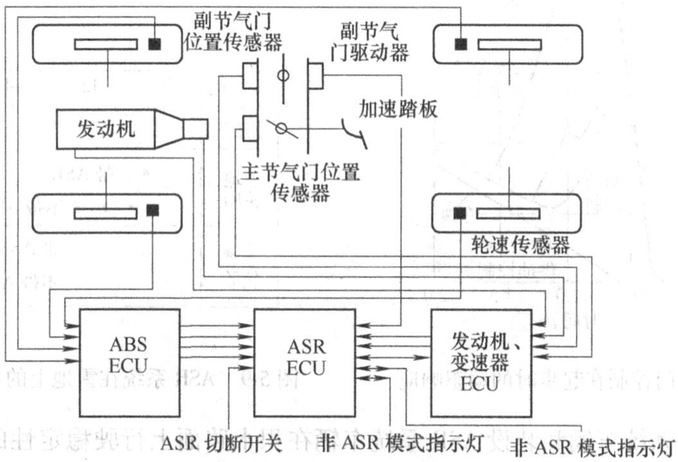

图5-7 节气门调节驱动控制系统框图

ASR系统的节气门总成由主、副节气门组成，主节气门由驾驶员通过加速踏板控制，在主节气门上流的副节气门通常由机械回位弹簧维持在最大开度。进入ASR工作模式，副节气门的开度由步进电动机控制。由于把副节气门从全开位置驱动到全闭位置需要一定的时间（约为200ms），因此用节气门调节发动机的输出转矩时滞大，响应也较慢。

设车辆的行驶速度为 v_e，驱动轮期望的滑转率为 λ_e，则驱动轮的理想速度应为

$$v_{dr0} = (1 + \lambda_e)v_e \tag{5-4}$$

为把驱动轮转速控制在目标值 v_{dr0} 的小范围内，节气门闭环控制规律可由下式计算

$$\alpha(t) = K_a\int(v_{dr0} - v_{dr})\mathrm{d}t + K_b(v_{dr0} - v_{dr}) + \alpha_i \tag{5-5}$$

式中，K_a、K_b 为反馈控制增益；v_{dr} 为驱动轮实际速度；v_{dr0} 为驱动轮目标速度；$\alpha(t)$ 为节气门开度角；α_i 为节气门的初始开度角。

式（5-5）是经典的PI控制器。如对式（5-5）再加一微分项，从理论上来说，它可以改善系统的动态响应速度。但应用中由于传感轮速信号的噪声和路面扰动，导致微分项的作用表现为对噪声的控制。在工作频率内混入的噪声，很难找到抑制噪声的有效方法，所以节气门闭环控制更适于采用式（5-5）的形式。基于控制规律式（5-5），为使驱动控制取得满意的性能，其问题就归结为确定合理的反馈增益 K_a、K_b 和初始角度 α_i。

3. 节气门调节与供油控制相结合方式

节气门控制在起步时的动态响应如图5-8所示，节气门与供油方式结合起来，性能已很接近制动方式。特别是最新发动机技术，可以实现燃油缸内直喷，并达到精确计量控制，发动机干预完全可以达到制动方式的快速性。

图5-9所示为ASR系统在雪地上的加速性能试验数据，分别为汽车从静止起步到通过100m所需要的时间。结果表明，装有ASR系统的车辆无论采用冬季轮胎还是夏季轮胎，都比不带ASR系统的车辆要快。

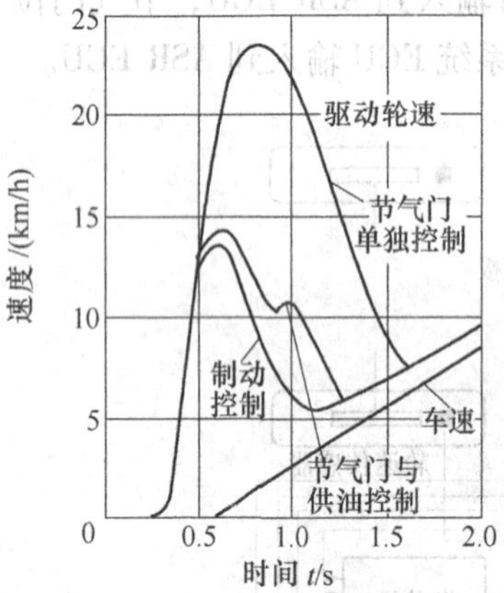

图5-8 节气门控制在起步时的动态响应

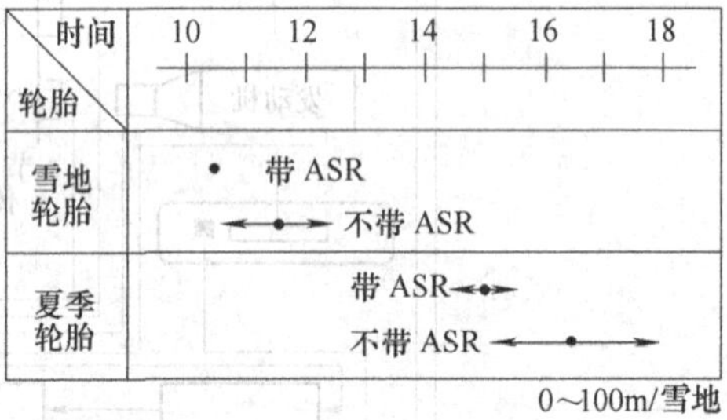

图5-9 ASR系统在雪地上的加速性能试验数据

未装设ASR系统车辆和装设ASR系统车辆在积水路面上行驶稳定性的对比试验结果如图5-10所示。装设ASR系统的车辆，在积水路面上行驶转向盘转角和转向盘保持力矩都比

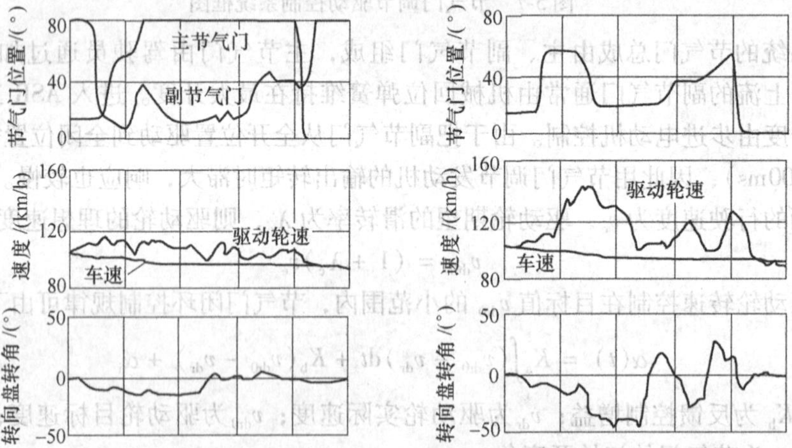

图5-10 未装设ASR系统车辆和装设ASR系统车辆在积水路面上行驶稳定性的对比试验结果

a）装设ASR系统 b）未装设ASR系统

未装设 ASR 系统车辆小，并且不需要精确控制加速踏板。对于未装设 ASR 系统的车辆，转向盘最大转角达到50°，为了保持方向稳定性，还要配合加速踏板的操作。

把节气门控制、燃油中断和点火时间控制组合起来，可使基于发动机转矩控制的 ASR 系统的驱动性能几乎达到制动控制的水平，而实现的成本比制动控制方式低。但基于发动机转矩控制的 ASR 系统，不能适用非对称路面，尤其是一侧的车轮陷入泥坑时的情形。所以，现代车辆的 ASR 系统基于发动机转矩控制还必须辅以制动或限滑差速器方式。

二、采用制动方式的驱动控制

防滑控制系统也可采用类似于 ABS 的逻辑门限方式，这种控制算法简单，可靠性强，便于实现。ASR 控制算法见表 5-1。

表 5-1 ASR 控制算法

车轮运动状态	控制命令
$\lambda > \lambda_e$ 和 $\dot{\omega}_r > 0$	驱动轮制动缸小步长增压
$\lambda > \lambda_e$ 和 $\dot{\omega}_r < 0$	驱动轮制动缸小步长减压
$\lambda < \lambda_e$ 或 $\omega_r < \omega_v$	驱动轮制动缸大步长减压
$\lambda > \lambda_{lim}$	驱动轮制动缸大步长增压

注：$\dot{\omega}_r$ 为驱动轮的角加速度（本例为后轮）；ω_v 为与车速等效的角速度（可看作是从动轮角速度）；λ_e、λ_{lim} 分别为驱动轮期望滑转率和滑转率门限值。

三、发动机＋制动组合驱动控制

从上述的分析可知，采用制动方式响应速度快。但这种控制方式要把发动机多输出的功率以热的形式在制动器上消耗掉，因而制动器发热严重，影响它的使用寿命，也不利于提高汽车的燃油经济性。而采用发动机转矩控制，除了响应速度比制动方式较慢以外，另一个本质问题是在非对称附着系数路面上不能实现最佳驱动控制，其效能和 ABS 低选方式的情形相似。所以，为了实现驱动力最佳控制，即最大限度地提高汽车的燃油经济性、动力性、方向稳定性及可操纵性，通常采用发动机转矩＋车轮制动的组合控制方式。

Toyota Crown 采用发动机转矩和制动组合的 ASR（TRC）系统，如图 5-11 所示。系统中，用于驱动控制的制动液压回路如图 5-12 所示。ASR 和 ABS 采用同一液压系统，从 ABS 模式切换到 ASR 模式由切换控制阀实现，左、右两驱动机构采用非独立控制方式。

节气门的开度由下式确定

$$\alpha(t) = K_a \int_0^t (v_{dr0} - v_{dr}) + K_b(v_{dr0} - v_{dr}) + c \tag{5-6}$$

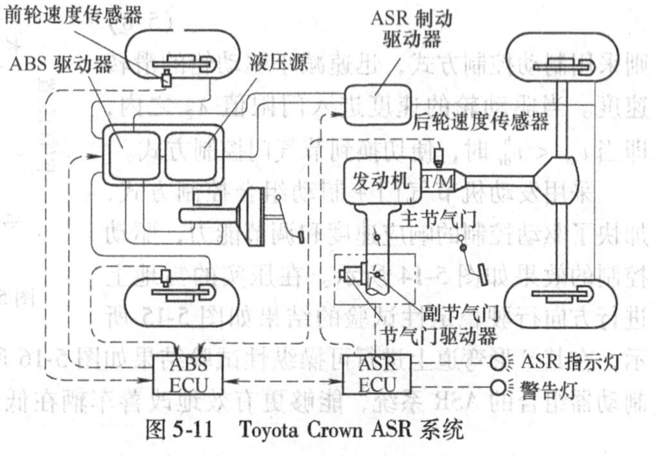

图 5-11 Toyota Crown ASR 系统

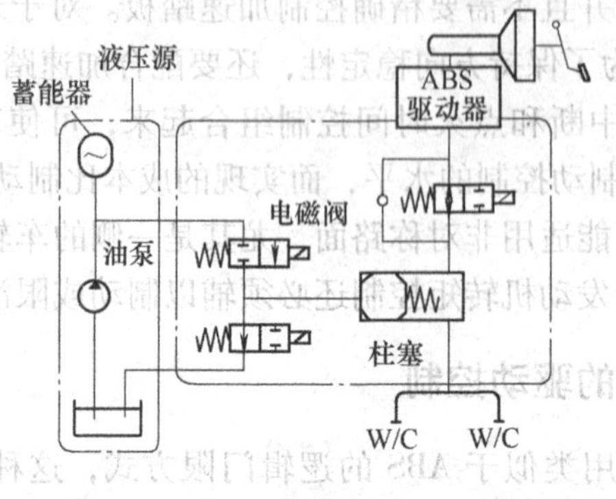

图 5-12 Toyota Crown ASR 系统中用于驱动控制的制动液压回路

式中，c 为常数。

同时，根据车速和加速度，由脉宽调制信号控制制动轮缸的增压、减压变化速率。制动器控制逻辑见表 5-2。

表 5-2 制动器控制逻辑

	$\dot{v}_e < a_1$	$a_1 < \dot{v}_e < a_2$	$a_2 < \dot{v}_e$
$v_{dr}^b < v_{dr}$	慢减压	慢增压	快增压
$v_{dr0} < v_{dr} < v_{dr}^b$	慢减压	慢减压	慢减压
$v_{dr} < v_{dr0}$	快减压	快减压	快减压

注：v_{dr}^b 为制动器起作用参考速度；a_1、a_2 为车辆加速度门限值。

制动器与节气门起作用的参考速度如图 5-13 所示。为了防止制动与节气门控制相互干涉，用驱动轮的滑转率门限值（$\lambda_1 < \lambda_2$），确定两种控制方式的作用区间。车辆的目标速度为

$$v_{dr0} = (1+\lambda_1)v_e \tag{5-7}$$

当驱动轮的速度满足条件

$$v_{dr} > v_{dr}^b = (1+\lambda_2)v_e \quad \lambda_1 < \lambda_2 \tag{5-8}$$

则采用制动控制方式，迅速减小驱动轮的滑转速度。当驱动轮的速度进入门限值 λ_2 之内，即当 $v_{dr} < v_{dr}^b$ 时，便切换到节气门控制方式。

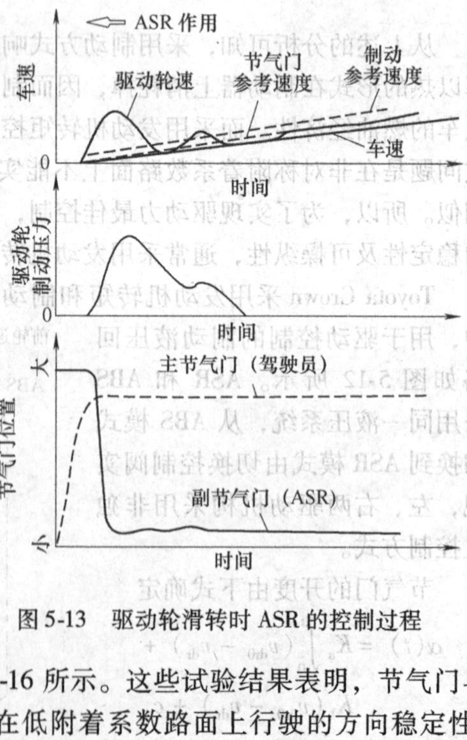

图 5-13 驱动轮滑转时 ASR 的控制过程

采用发动机节气门＋制动组合控制方式，加快了驱动控制的响应速度和调节能力，驱动控制的效果如图 5-14 所示。在压实的雪地上进行方向行驶稳定性试验的结果如图 5-15 所示，在其 S 形弯道上进行可操纵性试验结果如图 5-16 所示。这些试验结果表明，节气门与制动器组合的 ASR 系统，能够更有效地改善车辆在低附着系数路面上行驶的方向稳定性、

可操纵性和加速性能。

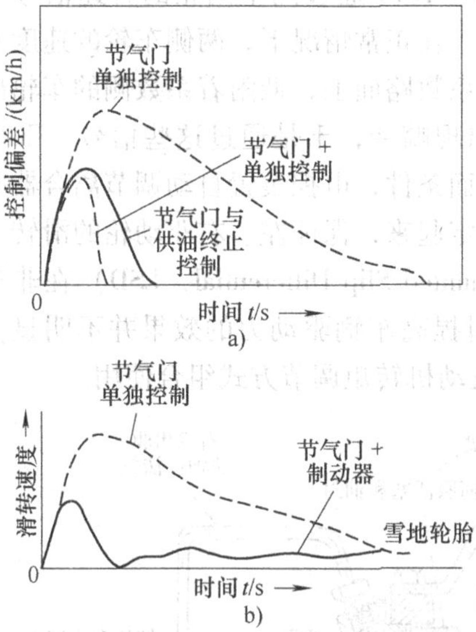

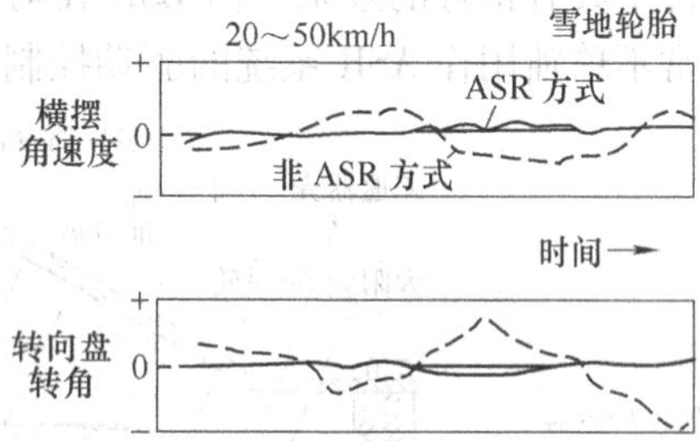

图 5-14 节气门与制动同时使用的动态响应

a）控制偏差 b）滑转速度

图 5-15 在压实的雪地上进行方向行驶稳定性试验的结果

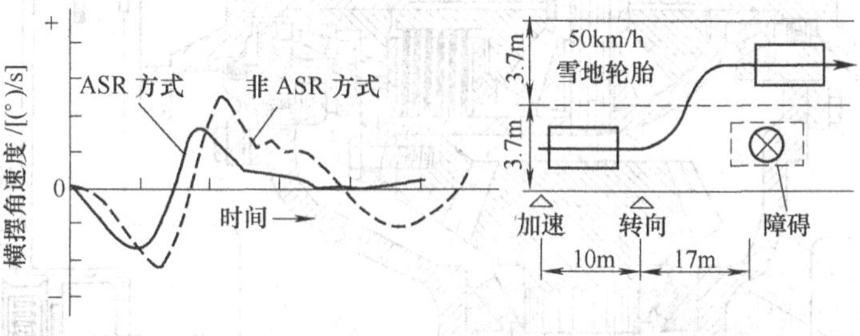

图 5-16 在压实的雪地 S 形弯道上进行可操纵性试验的结果

综上所述，ASR 系统的性能与它的硬件配置有关，其中以发动机供油中断方式最为简单。对于顺序喷射发动机，它不需要增加任何硬件设备，通过相应的控制软件就能达到较好的效果。但是这种驱动控制方式，在 ASR 工作模式下噪声较大，发动机运转也不平稳。在此基础上，再增加发动机节气门的控制，可以更有效地降低发动机的多余转矩，提高汽车的加速性、燃油经济性、方向稳定性和可操纵性，并克服了单一供油中断法的不足之处。但是节气门控制与供油中断组合方式不可避免地存在发动机控制的固有缺陷，就是在非对称路面上失去了它的控制效能。为了最大限度地提高 ASR 的性能，显然，发动机转矩调节和驱动轮制动就成为自然的组合，如 Crown 和 Lexus ASR 系统。Crown ASR 系统，把发动机转矩调节和驱动轮单通道控制组合起来，虽然它可以充分利用制动控制的快速性，但却仍然解决不了发动机转矩调节方式的本质问题，在非对称路面上的控制问题。

四、发动机＋限滑差速器组合驱动控制

主动式限滑差速锁止装置如图 5-17 所示。通过主动控制，可使锁止程度在 0～100% 范

围内变化。当限滑差速器不起作用时，允许两轮独立旋转。当完全锁定时，两轮成为一个整体一起旋转。根据路面状况，可任意控制锁止程度。ECU 通过测量两轮的转速信号与转向盘的转角信号，即可判定路面附着系数的分布情况。在正常情况下，两侧车轮的速度差与转向盘的转角成一定的比例关系变化。而在分离附着系数路面上，低附着系数侧的车轮出现的滑转导致两侧车轮的速度差与转向盘的转角关系出现畸变，于是通过这些信号，ECU 即可准确判定路面附着系数的分布。根据车辆行驶的路面条件，电控装置自动调节离合器驱动油缸的压紧力，经过多片湿式离合器把左、右半轴锁定起来，保证左、右驱动轮的滑转率之差在允许的范围之内。可见，限滑差速锁止装置（Limited Slip Differential，LSD）在非对称路面条件下具有很好的效果。但 LSD 在对称路面上对提高车辆驱动力的效果并不明显，因此它通常不单独用作 ASR 系统的驱动控制，而是和发动机转矩调节方式组合使用。

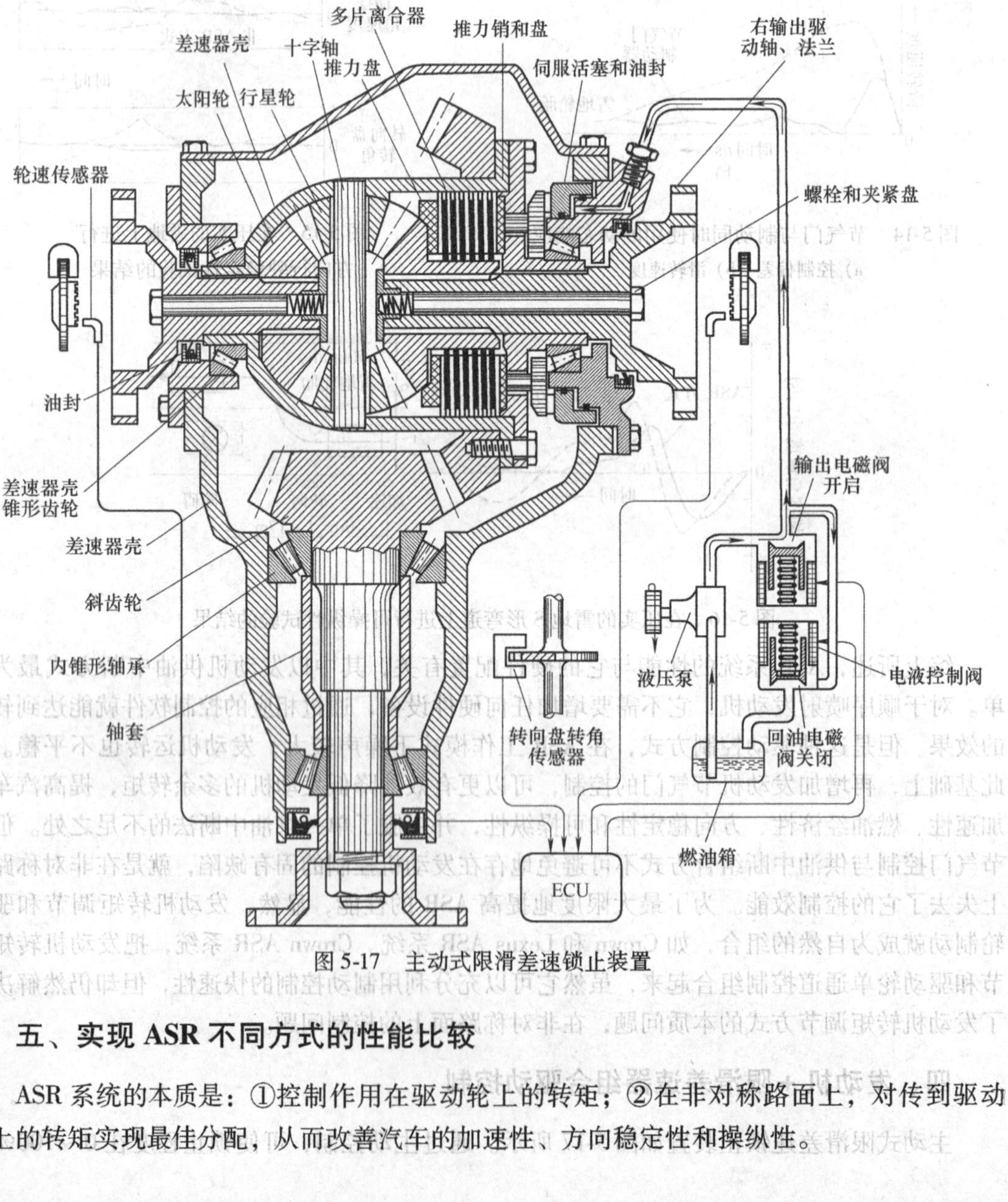

图 5-17 主动式限滑差速锁止装置

五、实现 ASR 不同方式的性能比较

ASR 系统的本质是：①控制作用在驱动轮上的转矩；②在非对称路面上，对传到驱动轮上的转矩实现最佳分配，从而改善汽车的加速性、方向稳定性和操纵性。

采用单一的节气门控制，结构简单，便于实现，它不会给传动系统带来任何附加载荷，舒适性也好，但驱动控制的效果和适应性都有一定的局限性。单独采用制动方式，多余的功率都得以热的形式在制动器上消耗掉，因而发热严重，不宜在高速下使用，也不宜长时间使用。此外，制动时在相关传动部件上产生附加动载荷，引起传动轴的振动和噪声。从上述分析可以得出，ASR控制一般采用组合方式，常用的两种组合方式分别为发动机+制动组合、发动机+限滑差速器组合。通常现代车辆都有ABS系统，很容易把ABS扩充到ASR方式，又不需要添加新的硬件设备。所以，发动机+制动器组合是ASR系统的最常用的组合方式，也是硬件配置最完备的形式。只要采用合理的控制算法，充分发挥发动机控制和制动控制的优势，就可以满足车辆在各种路面条件下的驱动控制的要求，使车辆的方向稳定性、操纵性、舒适性和加速性达到最佳状态。由于各整车厂发展的历史背景不同，其技术的继承性也有所不同，如限滑差速器已经是车上的基本配置时，则发动机转矩控制+限滑差速器组合就可能优于发动机转矩控制+制动组合。

随着汽车电子技术的发展，ASR技术也在不断进步，今天在车上还是普遍适用的，明天可能就不适用了。可能使ASR技术发生变化的新技术如下：

1）电子节气门将替代主、副两个节气门的驱动控制，驾驶员操作的是一个驱动节气门的信号，而不是节气门的实际开度，节气门的实际开度由电子节气门确定。

2）发动机燃油直喷技术+燃油精确控制实现了发动机转矩无级调节，有选择性地对发动机某缸采用中断供油方式将被取代。

3）由于发动机技术的进步，发动机转矩控制的响应速度相比于制动方式毫不逊色，制动干预可能仅在非对称路面上才起作用，在其他工况下毫无用处。

4）单一驱动控制向多目标的综合控制发展，如ASR+自动变速+速度控制（巡航控制、设定速度控制）组合起来成为汽车动力控制，在ASR的硬件条件下，可以达到汽车动力传动的最佳控制。保证汽车在各种路面条件下，实现车速的精确控制。

5）增加转向盘转角传感，进一步就可实现ASR+自动变速+速度控制+方向稳定性控制（巡航控制、设定速度控制、方向稳定性控制），保证汽车在各种路面条件下，使汽车的行驶速度、行驶方向达到精确控制，不妨把这种模式定义为汽车主动稳定性控制。

ASR控制与ABS控制类似的地方，就是在非对称路面上提高驱动力与方向稳定性是矛盾的，最大限度地利用高附着系数路面一侧的驱动力，必然降低车辆的方向稳定性。在这种工况下，即使车辆没有转向要求，也可能会使车辆偏离期望的行驶方向。为此驾驶员必须通过转向盘产生纠偏力矩以抵消非稳态力矩（由两侧驱动力之差产生）的影响。当车辆在高速行驶时，驾驶员是否能作出及时、正确的反应，并把车辆的行驶方向控制在期望的状态，这是ASR系统无法保证的。从这一方面说，ASR系统只是通过它的控制作用，保证车辆处在一个可控的状态。而能否准确控制车辆的行驶方向，则取决于驾驶员的心理状态、技术熟练程度等多种因数。要主动实现车辆的行驶方向稳定性，就必须采用综合控制系统。如增加转向盘转角信号传感，构成车辆行驶方向闭环自动控制系统，在各种路面条件下就可以实现车辆方向稳定性的主动控制。可以肯定，随着汽车电子控制技术的发展，必然出现由当前的单目标（驱动）控制逐步向多目标（驱动、方向稳定性）综合控制过渡。

ASR和ABS虽然都是最佳地利用路面附着系数，但两者所利用的区间不同，附着系数的理想工作点也不同。ABS控制的是车轮的滑移率，并把滑移率控制在μ_b-λ曲线的峰值；而ASR控制的是车轮的滑转率，通常把滑转率控制在10%左右。

第六章　电子控制悬架

第一节　悬架的力学模型

悬架是汽车的重要组成部分，它把车体与车轴弹性地连接起来，并承受作用在车轮和车体之间的作用力，缓冲来自不平路面给车体传递的冲击载荷，衰减各种动载荷引起的车体振动。悬架对汽车的行驶平顺性、乘坐舒适性及操纵稳定性等多种使用性能都有很大影响，因此悬架设计一直是汽车设计人员非常关注的问题之一。

按照悬架工作原理的不同，可分为被动悬架（Passive Suspension）、半主动悬架（Semi-Active Suspension）及主动悬架（Active Suspension）三种。目前，在汽车上普遍采用的仍多为传统机械悬架。随着汽车速度的提高，对汽车悬架的性能提出了越来越高的要求。由于机械式悬架的结构和主要参数不能随着汽车行驶速度和路面条件自动进行调节，因此它不可能在各种工况下都达到期望的性能指标。通过改变机械结构与参数优化来改善这类悬架的性能也临近极限，因此当前对汽车悬架的研究工作主要围绕电控悬架展开。特别是近年来电子空气悬架的迅速发展，被广泛用于大型客车与大型货车，并逐渐应用在高档轿车上。

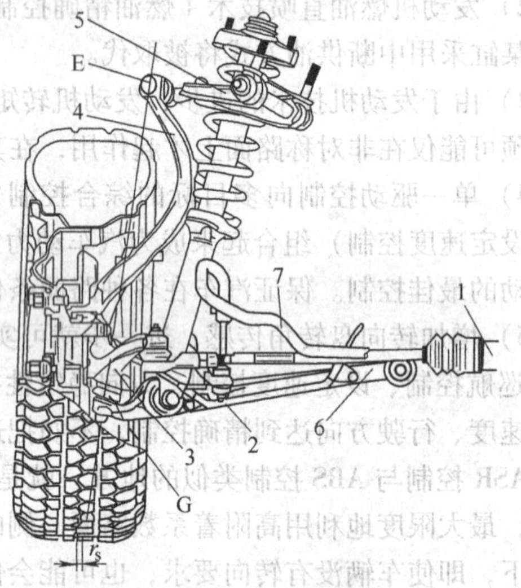

图 6-1　机械悬架的结构

1—转向器　2—转向横拉杆　3—转向梯形臂
4—车轮转向节　5—上横臂　6—下横臂　7—横向稳定杆
E—导向铰节　G—支承铰节

由机械式被动悬架，可引出电控悬架（简称电子悬架）的基本概念和系统设计时的基本问题。图 6-1 所示为汽车上采用的机械悬架，具体的结构可能不同，但研究来自不平路面的激励引起车体的垂直振动都可用图 6-2 所示的 1/4 车体悬架模型表示。

考虑到轮胎的弹性、阻尼特性对选用的轮胎来说是确定的，而且固有频率远高于车体簧载质量的固有频率。为了分析被动悬架的簧载质量、悬架的刚度及阻尼系数对振动传递特性的影响，进一步可把图 6-2 所示的 1/4 车体悬架模型简化成如图 6-3 所示的 1/4 车体悬架简化模型。

以车体的静平衡位置作为原点，根据系统动力学原理，可写出图 6-3 所示系统的运动微分方程为

$$m_s\ddot{x}_s + c_s(\dot{x}_s - \dot{x}_r) + k_s(x_s - x_r) = 0 \tag{6-1}$$

式中，m_s 为1/4 车体质量；x_s 为车体的垂直位移；x_r 为路面的垂直位移；c_s 为悬架的阻尼系数；k_s 为悬架的刚度系数。

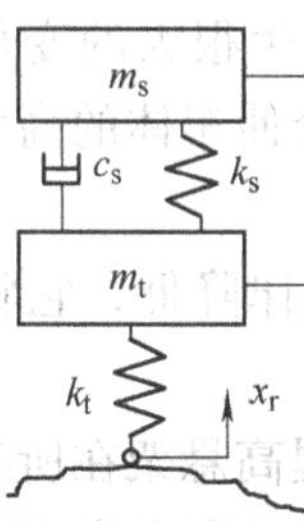

图6-2　1/4 车体悬架模型

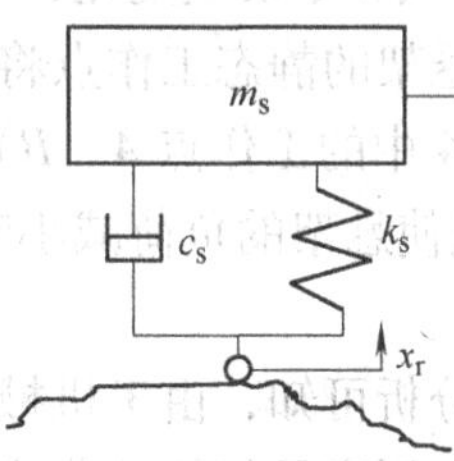

图6-3　1/4 车体悬架简化模型

对式（6-1）取拉普拉斯（Laplace，后文简称拉氏变换）变换得

$$(m_s s^2 + c_s s + k_s)x_s(s) - (c_s s + k_s)x_r(s) = 0 \tag{6-2}$$

由式（6-2）可得到从车轴到车体振动传递函数为

$$H_{X_r \sim X_s}(s) = \frac{x_s(s)}{x_r(s)} = \frac{c_s s + k_s}{m_s s^2 + c_s s + k_s} = \frac{2\xi\omega_n s + \omega_n^2}{s^2 + 2\xi\omega_n s + \omega_n^2} \tag{6-3}$$

式中，ω_n 为悬架的固有振动频率，$\omega_n^2 = \dfrac{k_s}{m_s}$；$\xi$ 为悬架的阻尼比，且 $\xi = \dfrac{c_s}{2\sqrt{m_s k_s}}$。

对于被动悬架，c_s 与 k_s 在工作时是一定的，仅有汽车车体的质量因载人或载货不同而是变化的。特别是货车，从空载到满载车体质量相差较大。当 c_s 与 k_s 恒定，由 $\omega_n^2 = \dfrac{k_s}{m_s}$ 和 $\xi = \dfrac{c_s}{2\sqrt{m_s k_s}}$ 可知，悬架的固有振动频率及阻尼比都随汽车的质量发生变化。

由 $\omega_n^2 = \dfrac{k_s}{m_s}$ 可以得出

$$k_s = \omega_n^2 m_s = c m_s \tag{6-4}$$

如果 $c = \omega_n^2$ 为常数时，则弹性元件的刚度与车体质量成正比。

当弹性元件的特性曲线（图6-4）满足

$$\frac{y'(x)}{y(x)} = 常数 \tag{6-5}$$

时，即可满足 条件（6-4）。求解微分方程（6-5）得弹性元件特性曲线

$$y = a e^{\omega_n^2 x} \tag{6-6}$$

$$\omega_n^2 = \frac{k_{s0}}{m_{s0}}$$

式中，a 为车体平均质量，且 $a = m_{s0}$；x 为相对参考点的静挠度（以车体平均质量 m_{s0} 对应的稳态工作点为参考点）；y 为悬架载质量；k_{s0} 为悬架在参考

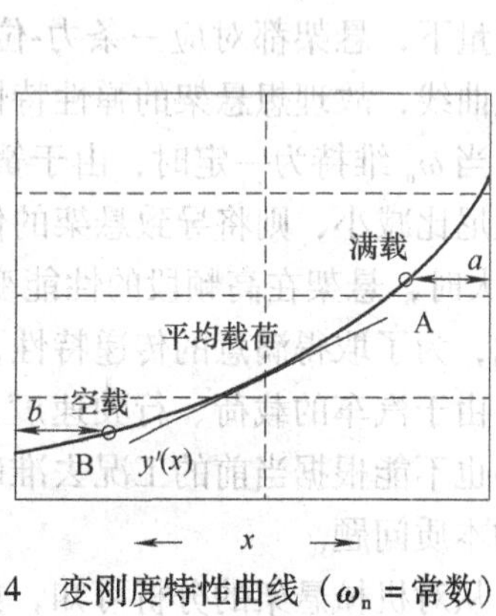

图6-4　变刚度特性曲线（ω_n = 常数）

点的刚度。

只要悬架的弹性元件具有式（6-6）的特性，它就可以使悬架的固有频率不会因车体质量的变化而变化。但在悬架上实现如此特性曲线有一定的困难，在实际应用中也存在以下问题：

1）如果车载质量发生变化，则将导致悬架的静态工作点发生很大的变化。如果汽车空载或满载，则悬架的静态工作点将处于弹性元件的两端，结果会使车体的高度发生较大的变化（参见图6-4中的工作点A、B）。

2）当动载使悬架的负荷减小时，由于悬架刚度按照指数规律降低，它将导致较大的单边动挠度。

由上述的分析可知，由于机械悬架的结构特点，很难全面提高悬架在所有工况下的性能指标。实用的变刚度悬架特性曲线如图6-5所示。它的特点是静平衡点附近刚度小，而在离静载荷较远的两端刚度大。来自不平路面的激励产生的动载荷使悬架的挠度以静平衡点为中心发生变化，因而汽车在一般道路条件下行驶时具有低刚度悬架的性能，能保证良好的行驶平顺性。而在曲线的两端，刚度急剧增大。当遇到较大的冲击时，这样可使悬架在同样有限的工作范围内能吸收（或储存）比线性悬架更多的能量，防止悬架与车体的直接碰撞。

图6-5所示为某轿车的特性曲线，悬架设计工作点称为零位置。在额定载荷状态下，上跳行程为50mm。在空载状态下，下跳行程为80mm。因为工作段弹簧刚度较低，当车载质量偏离期望质量m_{s0}时，实际工作点很快向两端移动，悬架的工作行程缩短，低刚度悬架对负载非常敏感。

从上述分析可见，为了使机械悬架取得较为满意的性能，必须使悬架的固有振动频率和车身高度均保持不变。于是要求悬架的刚度特性必须是无级可调的，在不同的簧载质量下，悬架都对应一条力-位移特性曲线，故理想悬架的弹性特性应该是由一族曲线组成。

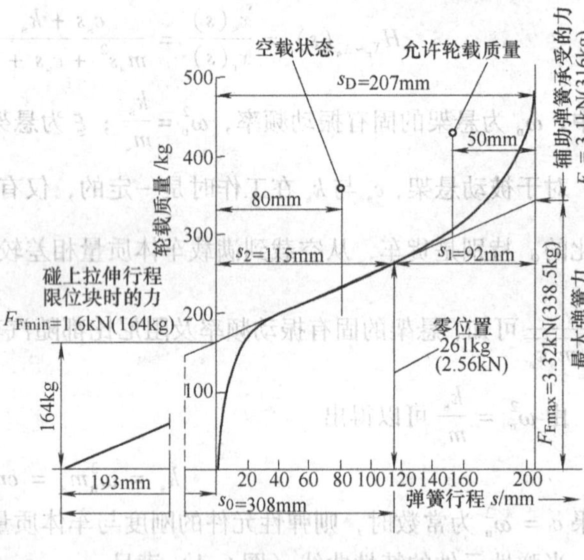

图6-5　实用的变刚度悬架特性曲线

当ω_n维持为一定时，由于簧载质量m_s的变化，还将导致悬架的阻尼比ξ发生变化。如果阻尼比减小，则将导致悬架的传递特性在固有频率处的振幅增加。由分析可见，当阻尼比ξ过大时，悬架在高频段的性能变差；而当ξ过小时，则在悬架的固有频率处的振幅较大。因此，为了取得满意的传递特性，要求悬架的阻尼系数也必须随冲击的频率特性任意可调。

由于汽车的载荷、行驶速度及路面条件经常变化，驾驶员既不能随时去调节悬架的高度，也不能根据当前的工况去准确地调节刚度和阻尼，这就是机械悬架不能实现理想传递特性的本质问题。

从对机械悬架的分析可知，如果悬架的刚度和阻尼以及车身的高度能根据汽车装载质量和路面状况实现自动调节，那么就能使悬架取得较好的隔振缓冲效果。于是在悬架中增加信号传感、执行驱动机构及电子控制装置，根据汽车工作状况与路面不平度，对悬架的阻尼和刚度以及车身的高度进行自动调节，这就是汽车上采用电控悬架的基本思想。

由于工作方式的不同，电控悬架可分为半主动悬架和主动悬架。根据路面冲击、车轮与车体的加速度、速度及位移信号仅实时调节悬架的阻尼系数，消耗来自不平路面的冲击能量，而不需要提供能量，以这种方式来改善悬架缓冲性能的称为半主动悬架。这种悬架结构简单，造价低，能量消耗小，是目前在轿车上较为普遍采用的调节方式。图 6-6 所示为典型的半主动悬架，它是通过改变油缸上、下两腔节流口的过流面积，以调节悬架的阻尼系数，在结构上更接近传统的机械悬架。

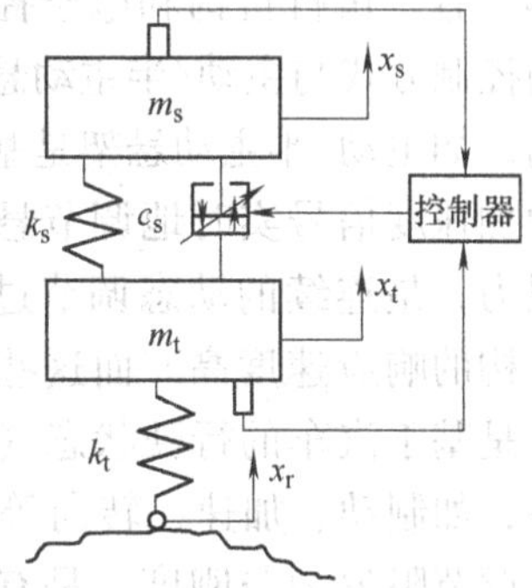

图 6-6 典型的半主动悬架

根据路面冲击、车轮与车体的加速度、速度及位移信号同时实时调节悬架的阻尼和刚度以及车身的高度的悬架称为主动悬架。这种调节方式必须由外部提供能量，相对于半主动悬架，结构复杂，造价也较高，其工作原理如图 6-7 所示。主动悬架实际是主动力发生器，可根据汽车的质量和地面的冲击载荷，自动产生相应的力与其平衡，保证汽车在各种路面条件下都具有较好的平顺性，相当于在不同工况下都能自动调节悬架的高度、刚度和阻尼系数到最佳值的调节装置。主动悬架在结构上有两种基本布置方式，力学模型如图 6-7 所示。图 6-7a 所示的主动悬架，仍然保留被动悬架的结构，其主动部分仅产生补偿作用力与作用在悬架上的动态作用力平衡，要求的驱动功率小。图 6-7b 所示的主动悬架，主动部分要承受悬架全部作用力，要求的驱动功率大，可靠性要求更高。

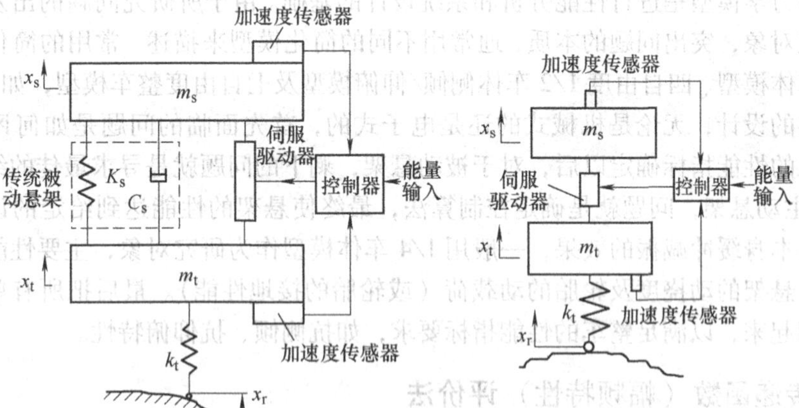

图 6-7 主动悬架力学模型

a）与被动悬架并置式主动悬架 b）完全独立式主动悬架

近年在大型客车、大型货车和某些轿车上采用的电子空气悬架（图 6-8），用低刚度气囊式空气弹簧代替大刚度机械弹簧，使悬架的减振性能得到了明显的改善。根据车载质量的变化，自动调节车身的高度，使悬架具有无穷多组特性曲线。这些电子空气悬架在系统组成上类似于主动悬架，也包括信号传感装置、执行机构和电子控制装置。但它的控制方式与主动/半主动悬架有很大的不同，如主动/半主动悬架是基于车轮和车体的加速度信号实时地调节悬架的刚度和阻尼力，是连续的动态调节过程，要求执行机构的响应速度高。而这些电子空气悬架，是基于汽车的行驶状态（尤其是操作状态，如制动、加速、转向等）和装载质量来调节阻尼力与刚度，是有级的非实时的调节过程，对执行机构响应速度不高，消耗的能量极低。从工作方式来看，这类电子空气悬架更接近被动悬架，实际上是车身高度可调、汽车运动状态突变时可实现姿态调节的被动悬架。

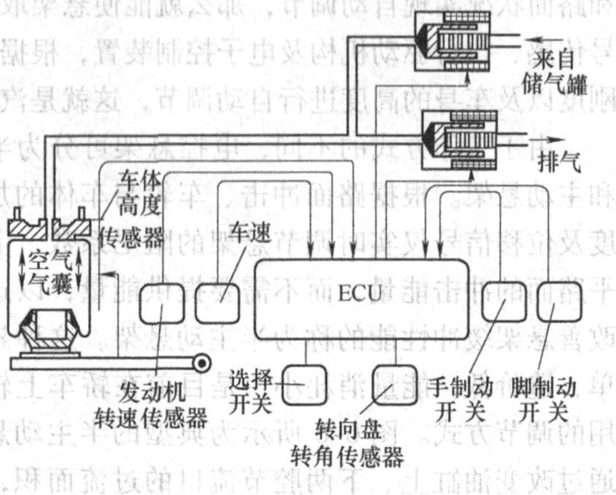

图6-8　电子空气悬架

综上所述，电控悬架实际是在机械悬架的基础上，增加了阻尼、刚度与车体高度自动调节装置。因此，电控悬架的设计任务最终也就归结为寻求合适的控制算法，使之能够根据汽车的运行工况和路面条件自动地跟踪调节悬架的刚度和阻尼以及车体的高度到最佳状态，以保证悬架在任意工况下都具有最佳的平顺性和操纵稳定性。

第二节　悬架的力学模型和性能评价

悬架的力学模型是进行性能分析和系统设计的基础。由于所研究问题的出发点不同，为了简化研究对象，突出问题的本质，通常用不同的简化模型来描述。常用的简化模型为二自由度1/4车体模型、四自由度1/2车体侧倾/仰俯模型及七自由度整车模型，如图6-9所示。

对悬架的设计，无论是机械式的还是电子式的，首先面临的问题是如何评价悬架的性能。当悬架的性能指标确定以后，对于被动悬架，剩下的问题就是寻求最佳的结构参数；对于半主动/主动悬架，问题就是确定控制算法，最终使悬架的性能达到给定的设计目标。为了评价悬架本身缓冲减振的效果，一般用1/4车体模型作为研究对象，主要性能指标为悬架的平顺性、悬架的动挠度及轮胎的动载荷（或轮胎的接地性能）。最后把所有单个悬架用某种算法协调起来，以满足整车的性能指标要求，如抗侧倾、抗仰俯特性。

一、传递函数（幅频特性）评价法

由路面冲击引起车体位移变化，用平顺性传递函数表示为

$$H_{x_r \sim x_s}(s) = \frac{x_s(s)}{x_r(s)} \tag{6-7}$$

平顺性传递函数还可以根据需要，作等效变换得到几种不同形式的表达形式，如

$$H_{\dot{x}_r \sim \ddot{x}_s}(s) = \frac{\ddot{x}_s(s)}{\dot{x}_r(s)} = \frac{s^2 x_s(s)}{s x_r(s)} = sH_{x_r \sim x_s} = \frac{H_{x_r \sim \ddot{x}_s}}{s} \tag{6-8}$$

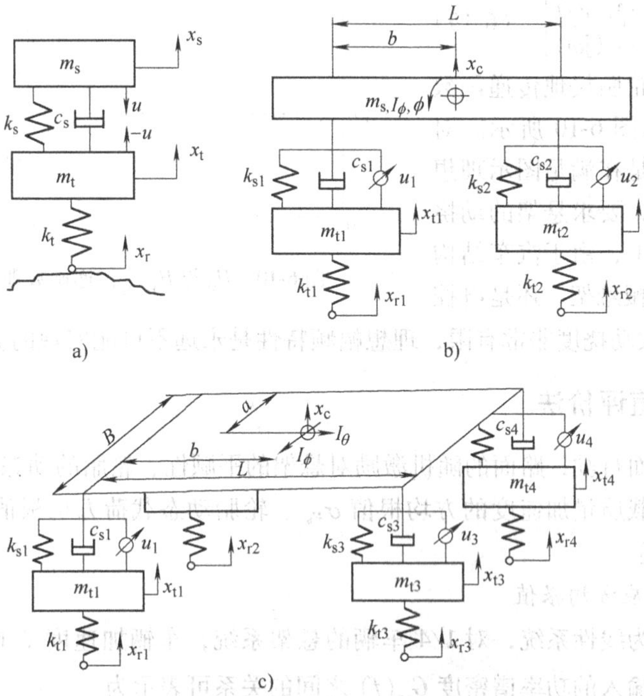

图 6-9　常用的几种简化模型

a) 二自由度 1/4 车体模型　b) 四自由度 1/2 车体侧倾/仰俯模型　c) 七自由度整车模型

轮胎的动变形传递函数为

$$H_t(s) = \frac{x_t(s) - x_r(s)}{x_r(s)} \tag{6-9}$$

由此轮胎的动变形产生的动载荷为

$$H_{tf}(s) = k_t \frac{x_t(s) - x_r(s)}{x_r(s)} = k_t H_t(s) \tag{6-10}$$

为了满足车辆的操纵性能，要求车轮能始终接触地面。同样可定义描述轮胎的接地性能的传递函数

$$H_{tl}(s) = \frac{x_t(s)}{x_r(s)} \tag{6-11}$$

接地传递函数与轮胎的动变形传递函数之间的关系为

$$H_{tl}(s) = 1 - H_t(s) \tag{6-12}$$

在冲击作用下引起悬架的变形或动挠度，用传递函数表示为

$$H_d(s) = \frac{x_s(s) - x_t(s)}{x_r(s)} \tag{6-13}$$

当传递函数确定以后，令 $s = j\omega$，就得到了相应的幅频特性函数。如悬架平顺性和轮胎接地幅频特性可以分别表示为

$$\left| H_{X_r \sim X_s}(j\omega) \right| = \left| \frac{x_s(j\omega)}{x_r(j\omega)} \right| \tag{6-14}$$

$$|H_{t1}(j\omega)| = \left|\frac{x_t(j\omega)}{x_r(j\omega)}\right| \tag{6-15}$$

悬架平顺性和轮胎接地传递函数的理想幅频特性如图6-10所示。对于悬架的动挠度，是在满足图示理想幅频特性的前提下，要求悬架的动挠度越小越好。实际上，由于汽车结构的限制（无论是机械悬架，还是电控悬架），悬架的最大动挠度非常有限，理想幅频特性是永远不可能实现的。

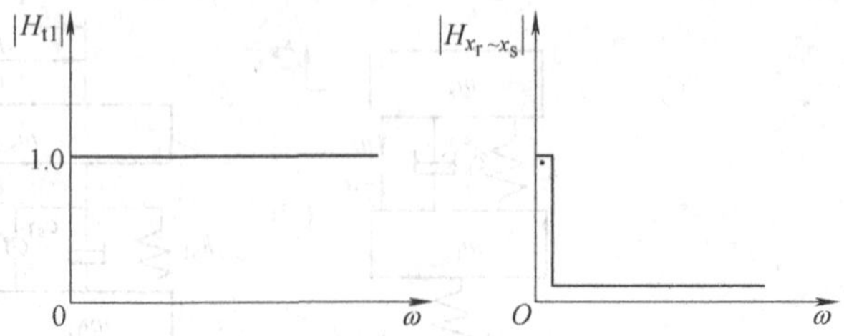

图6-10　H_{t1}与$H_{x_r\sim x_s}$传递函数理想幅频特性

二、方均根值评价法

汽车在不平路面行驶，路面的随机激励对悬架的平顺性、轮胎的动态载荷及悬架的动挠度的影响也常用簧载质量加速度的方均根值$\sigma_{\ddot{x}_s}$、轮胎动态载荷方均根值σ_f及悬架的动挠度方均根值σ_d描述。

1. 悬架振动响应方均根值

汽车悬架近似为线性系统，对1/4车辆的悬架系统，车辆加速度$\ddot{x}_s$响应的功率谱密度$G_{\ddot{x}s}(f)$与路面位移输入的功率谱密度$G_{xr}(f)$之间的关系可表示为

$$G_{\ddot{x}_s}(f) = |H_{xr\sim\ddot{x}s}(f)|^2 G_{xr}(f) \tag{6-16}$$

以车辆静平衡位置作为原点，则振动响应量的均值$E\ddot{x}s$应为零。因此它的统计特性——方差等于方均根值，并可由功率谱密度对频率积分求得

$$\sigma^2_{\ddot{x}_s} = \int_0^\infty G_{\ddot{x}_s}(f)\,df = \int_0^\infty |H_{xr\sim\ddot{x}_s}(f)|^2 G_{x_r}(f)\,df \tag{6-17}$$

式中，$\sigma_{\ddot{x}_s}$为车体加速度标准差，因均值$E\ddot{x}s=0$，故$\sigma_{\ddot{x}_s}$就是方均根值；$G_{x_r}(f)$为路面激励功率谱，由车速和路面粗糙度系数确定；$H_{x_r\sim\ddot{x}_s}(f)$为平顺性传递函数，是由悬架的结构形式和所采用的控制规律确定。

同理可写出悬架的动挠度、轮胎动载荷标准差分别为

$$\sigma_d^2 = \int_0^\infty |H_d(f)|^2 G_{x_r}(f)\,df \tag{6-18}$$

$$\sigma_f^2 = \int_0^\infty |H_{tf}(f)|^2 G_{x_r}(f)\,df \tag{6-19}$$

式中，σ_d为悬架动挠度标准差（后文统称为方均根值），表示在路面激励x_r作用下，簧载质量位移与非簧载质量之差（x_s-x_t）的一个统计值；σ_f为轮胎动载荷标准差，其物理意义为轮胎的动态变形产生的动载荷的统计值，用时域表示为

$$F_d = k_t(x_t - x_r) \tag{6-20}$$

2. 概率分布与方均根值的关系

对悬架统计特性方均根值的要求，可由概率分布给定。当分布是均值为零的正态分布时，振动响应x的概率分布完全可以由方均根值σ_x确定。x幅值的绝对值超过$x_0=\lambda\sigma_x$的概率P与λ取值有关。表6-1给出了界限值x_0与常用的λ值之间在正态分布时的概率分布。

表 6-1　正态分布情况下，超过方均根值 $\pm\lambda\sigma_x$ 的概率

λ	1	2	2.58	3	3.29
P	31.7%	4.6%	1%	0.3%	0.1%
$(1-P)$	68.3%	95.4%	99%	99.7%	99.9%

对于线性系统，如果输入量是正态分布的，则输出量也必然是正态分布的。大量的测量表明，路面的随机输入和汽车的振动响应都基本上符合正态分布。这样汽车振动响应的方均根值与其概率分布间存在表 6-1 所示的简单关系，即方均根值 σ_x 、界限值 $x_0 = \lambda\sigma_x$ 和概率 P 由其中任意两个可求出第三个。

第三节　半主动悬架控制

一、天棚阻尼悬架（Sky-Hook Damper）

半主动悬架由于结构简单，不需要外部施加控制能量，它仅需要通过改变可调阻尼系数就可以达到缓冲隔振的效果，因而在汽车上得到了广泛的应用。而对汽车电子悬架控制算法的研究，至今仍是最为活跃的研究领域之一，每年都有大量的学术论文发表。但在实际应用中，天棚阻尼器（图 6-11）占有很重要的位置。由天棚阻尼器控制原理，只要可调阻尼器产生的阻尼力满足条件

$$F_d = -C_d(\dot{x}_s - \dot{x}_t) \tag{6-21}$$

$$C_d = \begin{cases} C_s\dot{x}_s/(\dot{x}_s - \dot{x}_t) & \dot{x}_s(\dot{x}_s - \dot{x}_t) > 0 \\ 0 & \dot{x}_s(\dot{x}_s - \dot{x}_t) \leqslant 0 \end{cases} \tag{6-22}$$

则可调阻尼器就具有天棚阻尼器的效果。显然，当 $(\dot{x}_s - \dot{x}_t)$ 趋近于零时，等效阻尼系数趋向无穷，而实际阻尼器产生的阻尼力是有限的。此外，阻尼系数不可能为零，故等效阻尼器只能近似实现天棚阻尼器特性。由式（6-21）可知，为了实现控制规律式（6-21），需要传感簧载质量速度 $\dot{x}_s$ 和悬架的相对速度 $(\dot{x}_s - \dot{x}_t)$，在车上实现的结构框图如图 6-12 所示，调

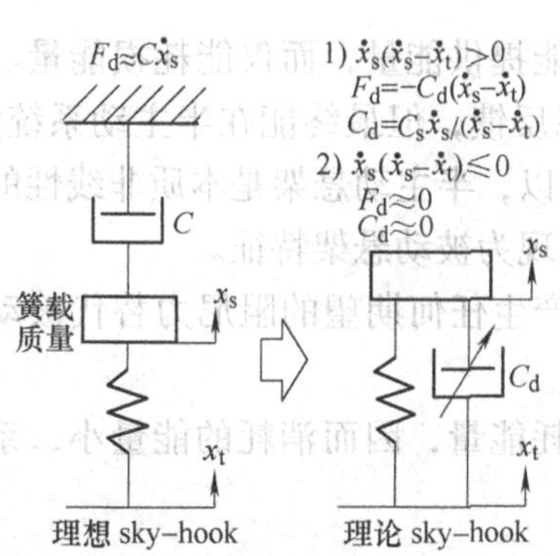

图 6-11　天棚阻尼器模型图

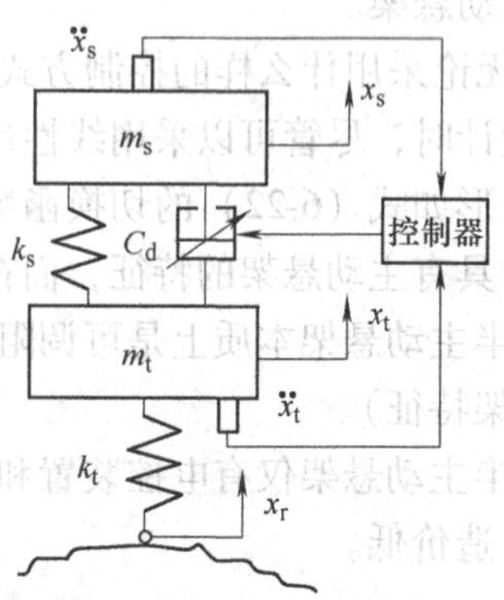

图 6-12　天棚阻尼器的实现

节阻尼系数的驱动机构如图6-13所示。它由步进电动机驱动阀芯转动，从而改变活塞上、下两腔的节流口面积。节流口分为可调部分和固定部分。当可调部分全闭时，活塞上、下两腔经固定节流口连通。此时，阻尼系数达到最大值。当可调节流口处在全开位置时，得到最小阻尼系数。所以，实际上能实现的阻尼系数不可能为无穷大，也不可能为零。

天棚阻尼器通常为非对称结构，所以实际阻尼缸在拉伸和压缩状态具有不同的阻尼力特性（图6-14）。

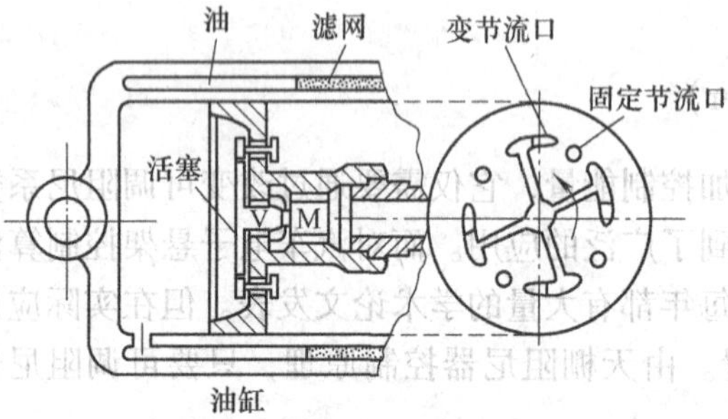

图6-13 阻尼调节驱动机构

M—电动机 V—转阀

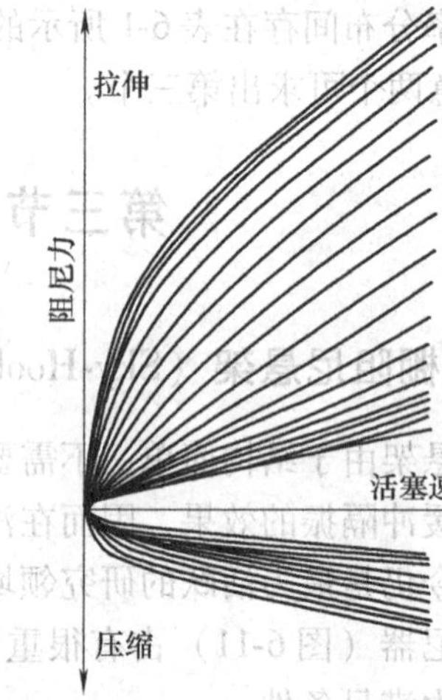

图6-14 活塞缸阻尼力特性

二、半主动悬架的特殊问题

半主动悬架同时具有主动悬架和被动悬架的特征，而且在更多方面保留有被动悬架的固有特征。概括起来有如下几点：

1）半主动悬架以闭环的方式控制阻尼力，包括传感器、电子控制单元（ECU）以及调制阻尼力的伺服阀，在这一方面类似主动悬架。

2）可以采用各种可能的控制策略，如天棚阻尼控制、简单线性反馈控制和最优控制，这类似主动悬架。

3）无论采用什么样的控制方式，半主动悬架不能提供能量，而仅能耗损能量。在进行控制器设计时，尽管可以采用线性反馈和最优全状态反馈，但最终能在半主动系统实现时，一定具有形如式（6-22）的切换函数或约束条件。所以，半主动悬架是本质非线性的，在消耗能量时具有主动悬架的特征，而在补充能量时则表现为被动悬架特征。

4）半主动悬架本质上是可调阻尼系统，它可以产生任何期望的阻尼力替代被动阻尼力（被动悬架特征）。

5）半主动悬架仅有电控装置和驱动机构需要消耗能量，因而消耗的能量小，系统的结构简单、造价低。

第四节 悬架的整车控制

以上讲述的是1/4车体模型，仅能研究车体的垂直振动控制。作为主动悬架的整车控制，还需要考虑车体的侧倾和仰俯运动。一种基于八板块的整车控制算法（Octa-Plate Control Method，OPCM）如图6-15所示，把整车分为四个1/4车体模型和四个1/2车体模型。在每个分块采用相应的控制逻辑独立进行控制，最后为了实现总体控制目标，把控制垂直运动、侧倾运动和仰俯运动需要的三个作用力叠加起来，就得到了各个驱动器的总控制力。

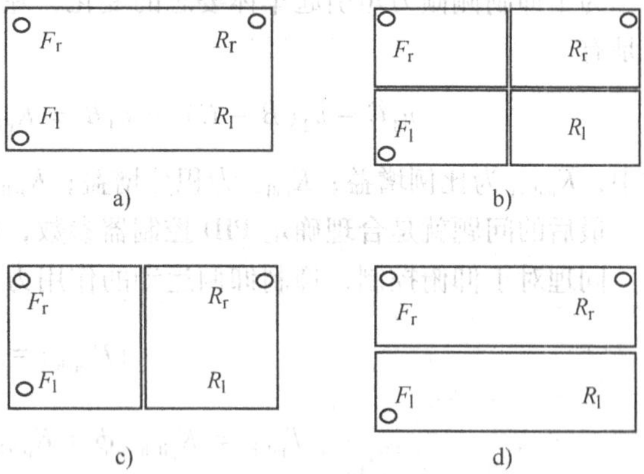

图6-15 整车悬架模型的八板块结构

（四个1/4车体模型和四个1/2车体模型）

对于四个1/4板块，可用天棚阻尼控制逻辑确定垂直运动的控制力，用公式表示为

$$F_{sky} = -C_{sky}\dot{x}_s \tag{6-23}$$

对于侧倾运动，前、后两个1/2板块运动姿态的控制力由以下方程式确定

$$|F_{roll}| = \frac{T_{rollc}}{B} \tag{6-24}$$

$$T_{roll} = K_{roll-p}\theta + K_{roll-i}\int\theta dt + K_{roll-d}\dot{\theta} \tag{6-25}$$

式中，B为轮距；T_{roll}为侧倾控制力矩；K_{roll-p}为侧倾运动控制比例增益系数；K_{roll-i}为侧倾运动控制积分增益系数；K_{roll-d}为侧倾运动控制微分增益系数；F_{roll}为由驱动器作用到悬架上的垂直力，作用力的方向随侧倾控制力矩而定。

抑制侧倾运动的反力矩取决于侧倾角、侧倾角变化率以及对侧倾角的积分。这些信号由左、右两侧车轮的垂直加速度、垂直速度与垂直位移计算。确定K_{roll-p}、K_{roll-i}和K_{roll-d}控制器参数的原则是使车体的侧倾运动在谐振频率处具有最小的幅频特性。引起侧倾运动的扰动一般为侧向加速度和各种侧向力。考虑侧倾力矩对侧倾运动的影响，则侧倾运动可简化为如图6-16所示的系统。在侧倾力矩的作用下，车体运动方程的拉氏变换为

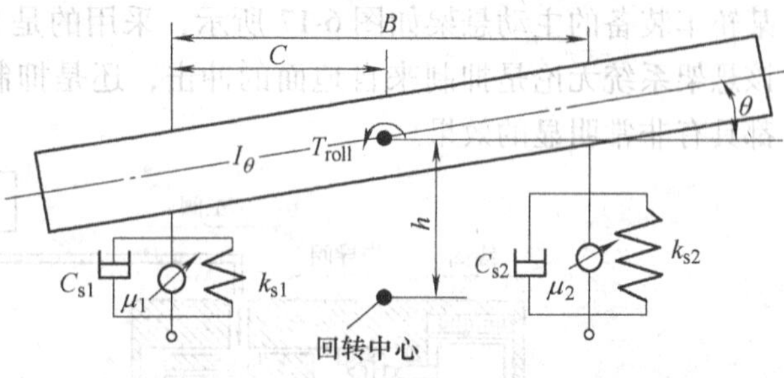

图6-16 悬架的侧倾运动简图板块

$$I_\theta\ddot{\theta} + C_{s1}C^2\dot{\theta} + C_{s2}(B-C)^2\dot{\theta} + k_{s1}C^2\theta + k_{s2}(B-C)^2\theta = T_{roll} - u_1C + u_2(B-C) \tag{6-26}$$

式中，T_{roll} 为对回转中心的扰动力矩；B 为轮距，C 为左侧悬架作用力点至侧倾中心的水平距离；θ 为侧倾角；I_θ 为整车绕侧倾中心的转动惯量，u_1、u_2 分别为抑制侧倾运动而作用在左、右两侧作动器上的控制力；C_{s1}、C_{s2}分别为左、右两侧作动器的阻尼系数；k_{s1}、k_{s2}分别为左、右两侧的弹簧刚度。

为了抑制侧倾力矩引起车体姿态的变化，左、右两侧的控制力应大小相等、方向相反。于是有

$$u_1 C - u_2(B - C) = u_1 B = K_{roll-p}\theta + K_{roll-i}\int\theta dt + K_{roll-d}\dot{\theta} \tag{6-27}$$

式中，K_{roll-p}为比例增益；K_{roll-i}为积分增益；K_{roll-d}为微分增益。

最后的问题就是合理确定PID控制器参数，使式（6-26）在谐振频率处有最小的幅值。

同理对于仰俯控制，抑制仰俯运动的作用力为

$$|F_{pitch}| = \frac{T_{pitch}}{L} \tag{6-28}$$

$$T_{pitch} = K_{pitch-p}\phi + K_{pitch-i}\int\phi dt + K_{pitch-d}\phi \tag{6-29}$$

式中，L 为轴距；T_{pitch} 为仰俯控制力矩；$K_{pitch-p}$ 为仰俯运动控制比例增益系数；$K_{pitch-i}$ 为仰俯运动控制积分增益系数；$K_{pitch-d}$ 为仰俯运动控制微分增益系数；F_{pitch} 为由驱动器作用到悬架上的垂直力，作用力的方向随仰俯控制力矩而定。

确定仰俯运动PID控制器参数 $K_{pitch-p}$、$K_{pitch-i}$ 和 $K_{pitch-d}$，使仰俯运动在谐振频率处具有最小的幅值。把抑制垂直运动、侧倾运动及仰俯运动的作用力叠加起来，就得到每个驱动器应产生的总驱动力为

$$u_i = F_{i-sky} + F_{i-roll} + F_{i-pitch} \quad (i = 1,2,3,4) \tag{6-30}$$

第五节　主动悬架控制

一、簧载质量的振动控制

某轿车装备的主动悬架如图6-17所示，采用的是Sky-hook控制算法。通过性能试验证实，该悬架系统无论是抑制来自地面的冲击，还是抑制车辆的各种操作引起车体姿态的变化，都具有非常明显的效果。

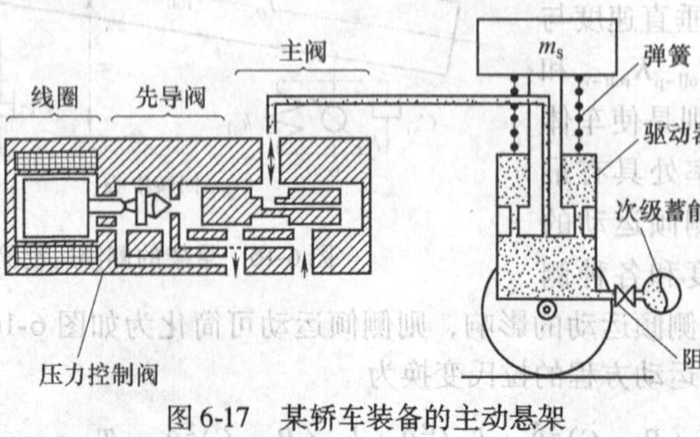

图6-17　某轿车装备的主动悬架

由悬架等效的力学模型得

$$C_2(\dot{x}_2-\dot{x}_1)+k_2(x_2-x_1)=F \tag{6-31}$$

由原悬架可以得到如下方程

$$k_2(x_2-x_1)+c_a(\dot{x}_2-\dot{x}_1)+k_a(x_2-x_1)=F \tag{6-32}$$

式中，c_a 为储能器节流口阻尼系数；k_a 为油气弹簧刚度系数。

把式（6-32）与式（6-31）进行比较得到等效阻尼系数

$$C_2=C_{eq}(s)=C_a+\frac{k_a}{s} \tag{6-33}$$

在低频段，等效阻尼系数主要取决于油气弹簧刚度，静态阻尼系数为无穷大。在高频段，等效阻尼系数趋近稳态，极限值为油气弹簧的阻尼系数。

由计算可以得出，天棚阻尼悬架在谐振频率的峰值为

$$\left|\frac{x_2}{x_1}\right|_{s=j\omega_2}=\frac{\sqrt{4\xi_2^2+1}}{2(\xi_2+\xi_s)} \tag{6-34}$$

只要确定合理的阻尼系数，就可使

$$\xi_s\geqslant\sqrt{\xi_2^2+\frac{1}{4}}-\xi_2 \tag{6-35}$$

成立，保证车体振动在谐振频率的峰值小于1。可见，天棚阻尼悬架比被动悬架在谐振频率的峰值明显降低。

在试验台上对悬架的测试结果如图6-18所示，天棚阻尼器的谐振峰值减小了10dB 。结果表明，天棚阻尼悬架具有很好的隔振效果。

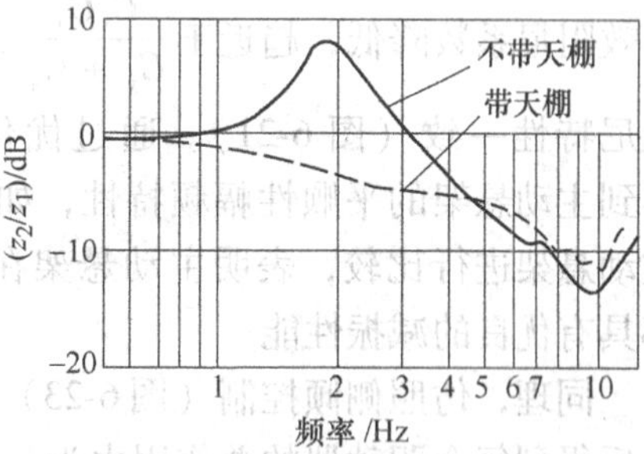

图6-18 天棚阻尼器的作用

二、非簧载质量的振动控制

某车的悬架系统，车体的振动由主动天棚阻尼器控制（主动控制，低频），而非簧载质量的高频振动则由次级蓄能器（图6-19）的弹簧刚度、阻尼阀的流动阻尼力，以及主动控制阀的流动阻尼力自然衰减（高频特性属于被动控制）。因为天棚阻尼器是以车体的运动速度作为控制信号，非簧载质量在阀口的阻尼力作用下自然衰减，其运动不影响主动控制，故对于非簧载质量的运动，天棚阻尼压力控制阀则相当于一个阻尼装置。其等效阻尼模型如图6-20所示，由此图可求得它的传递特性。

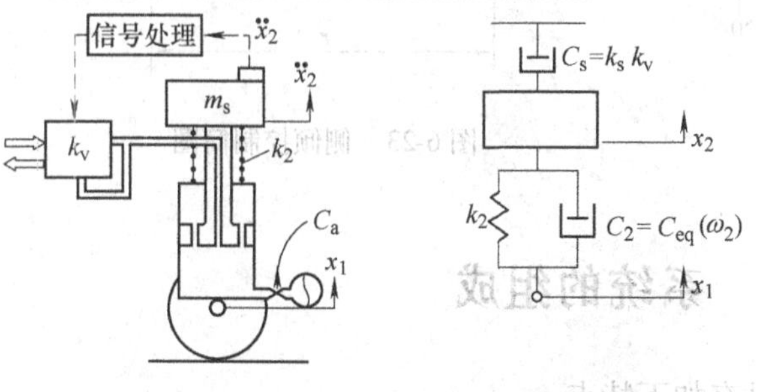

图6-19 次级蓄能器的等效图

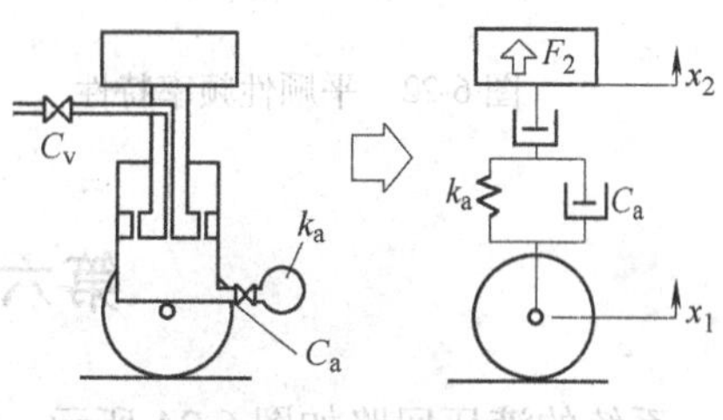

图6-20 等效阻尼模型

$$C_v[(\dot{x}_2-\dot{x}_1)-(\dot{x}_a-\dot{x}_1)]=F_2 \tag{6-36}$$

$$C_a(\dot{x}_a-\dot{x}_1)+k_a(x_a-x_1)=F_2 \tag{6-37}$$

由式（6-36）和式（6-37）得

$$(x_a-x_1)=F_2/(k_a+C_as) \tag{6-38}$$

把此式代入（6-36）得

$$\frac{F_2}{(\dot{x}_2-\dot{x}_1)}=C_v\frac{k_a+C_as}{(C_a+C_v)s+k_a} \tag{6-39}$$

由此得等效阻尼

$$C_{eq}(\omega)=C_v\frac{k_a+C_as}{(C_a+C_v)s+k_a}=|H(j\omega)|\cos(\angle H(j\omega)) \tag{6-40}$$

在低频段，等效阻尼系数趋近 C_v。随着频率的升高，等效阻尼系数降低，趋近于 $\frac{C_vC_a}{C_v+C_a}$，这正好与期望的阻尼特性一致（图6-21）。通过优化系数 k_a、C_v、C_a，得到主动悬架的平顺性幅频特性，如图6-22所示。与被动悬架进行比较，表明主动悬架在整个频率范围内都具有优良的减振性能。

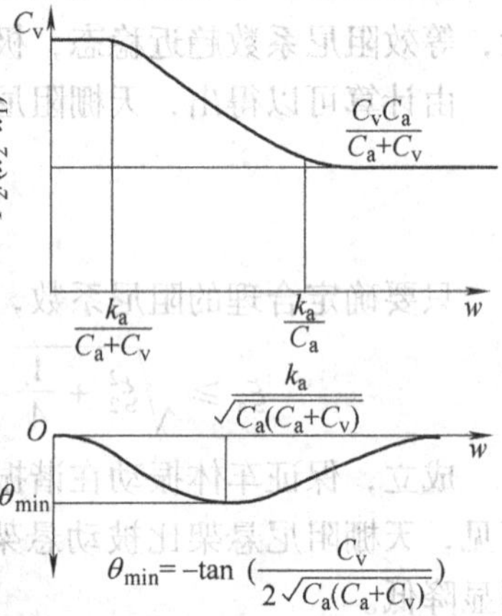

图6-21 阻尼系数频率特性

同理，仿照侧倾控制（图6-23）可实现仰俯控制。最后得到每个驱动器的总作用力为

$$F_i=F_{i\text{-sky}}+F_{i\text{-roll}}+F_{i\text{-pitch}}\quad(i=1,2,3,4) \tag{6-41}$$

式中，$F_{i\text{-roll}}$、$F_{i\text{-pitch}}$ 都是以力偶的形式出现，符号由侧倾和俯仰的加速方向确定。

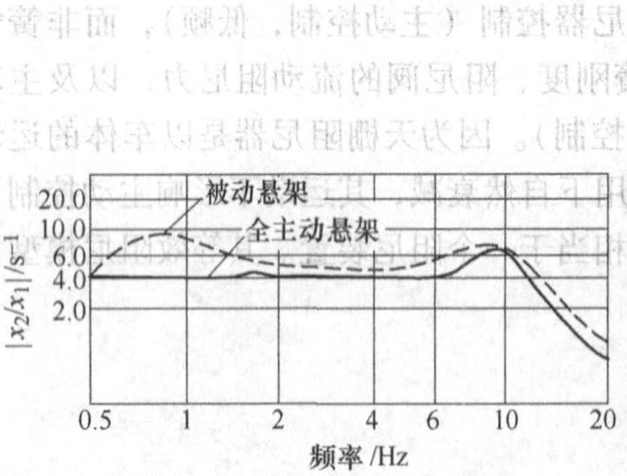

图6-22 平顺性频率特性

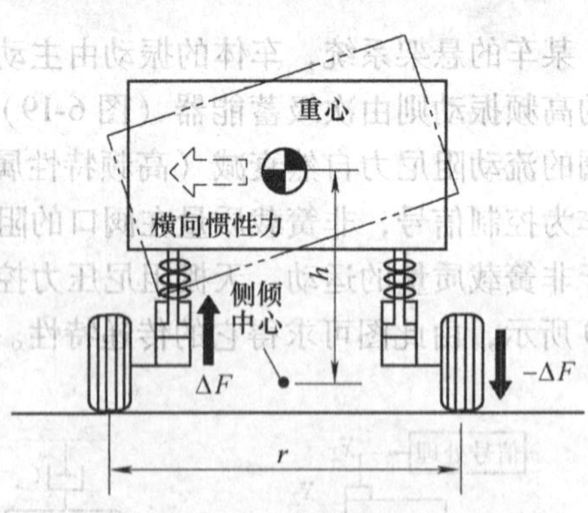

图6-23 侧倾控制简图

第六节 系统的组成

系统的液压回路如图6-24所示，并具有如下特点。

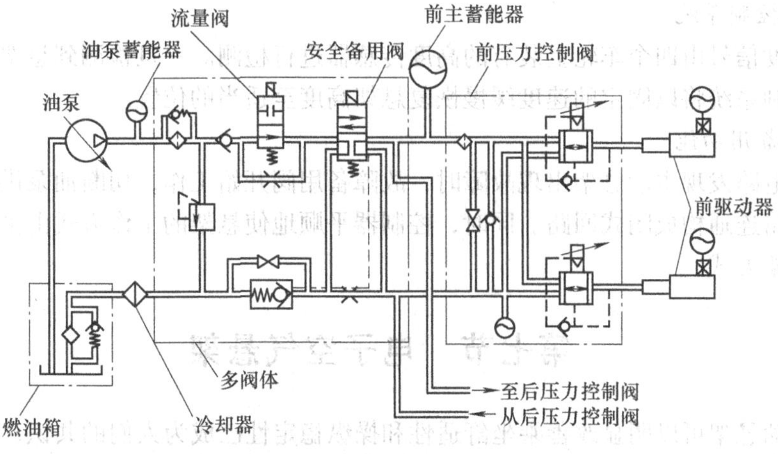

图 6-24 系统的液压回路

1. 节能措施

为了节省控制能量和放宽对压力控制阀的频响要求，抑制簧载质量振动（因为非簧载质量振动频率远高于簧载质量振动频率）由次级阻尼器和压力控制阀（此时压力控制阀仅作为阻尼节流阀，而不起主动调节作用）实现。采用并置的螺旋弹簧来减小主动悬架的驱动力。此外，还采用了双油泵组成的变流量系统，其结构与工作原理如图 6-25a 所示，流量输出特性如图 6-25b 所示，以减小能量的消耗。

根据控制系统需要的流量，双泵变量系统可选用三种供油方式，即小泵单独工作、大泵单独工作和双泵同时工作。

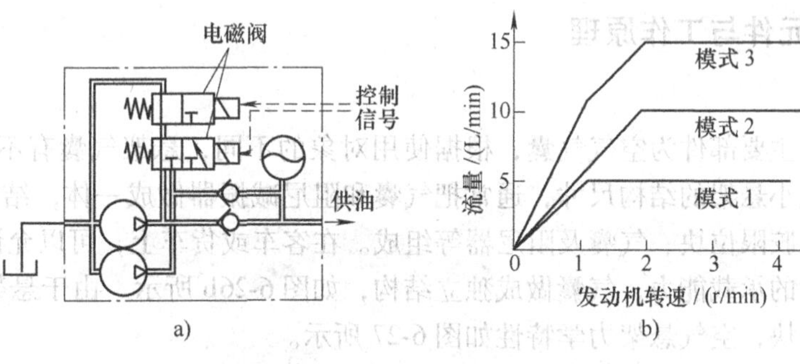

图 6-25 变流量系统的结构、工作原理及流量输出特性

a）结构与工作原理 b）流量输出特性

2. 加速度传感器

系统有 6 个加速度传感器，分别用于测量各个方向的加速度：一个纵向加速度传感器，用于抑制仰俯运动的输入信号；两个横向加速度传感器，用作侧倾运动控制的输入信号；三个垂直加速度信号，一个装在车辆的前部，两个装在车辆后部，取三个信号的平均值作为四个驱动器垂直振动共同的输入信号。

3. 压力控制阀

系统中采用比例压力控制阀和驱动器。它采用先导式电磁比例压力阀，引入到主阀左端的是油源压力，主阀右端是驱动器压力。通过先导阀控制压力油驱动主阀的运动，以充分保证驱动器的响应速度。

4. 高度控制系统

悬架高度信号由四个车轮上装有的高度传感器进行检测。一旦检测到悬架高度不在期望位置，则控制系统将以固定的速度缓慢恢复悬架高度至适当的位置。

5. 故障备用功能

当监控电路发现主动悬架出现故障时，故障备用阀开始工作，切断油泵供油，把驱动器的进、回油路连通构成闭式回路。同时，控制器平顺地使悬架的工作方式由主动控制切换至常规被动悬架方式。

第七节　电子空气悬架

汽车主动悬架可以明显改善乘坐舒适性和操纵稳定性已成为人们的共识，但成本高、液压装置噪声较大、功率消耗较大。在当前技术条件下，主动悬架很难在汽车上得到普遍采用，主要应用对象为数量较少的高档轿车。近几年发展起来的电子空气悬架，同时具备主动悬架、半主动悬架及被动悬架的特性。其阻尼和刚度可以根据汽车的行驶工况自动调节，具备主动悬架的特征。调节过程不需要补充能量（不计调节悬架高度和系统泄漏需要补充的能量），是典型半主动悬架特征。但系统调节过程是有级的、非实时的，其作用方式更接近传统的被动悬架，因此很难把电子空气悬架归为哪一种类型（主动、半主动或被动），为此本书把它称为电子空气悬架。由于该类悬架不仅造价低，而且性能优越，近年来很快在大型货车、公交车以及中、高档轿车上采用。从能量消耗、生产成本及使用性能三个方面综合考虑，电子空气悬架必将成为汽车悬架的主导产品。

一、主要元件与工作原理

1. 空气气囊

空气悬架的主要部件为空气气囊，根据使用对象的不同，悬架气囊有不同的结构形式。在轿车上，为减小悬架的结构尺寸，通常把气囊和阻尼减振器做成一体，结构如图6-26a所示。它主要由橡胶限位块、气囊及阻尼器等组成。在客车或货车上，可以允许较大的结构尺寸，为提高气囊的承载能力，气囊做成独立结构，如图6-26b所示。由于悬架动行程的限制再加上橡胶限位块，空气悬架力学特性如图6-27所示。

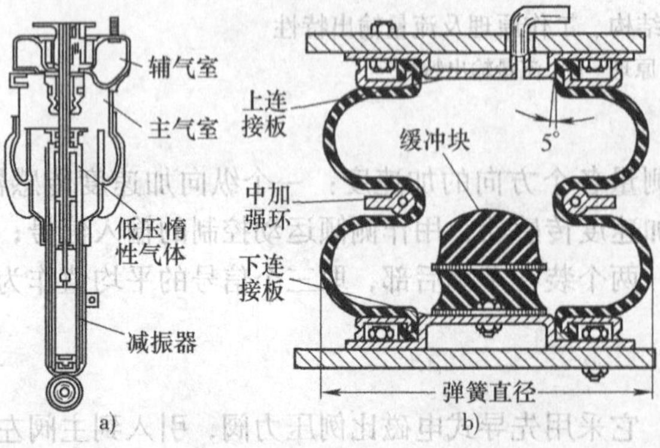

图6-26　空气悬架的结构

a）轿车用整体式空气悬架　b）客、货车用气囊

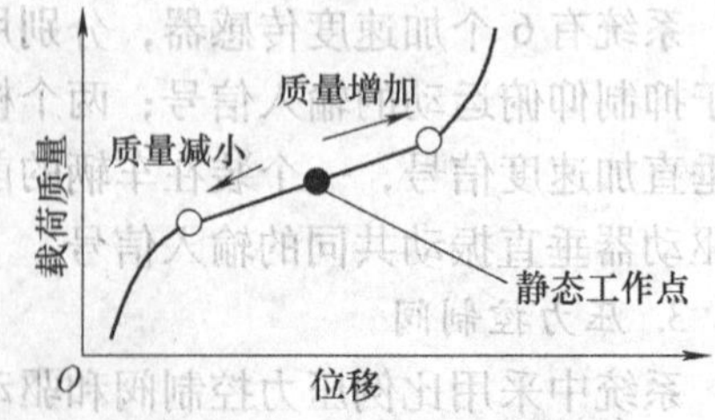

图6-27　空气悬架的力学特性

空气悬架用低刚度空气弹簧代替大刚度机械弹簧，使悬架的减振性能得到了明显改善。也恰恰是空气悬架的低刚度特性，使它同样存在被动方式存在的本质问题。例如随着汽车的载质量变化，悬架的静态工作点很快向限位块两端移动，结果与限位块碰撞而导致性能恶化。而且，在满载时使汽车的离地间隙过低，影响了通过性。所以，空气悬架必须根据车辆的载质量自动调节车体的高度。又如汽车在加速、制动及转向时，由于弹簧的刚度低，车身易出现点头、仰俯及侧倾运动。要克服这些缺陷，悬架系统应该根据汽车的行驶状态调节各个悬架的刚度，以保持车体正常的运动姿态。可见，汽车在不同的行驶状态下对悬架特性的要求是不同的。采用传统的被动方式，空气悬架就无法解决这些本质问题。把电子控制技术与空气悬架结合起来，根据汽车的行驶状态，自动调节悬架的刚度与阻尼，解决了汽车在不同行驶状态下对悬架的不同要求的难题。由于此种空气悬架同时具备主动悬架、半主动悬架及被动悬架的特性，因此本书把此种悬架称为电子空气悬架。

2. 传感器

电子空气悬架主要功能的实现都是基于传感信号，所用的各类传感器有车体高度传感器、转向盘转角传感器、纵向加速度传感器、侧向加速度传感器、制动踏板位置传感器、加速踏板位置传感器、车速传感器、载荷传感器、模式选择开关。

（1）车体高度传感器 除传统的被动悬架以外，几乎所有的电子控制悬架（包括主动悬架和半主动悬架）都有车体高度传感器。利用车体高度传感器，悬架控制装置自动调节车体的高度到期望的值。

（2）转向盘转角传感器 车辆在急剧转向时，由于离心力的作用，悬架将会向外侧倾。转向盘转角传感器用来测量转向盘的转角及转角变化率，当转向盘的转角和变化率大于某一给定的阈值时，自动调节外侧悬架至硬的工作模式。

（3）加速度传感器 汽车加速时，在惯性力的作用下车体会出现前倾；而在制动时，车体会出现后仰；侧向加速度，将引起车体的侧倾运动。利用加速度传感器，可使车体尽可能保持水平的姿态。悬架系统采用的应变片式加速度传感器如图6-28所示。

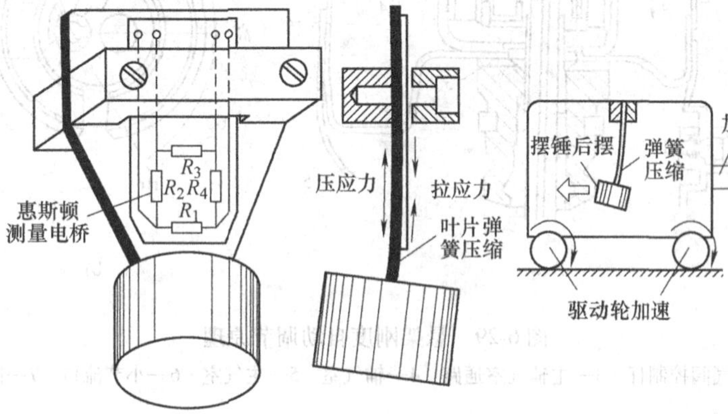

图6-28 应变片式加速度传感器

（4）制动踏板位置传感器 车辆在紧急制动时，惯性力会使悬架后仰。该传感器可以反映驾驶员的操作意图，当制动踏板位移变化率大于某一给定的阈值时，就自动调节后部悬架至硬的工作模式。

(5) 加速踏板位置传感器　车辆在突然加速时，惯性力会使悬架前倾。当驾驶员踩加速踏板的速率超过某一给定的阈值时，加速踏板位置传感器就自动调节前部悬架至硬的工作模式。

(6) 车速传感器　变速器输出端提供的脉冲信号，既可作为里程表的信号，也可用作悬架检测车辆行驶速度的信号。当车速高于某一阈值时，电子控制装置自动把弹簧切换到硬的状态。

(7) 模式选择开关　用来选择悬架的工作模式，舒适模式/软模式（Soft Ride Mode, Comfort Ride Mode）或运动模式/硬模式（Sports Ride Mode）。如果车辆在非常不好的路面上行驶，即便选择开关在软的模式，电子控制装置也会自动切换到硬的模式。

3. 刚度、阻尼自动调节装置

悬架刚度自动调节原理如图6-29所示。主、副两个气室的通路之间装有空气阀。空气阀的关闭由步进电动机驱动。调节空气阀的开度，可把悬架的刚度变为高、中、低三种状态。

当空气阀关闭、副气室不参与工作时，悬架的刚度由主气室决定，得到高的悬架刚度（图6-29b所示位置）。

当空气阀打开连通主、副气室的大节流口，主、副气室以较小的节流阻力连通，相当于两个气室参与工作，于是得到低的悬架刚度（阀芯相对于图6-29b所示的位置顺时针旋转60°）。

当空气阀部分开启，阀芯相对于图6-29b所示的位置逆时针旋转60°，主、副气室的空气由一小孔连通，两气室中空气流动的阻力很大，悬架产生介于上述两者之间的中等刚度。

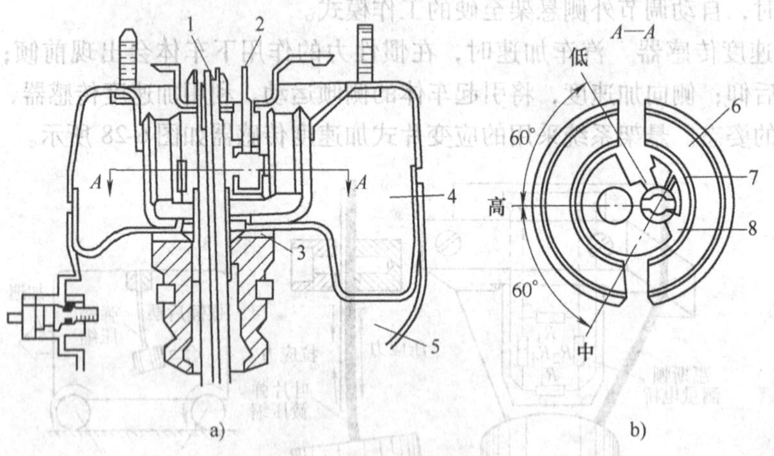

图6-29　悬架刚度自动调节原理

1—阻尼调节杆　2—气阀控制杆　3—主辅气室通路　4—辅气室　5—主气室　6—小节流口　7—阀体　8—大节流口

悬架阻尼自动调节原理如图6-30所示。减振器油缸上、下两腔油液的通路由阻尼阀调节，它是由驱动阀空气阀的同一个步进电动机调节，实现了悬架刚度与阻尼的同步调节。于是，在调节悬架高、中、低三种刚度的同时，也分别产生了悬架高、中、低三种阻尼状态。

阻尼阀关闭，活塞上、下两腔的油液只能经过一个固定的小孔通过，液体流动的阻力很大，减振器工作在高阻模式（图6-30所示的位置）。

阻尼阀全开（图 6-30 中的阀芯逆时针旋转 60°位置），控制阀在三个剖面的位置上都与节流口连通，活塞上、下两腔的油液产生的节流阻力最小，悬架工作在低阻模式。

阻尼阀部分开启（图 6-30 中的阀芯顺时针旋转 60°位置），活塞上、下两腔的油液在剖面 *B—B* 的节流口处相通，节流阻力较大，悬架工作在中阻模式。

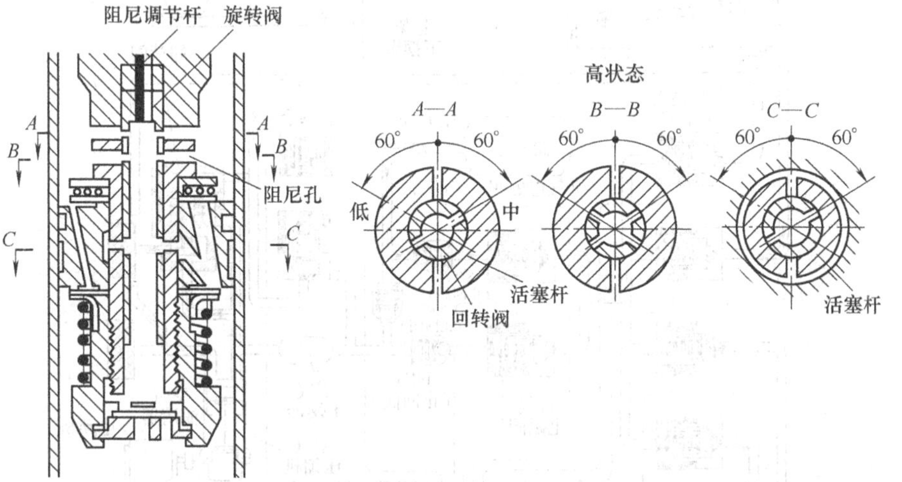

图 6-30　悬架阻尼自动调节原理

二、空气悬架系统

某大型客车电子空气悬架的工作原理如图 6-31 所示。该悬架主要由电子控制单元（ECU）、执行机构和传感器组成，其中传感器包括车身高度传感器、车速传感器、发动机转速传感器、制动踏板位置传感器及储气罐压力传感器等。电子控制装置根据这些传感信号确定汽车的行驶状态，通过执行机构自动调节悬架系统的刚度及车身高度等参数，使汽车具有良好的乘坐舒适性和操纵稳定性。悬架的主要功能分述如下。

1. 储气罐充气

当发动机一运转时，电子控制装置立即起动空气压缩机电动机，开始通过储气罐单向阀给储气罐充气。此时，四个车身高度调节阀全部关闭，排气阀关闭，进气阀开启。于是卸载阀膜片的上方作用压力空气，克服弹簧的张力把卸载阀关闭，防止空气压力卸到大气中去。当储气罐的压力达到 1MPa 时，电子控制装置自动停止空气压缩机电动机。

2. 悬架高度和刚度调节

悬架应处在驾驶员选定的或系统预定的高度，如果悬架不在期望的位置，电子控制装置就会发出信号，使相关悬架的车身高度调节电磁阀动作。如汽车停放一段时间后由于空气泄漏导致悬架的高度偏低，电子控制装置就会打开进气电磁阀和四个车身高度调节电磁阀，于是储气罐的高压空气进入悬架气囊，使车体升高直至规定的高度，电磁阀关闭。当车辆减小负荷导致车身高度过高时，其调节过程与此相反。电子控制装置则打开排气电磁阀和四个车身高度调节电磁阀，气囊多余的空气经高度调节阀和排气阀，再经卸载阀排到大气中，直至悬架达到规定的高度，电磁阀关闭。

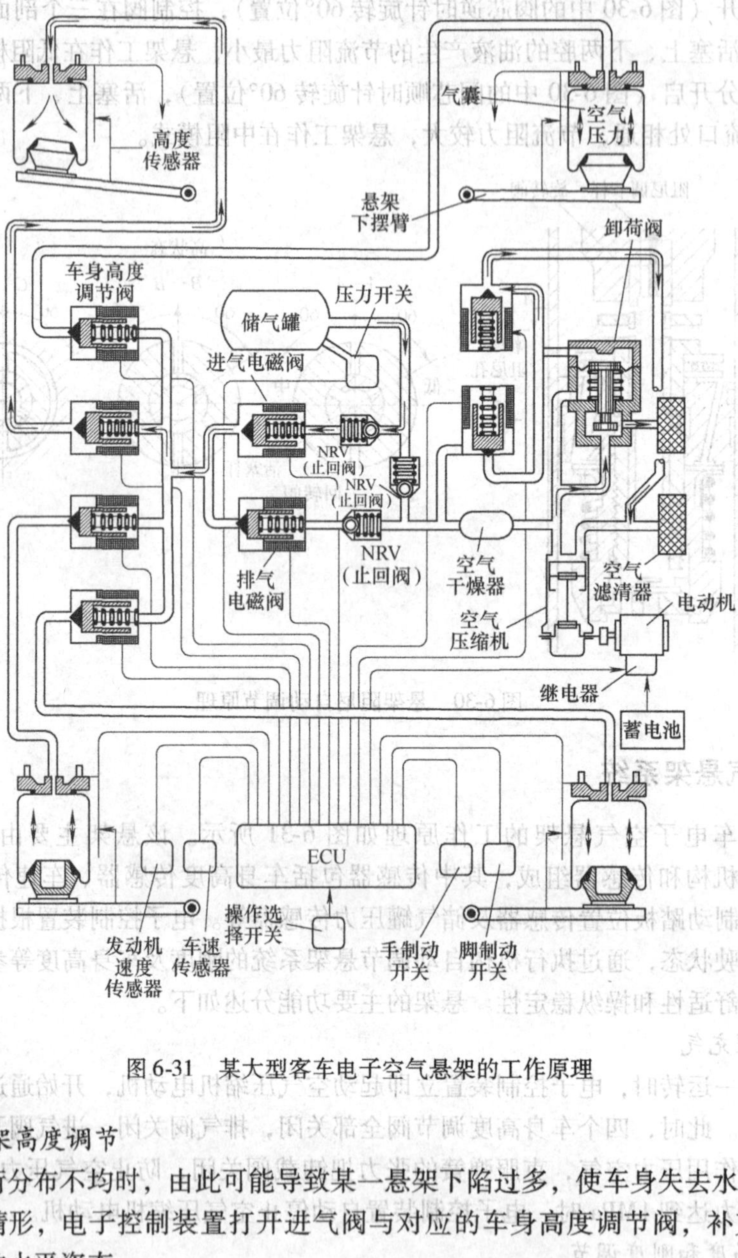

图6-31　某大型客车电子空气悬架的工作原理

3. 单个悬架高度调节

当车辆载荷分布不均时，由此可能导致某一悬架下陷过多，使车身失去水平姿态。如图6-31左上角的情形，电子控制装置打开进气阀与对应的车身高度调节阀，补充空气增加气压，恢复悬架的水平姿态。

4. 储气罐安全工作压力限制

当储气罐压力超过安全限（1MPa）时，作用在卸载阀膜片下方的压力再加上弹簧力将克服膜片的阻力，把膜片向上举起来，多余的空气通过卸载阀排放到大气中，系统的压力稳定地维持在1MPa左右。

5. 传感器及其功能

（1）储气罐压力传感器　该传感器用于监测储气罐的空气压力，当储气罐的压力超过1MPa时，停止空气压缩机电动机。当储气罐的压力低于7.5×10^5Pa时，再次起动空调压缩机电动机。

（2）车身高度传感器　车身高度传感器监测每个空气弹簧的高度，测量的信号输入电子控制装置与预定的值进行比较。当空气弹簧的高度低于预定的值时，打开车身高度调节电磁阀及进气阀，直到达到预定的值为止。工作过程中，每间隔12s测量1次悬架的高度，各空气悬架都在不停地上、下运动。

（3）车速传感器　当汽车的速度大于80km/h时，为减小空气阻力和改善路面附着性能，电子控制装置降低悬架高度20mm左右。

（4）发动机转速传感器　发动机转速传感器用来确定发动机的运转状况，只要发动机在运转就切断空气压缩机的驱动电动机，以减少蓄电池的用电。如果发动机停止或转速低于500r/min，则起动空气压缩机电动机。

由图6-31可见，这类空气悬架根据悬架的负荷在不停地调节悬架的高度至规定的值，而实际上是调节悬架的刚度使悬架的固有频率在轻载和重载时保持不变。工作过程等价于理想变刚度的被动悬架。而阻尼特性取决于系统的固有特性，没有调节功能。由于这种悬架结构简单，消耗的能量小，非常适合大型客、货车。

某轿车用电子空气悬架的工作原理如图6-32所示。为减小空气悬架的结构尺寸，一般空气气囊和阻尼减振器做成一体。所用传感器包括车身高度传感器、车速传感器、制动踏板位置传感器、加速踏板位置传感器、转向盘转角传感器、纵向及侧向加速度传感器等。电子控制装置根据这些传感信号确定汽车的行驶状态，通过执行机构（刚度与阻尼控制阀）自动调节悬架系统的刚度和阻尼以及车身高度等参数，使汽车具有良好的乘坐舒适性和操纵稳定性。悬架刚度、阻尼调节参见图6-29和图6-30，而高度调节过程是当车身高度传感器输入电子控制装置信号后，如果悬架的高度与设定的值不同，则电子控制装置驱动电磁阀。如果悬架的高度低于预定的值，则电磁阀打开储气罐至主气室的通道，储气罐向悬架充气，直至悬架达到规定的高度。相反，电磁阀打开储气罐至大气通道，多余的空气排到大气中去，直至悬架降低到预定的高度。

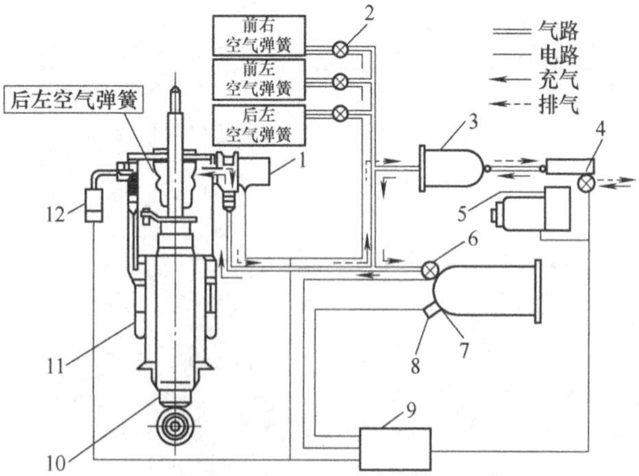

图6-32　某轿车用电子空气悬架的工作原理

1、2—高度调节阀　3—空气干燥器　4—排气电磁阀　5—空气压缩机　6—进气电磁阀　7—储气罐　8—压力传感器　9—电子控制装置　10—减振器　11—橡胶气囊　12—高度传感器

三、小结

1）电子空气（或油气）悬架虽然包括传感元件、执行机构和电控单元，其构造类似于主动悬架，但它的控制方式与主动悬架有很大的不同。主动悬架是基于车轮和车体的加速度信号调节悬架的刚度和阻尼力，此过程为连续的动态调节过程，要求执行机构响应速度高，消耗的能量多。而电子空气悬架，是基于汽车的行驶状态调节阻尼力与刚度，此过程为有级的不连续的过程，对执行机构响应速度不高，消耗的能量极低。从工作过程来看，这类电子空气悬架更接近被动悬架。正是这类电子空气悬架不涉及反馈控制，故悬架的设计本质仍属于被动悬架的参数匹配设计。

2）由于空气悬架可实现理想的变刚度特性，在工作点附近，具有很低的弹簧刚度，汽车平稳行驶具有很好的减振性能。而当汽车加速、减速或转向时，由于软弹簧导致车体姿态发生变化，悬架系统可以自动、有级调节悬架的刚度，以保证车体水平运动的姿态，此为主动悬架的特性。

第七章 汽车自动变速传动

第一节 概 述

传动系统是发动机动力与车轮负载之间的传动装置。它的任务是通过变换传动比，调节或变换发动机特性，将动力有效而可靠地传递到驱动车轮上，以适应对汽车使用性能的要求。汽车传动系统自动变速是指它在完成上述任务中，其传动比变换是自动的。

一、自动变速传动的优点

自动变速传动与目前广泛使用的人工操纵的有级式机械传动相比，具有下列优点：

1）简化操纵，减轻驾驶员劳动强度，提高行车安全性。据统计，装有级机械式变速传动的汽车在交通负荷大的市区行驶时，每行驶 100km，驾驶员必须换挡 400～600 次，踩离合器踏板 600～700 次，也就是平均每隔 30～40s 必须操作 1 次。如此频繁操作，使驾驶员在精神上和体力上感到疲劳，分散注意力，易于引发交通事故。而采用自动变速的汽车，驾驶员只要控制加速踏板就可以了。这不仅改善了驾驶员的工作条件，而且使汽车易于驾驶，有利于汽车普及使用。

2）驾驶平顺、舒适，在汽车起步和传动比变化过程中不致产生纵向冲击或抖动。

3）可使汽车行驶过程中经常地处于良好的性能状态。汽车使用性能除与结构设计因素有关外，还取决于正确的操作。对于人工操纵的有级式机械传动，其传动比的变化常依赖于驾驶员的经验与技术。因此，汽车行驶性能与驾驶技术有着密切的关系。而对于自动变速，其速比能根据行驶条件按照汽车最佳性能自动地改变，消除了人为换挡技术的影响。

4）可改善汽车排放。汽车行驶时所排出的有害物质含量常与发动机工作状态有关，当发动机处于非稳态工况时，它所排出废气中的有害物质含量高。而对于有级式机械传动，其传动比变化量由人工操作完成，导致发动机转速变化较大，使发动机处于非稳态工况。所以，汽车排放废气中有害物含量高，污染环境严重。对于自动变速，可控制发动机在排放污染较小的工况下工作。由于汽车传动自动变速有如此多的优点，因此，汽车（特别是轿车）采用自动变速传动已成为趋势。

二、自动变速传动的类型

实现汽车传动系统自动变速的方法可以有多种。但是，目前在汽车上应用较多的有以下四种：

1）有级式机械自动变速器（Automatic Mechanical Transmission，AMT）。它是把传统有级式齿轮变速器的换挡过程实现自动化，在本质上仍是一种有级式机械变速器，仅有的差别是它的手动换挡变速被自动换挡变速所取代。

2）液力机械传动自动变速（Automatic Transmission，AT）。它是当前自动变速器的主导产品，通常采用液力变矩器加有级式行星齿轮传动的组合类型。行星齿轮机构传动借助摩擦元件，不必切断动力换挡，而液力变矩器可在一定范围内实现无级变速传动，尤其是在行星齿轮机构换挡导致变速器传动比突变时，液力变矩器的液体传动不会产生换挡冲击。由于它具有这些优点，因此在当今汽车（尤其在轿车）变速器中得到了广泛的应用。但是，它存在着传动效率低、结构复杂、制造成本高等一些不足之处还困扰着汽车界，这就促使人们去寻求更完善的自动变速传动类型。

3）全液压自动无级变速。它首先把发动机输出的机械能通过液压泵转化为液压能，然后由液压马达把液压能转化为机械能。这种全液压传动，机械部件少，结构紧凑，可以方便地用于前轮驱动、后轮驱动以及四轮驱动。但液压元件的价格较高，传动的效率偏低。所以，这种传动方案在汽车上并未得到广泛的应用。

4）机械式无级自动变速（Continously Variable Transmission，CVT）。它能按照汽车行驶要求，使传动比能自动地连续变化。它除了具有上述自动变速的优点外，还有利于实现发动机与动力传动系统的最佳动力匹配。目前，获得广泛应用的是金属带式无级自动变速传动。

第二节　有级机械式自动变速器

图 7-1 所示为传统的有级机械式变速器（MT）示意图，它主要包括动力输入轴、动力输出轴、传动齿轮（固定齿轮与同步器）和换挡机构。AMT 是在 MT 的基础上，直接把手动换挡机构改造为自动换挡机构。AMT 主要包括起步离合器执行机构、选挡执行机构、换挡执行机构及电子控制装置等。电子控制装置根据汽车的运行状态和驾驶员的操作意图，自动地把变速器的挡位换到合适的位置，并使汽车的燃油经济性、动力性及行驶平顺性达到最佳状态。

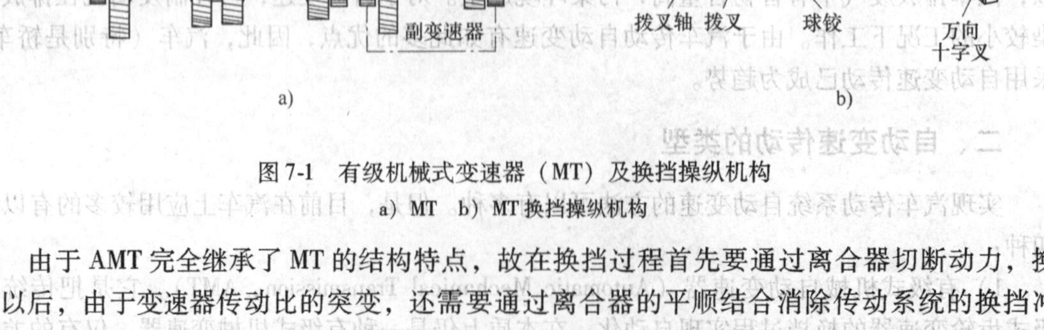

图 7-1　有级机械式变速器（MT）及换挡操纵机构

a) MT　b) MT 换挡操纵机构

由于 AMT 完全继承了 MT 的结构特点，故在换挡过程首先要通过离合器切断动力，换挡以后，由于变速器传动比的突变，还需要通过离合器的平顺结合消除传动系统的换挡冲击。为了解决 AMT 换挡过程不连续的问题，汽车设计工程师对传统的 MT 的结构进行了改进，采用双离合器方案（图7-2）。改进后的方案把变速器的换挡过程分为准备、过渡和换挡三个阶段，消除了换挡过程的不连续问题。AMT既有MT结构简单、加工制造工艺继承性好的特点，又具有AT在换挡过程动力不中断的特点。对轿车来说，双离合器结构是AMT的优选方案。对于AMT，除了起步离合器的操作、换挡执行机构与下面要讲述的AT不同外，其换挡规律及电子控制装置与AT类似，相关内容放在AT一节中介绍。

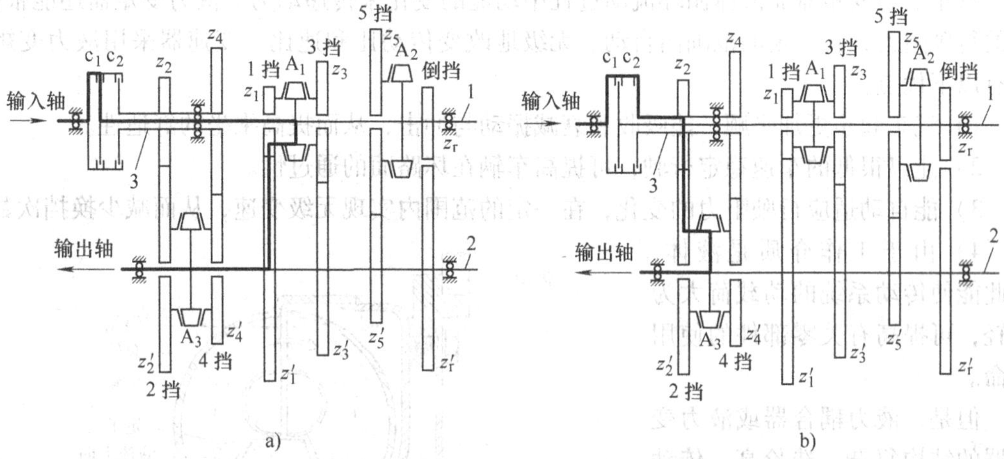

图7-2 双离合器有级式机械自动变速器（AMT）

第三节 液力机械传动自动变速器

为解决变速器换挡过程中，动力传动不连续和传动比突变引起传动系统冲击等问题，AT自动变速器采用液力变矩器加摩擦换挡元件的组合方式，典型结构如图7-3所示。

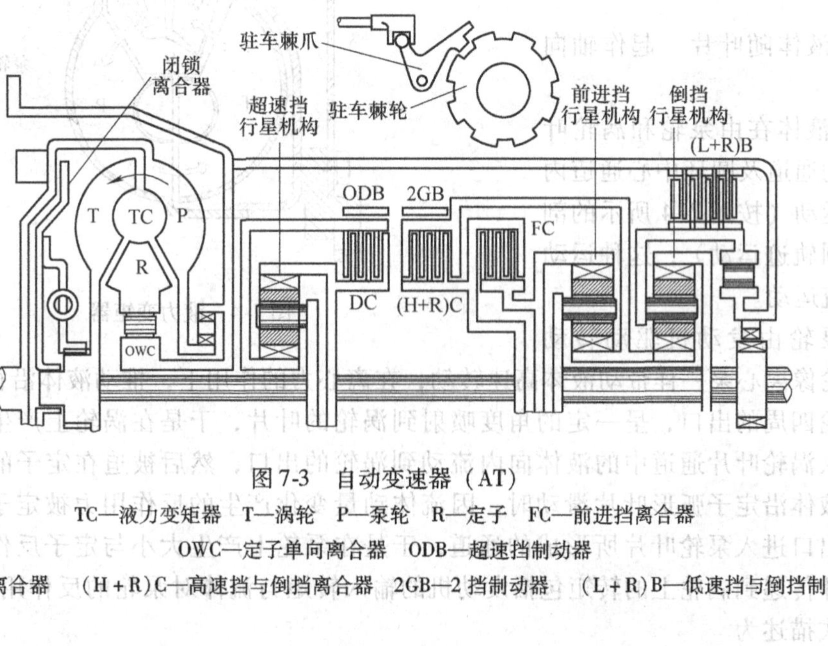

图7-3 自动变速器（AT）

TC—液力变矩器 T—涡轮 P—泵轮 R—定子 FC—前进挡离合器

OWC—定子单向离合器 ODB—超速挡制动器

DC—驱动离合器 (H+R)C—高速挡与倒挡离合器 2GB—2挡制动器 (L+R)B—低速挡与倒挡制动器

对于有级式自动变速器，关键技术包括液力变矩器、换挡规律、执行机构和电子控制装置，下面分述这四个方面。

一、液力变矩器

1. 液力变矩器的功能

汽车液力变矩器靠液体循环流动过程中动能的变化来传递动力。液力变矩器还能根据汽车的行驶阻力，在一定的范围内自动、无级地改变传动比和速比。变速器采用液力变矩器，具有以下优点：

1）汽车起步更加平顺，能吸收和衰减振动与冲击，从而提高乘坐的舒适性。

2）能以很低的车速稳定行驶，可提高车辆在坏路面的通过性。

3）能自动适应行驶阻力的变化，在一定的范围内实现无级变速，从而减少换挡次数。

4）由于工作介质是液体，因此能使传动系统的动载荷大为减轻，可提高有关零部件的使用寿命。

但是，液力耦合器或液力变矩器的结构复杂，造价高，传动效率低。

液力变矩器主要由泵轮、涡轮和定子组成，其结构如图7-4所示。

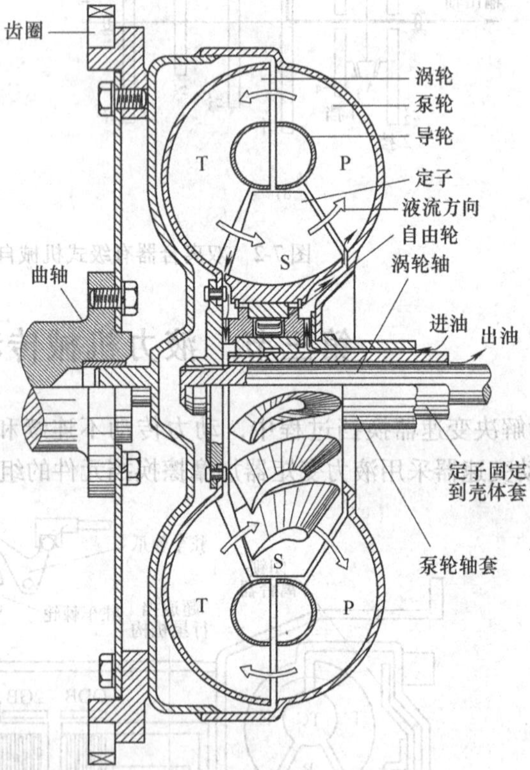

图7-4　液力变矩器

当发动机转动时，在液力变矩器中的液体存在以下两种运动：

1）液体随叶片一起作轴向转动。

2）液体在由泵轮和涡轮叶片组成的通道及圆环中心通道内作环形运动（按图7-4所示的剖切面内圆轨迹运动），这种运动又称涡流运动。

当泵轮由发动机驱动转动时，泵轮像离心泵一样带动液体高速转动，在离心力的作用下，推动液体沿径向叶片通道甩向泵轮四周的出口，呈一定的角度喷射到涡轮的叶片，于是在涡轮上产生一个转动力矩。进入涡轮叶片通道中的液体向内流动到涡轮的出口，然后被迫在定子的叶片之间流动，当液体沿定子弧形叶片滑动时，因流体动量变化产生的反作用力被定子吸收。流体从定子出口进入泵轮叶片所形成的通道，于是在泵轮上产生大小与定子反作用力相等的转矩。即传递到涡轮上的转矩包括发动机的输入转矩与流体对泵轮的反作用转矩两部分，用表达式描述为

$$T_t = T_e + T_r \tag{7-1}$$

式中，T_t 为涡轮输出转矩；T_e 为发动机转矩；T_r 为流体反作用转矩。

2. 液力变矩器的传动特性

液力变矩器的传动特性如图 7-5 和图 7-6 所示。三个常用来表示变矩器的传动特性的量分别为液力变矩器速比、转矩比及能量损失。液力变矩器的能量损失通常是用输入与输出功来测量，即它的传动效率用输入与输出功的百分比表示

$$\eta_{tc} = \frac{P_t}{P_e} \times 100\% \tag{7-2}$$

式中，η_{tc} 为液力变矩器传动效率；P_t 为液力变矩器输出功率；P_e 为发动机输入功率。

液力变矩器速比定义为涡轮输出转速与发动机的输入转速之比，即

$$r_s = \frac{n_t}{n_e} \tag{7-3}$$

式中，n_t 为涡轮输出速度；n_e 为发动机输入速度或泵轮速度。

液力变矩器转矩比定义为涡轮输出转矩与发动机的输入转矩之比，即

$$r_t = \frac{T_t}{T_e} \tag{7-4}$$

式中，T_t 为涡轮输出转矩；T_e 为发动机输入转矩。

由液力变矩器的传动特性（图 7-5 和图 7-6）可见，其传动效率偏低。为了解决液力变矩器效率低这一本质问题，汽车用液力变矩器一般都采用锁止离合器。带锁止离合器的液力变矩器及辅助液压控制系统如图 7-7 所示。图 7-7a 所示为离合器处于分离状态，图 7-7b 所示为离合器处于接合状态。图 7-8 所示为带锁止离合器的液力变矩器的传动特性。

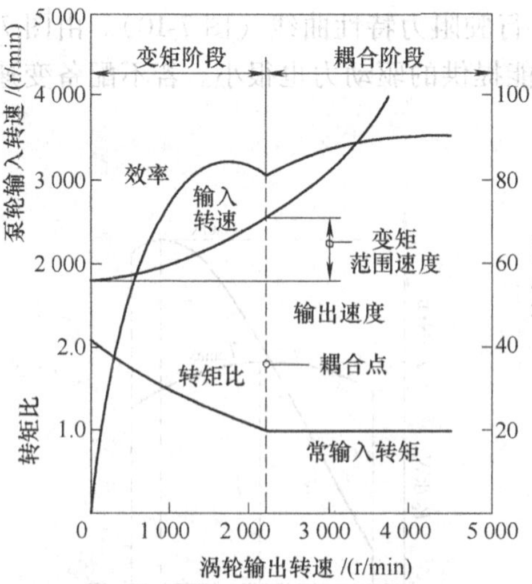

图 7-5　液力变矩器的传动特性

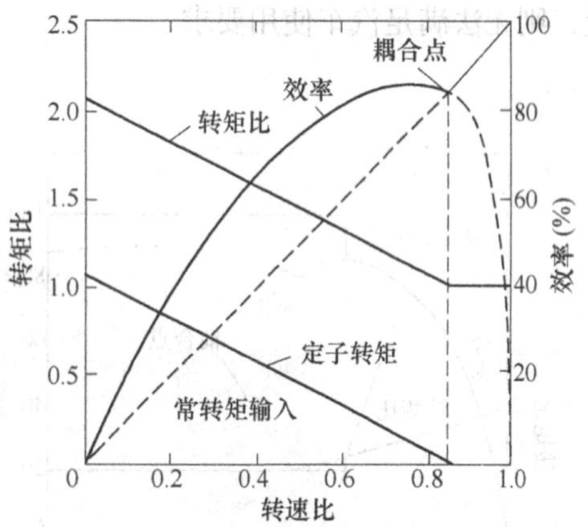

图 7-6　用速比和转矩比表示的液力变矩器的传动特性

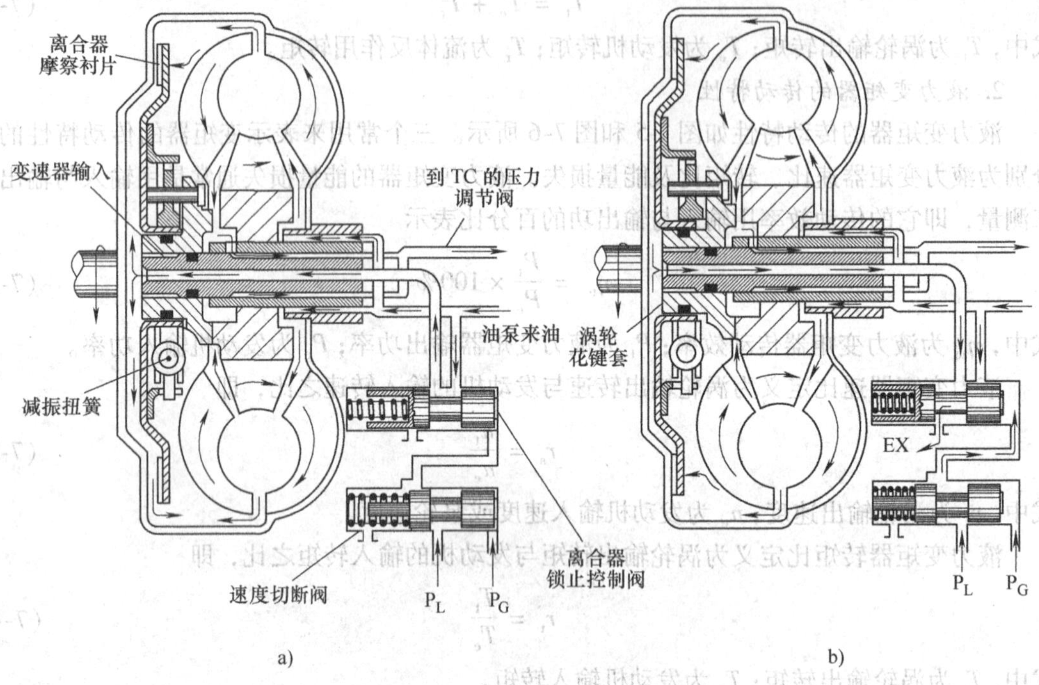

图7-7 带锁止离合器的液力变矩器

a）锁止离合器处于分离状态 b）锁止离合器于接合状态

二、发动机的输出特性及换挡规律

1. 发动机的输出特性

汽车动力装置所采用的活塞式内燃机的特性可由图7-9表示。根据它的特性曲线可作出汽车动力传动系统未装配变速装置的汽车驱动力-行驶阻力特性曲线（图7-10）。由图7-10可知，装有活塞式内燃机的汽车后备功率甚小，能提供的驱动力也很小。若不配备变速装置，则无法满足汽车使用要求。

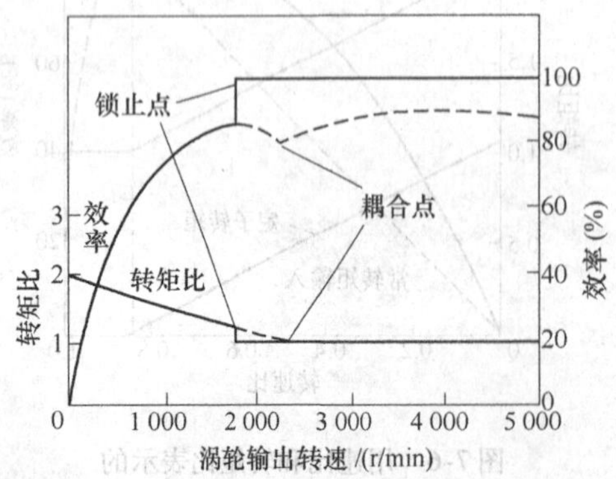

图7-8 带锁止离合器的液力变矩器的传动特性

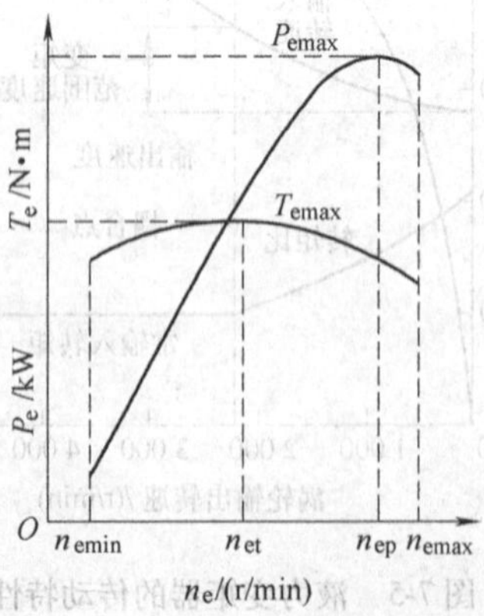

图7-9 活塞式内燃机外特性

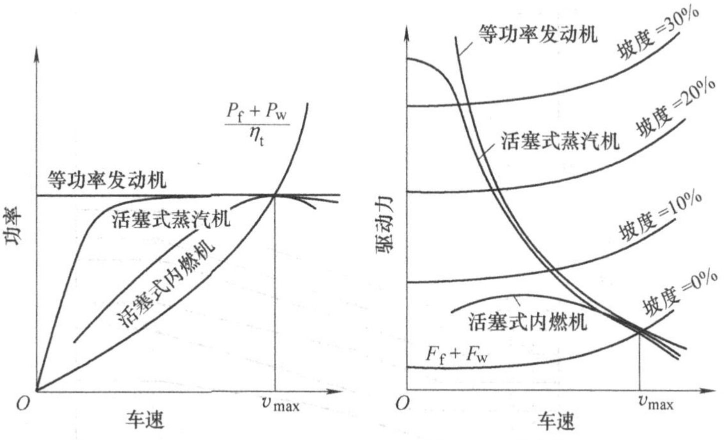

图 7-10　汽车驱动力-行驶阻力曲线

在图 7-10 中，同时也画出了装有活塞式蒸汽机或等功率发动机的同一汽车（无变速装置）的驱动力-行驶阻力特性曲线，并假设这两种发动机都具有所示的活塞式内燃机的最大功率。经比较可知，在相同速度下，装有活塞式蒸汽机的汽车具有更大的后备功率和驱动力。在低速下，若无轮胎-地面间附着状况的限制，可通过任何坡道，满足汽车行驶条件多变的要求。因此，人们称此为汽车动力装置理想特性。

由于活塞式内燃机具有工作可靠、结构紧凑、使用方便等优点，所以现代汽车几乎都采用活塞式内燃机作为动力装置。为了克服其特性的缺陷，一般汽车都装有变速装置，使其接近于理想的动力传递特性。图 7-11 所示为装有 5 速变速器汽车的动力传动特性与理想传动特性比较。从图 7-11 可知，当挡数无限增多时，即无级变速，可使活塞式内燃机汽车具有理想的传动特性。

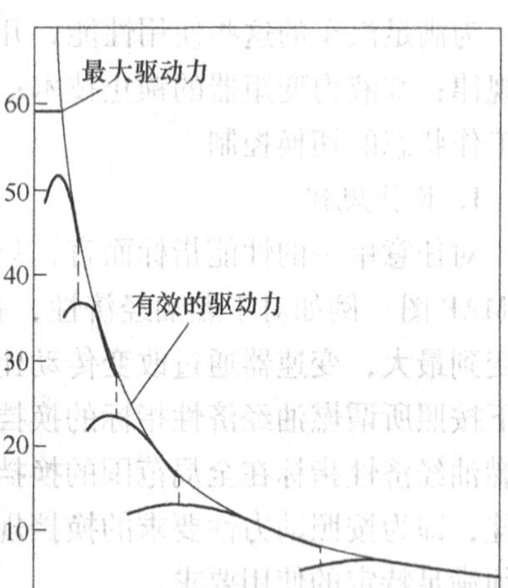

图 7-11　装有 5 速变速器汽车的动力传动特性与理想传动特性比较

2. 换挡规律

设有一 4 速变速器，挡位排序为 1、2、3、4。当传动器在 2、3 两个挡位工作时，换挡可能有降挡和升挡两种可能；工作在 1 挡，仅有升挡；在 4 挡，就仅有降挡。变速器从一个挡位换到另一个挡位由节气门开度和汽车行驶速度决定，目标是保证汽车在不同的使用条件下使其燃油经济性、动力性及可驾驶性的综合指标最佳。由节气门开度和汽车行驶速度两参数确定的换挡规律示意图如图 7-12 所示。对于变速器的实际换挡规律，它与发动机的特性、车辆（越野、货车、轿车、公共汽车）的使用条件、传动比的分配及节气门开度等有关，需要通过大量的标定试验确定。一般地，汽车在低速时，换挡点在给定的燃油消耗率的区间偏向减小发动机功率的位置。而在高速时，换挡点在给定的燃油消耗率的区间偏向增加发动机功率的位置。

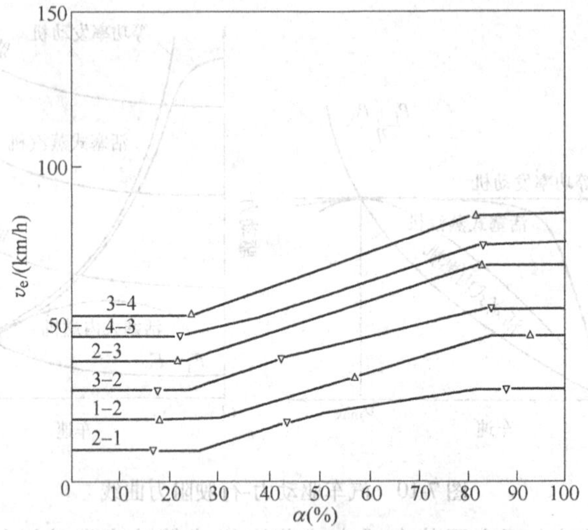

图7-12　变速器的换挡规律示意图

三、AT的关键控制技术

自动变速器（AT）根据发动机的输出功率和汽车的行驶阻力功率，按照驾驶员的操作意图，自动改变变速器的传动比，使汽车的燃油经济性、动力性及平顺性的综合性能达到最佳。为满足汽车的这些使用性能，开发变速器电子控制系统的关键技术包括：①变速器的换挡规律；②液力变矩器的锁止技术；③换挡过程中，实现动力连续传动，换挡元件进入和退出工作状态的切换控制。

1. 换挡规律

对任意单一的性能指标而言，只要通过精确的标定试验，就可以确定按该性能指标换挡的MAP图。例如对于燃油经济性，就是发动机节气门开度给定以后，汽车的行驶阻力从最小变到最大，变速器通过改变传动比使汽车的燃油经济性最佳，于是就得到在固定节气门开度下按照所谓燃油经济性指标的换挡规则。当节气门连续从最小到最大变化，就得到汽车按照燃油经济性指标在全局范围的换挡MAP图。同理，变速器通过改变挡位使汽车的动力性最佳，即为按照动力性要求的换挡规则。无论是燃油经济性要求，还是动力性要求，汽车还必须满足特定的使用要求。

（1）平顺性要求　平顺性不是一个独立的性能指标，它是在提高汽车燃油经济性和动力性指标的同时，必须要考虑的约束条件。

（2）可控性要求　驾驶员操纵加速踏板，希望车速与节气门开度有一定的对应关系，准确反映驾驶员的操作意图。实际上，汽车的行驶状态和驾驶员的操作意图是动态变化的，更为复杂的情况是如何跟随驾驶员的操作意图和汽车的行驶状态自动修正换挡规则。可见，最后实现的换挡MAP图一定是基于燃油经济性、动力性MAP图，并按照某一规则叠加得到的。一般地，在小节气门开度，应接近燃油经济性换挡MAP图，而在大节气门开度，则偏向于动力性MAP图。当节气门开度变化平缓（如定节气门开度），换挡规律应接近燃油经济性要求。反之，节气门开度变化速度较快，则换挡规则就趋向动力性要求。

2. 变矩器锁止技术

液力变矩器是最佳的缓冲装置，并使汽车具有最佳的起步特性，其本质缺陷是传动效率较低。锁止离合器是为了发挥液力变矩器的优势并能有效克服其本质缺陷的附加装置，通过自动控制系统，在满足一定条件时锁定液力变矩器，实现直接动力传动。锁止离合器的控制需考虑以下信息：

1）液力变矩器的传递特性。

2）使整车动力性与燃油经济性达到最佳状态。

3. 换挡控制

变速器从一个挡位换到另一挡位，由于变速器的传动比突变，在同一旋转轴线上的两个运动件的转速不等将产生传动冲击。为了实现动力的平稳传递，对即将退出的传动元件，要先经历一个部分接合的过程，再全部退出工作状态。而对于接替的传动元件，则由一个部分接合的过程慢慢过渡到全接合工作状态。退出的传动元件与接替的传动元件存在一个重叠的工作阶段，如升挡时传动元件的接替工作顺序如图 7-13 所示。换挡过程可分为三个阶段：换挡预备阶段、过渡阶段和事后调节阶段。在预备阶段，即将退出工作的传动元件（多片离合器/制动器）的接合压力降低至标准压力（线压）的 3/4 左右，同时把将要接替工作的传动

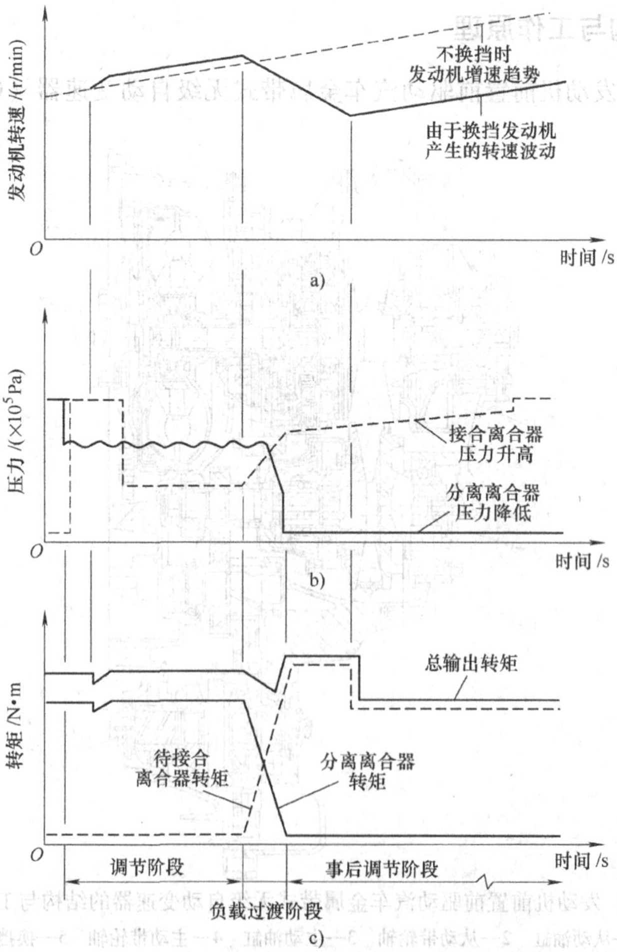

图 7-13 升挡动力元件接替工作顺序

元件瞬间升至工作压力，保持很短的时间后迅速降低至1/2线压（缩短换挡过渡时间）。接替的元件虽然施加了接合压力，但传递转矩要比接合压力滞后一定时间，所以当退出的传动元件减压时，变速器实际传递的转矩下降，从而导致发动机出现瞬时小幅增速过程。在预备换挡的继续阶段，发动机转速继续保持原有的增速趋势。换挡过渡阶段，接替传动元件快速增压，退出元件仍在传递部分转矩，接替元件开始逐步进入工作状态，传动器由当前挡位向高一级挡位过渡，并出现两个挡位同时接合而导致运动干涉，使发动机负载增加，发动机转速下降。待系统检测到发动机转速下降时，退出元件接合压力快速降压，直至接替元件的接合压力升至3/4线压时，退出元件立即泄压力（未为零的压力是管路的剩余压力），接替元件转入缓变增压过程。至此换挡过渡阶段结束，进入到事后调节阶段。在事后调节阶段，接替元件保持为缓变增压过程，直至接近线压，接合压力跳变到线压，到此换挡过程结束。需要说明的是，压力重叠的过程不能太长，也不能太短。太长会导致传动元件的扭转造成过大的内部应力；而太短，则会出现瞬间动力中断，发动机空转突然增速。换挡重叠过程需要通过试验才能最后确定。

第四节　金属带式无级自动变速器

一、基本结构与工作原理

图7-14所示为发动机前置前驱动汽车金属带式无级自动变速器（CVT）的结构与工作

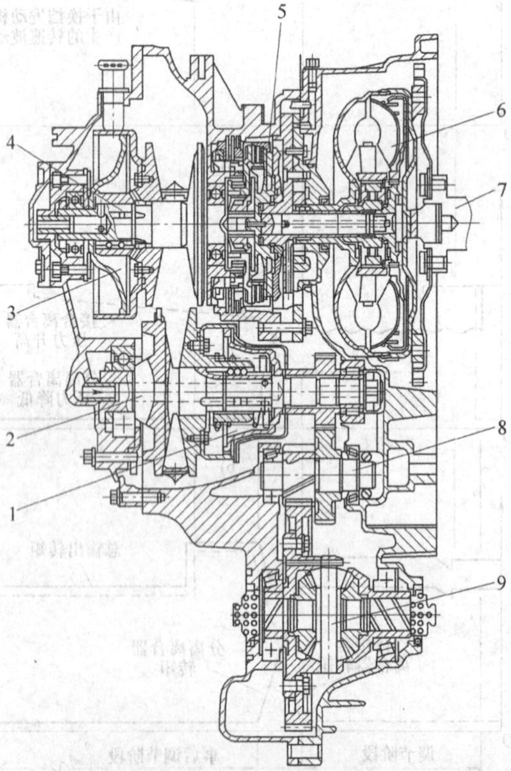

图7-14　发动机前置前驱动汽车金属带式无级自动变速器的结构与工作原理图

1—从动油缸　2—从动带轮轴　3—主动油缸　4—主动带轮轴　5—换挡机构
6—液力变矩器　7—发动机输入轴　8—中间轴（减速）　9—差速器

原理图，形式上与V形橡胶带式无级变速传动相类似。CVT的主、从动工作轮由固定和可动的两部分组成，形成V形槽，与金属带啮合。当主、从动工作轮可动部分作轴向移动时，改变了传动带的回转半径，从而可以改变传动比。可动轮的轴向移动是根据汽车使用要求，通过液压控制系统进行连续的调节，实现无级变速传动。

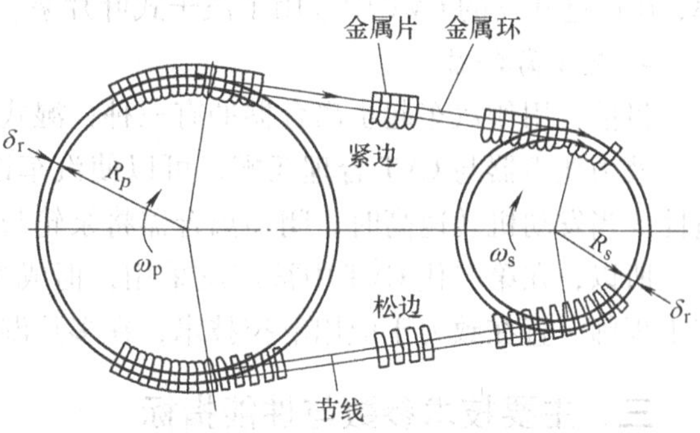

图7-15 金属带传递转矩的方式

在这种无级变速传动中，两轴工作轮间的动力传递不是依靠金属带的拉力而是推力来实现的，传递转矩的方式如图7-15所示。

二、关键部件

1. 金属带

金属带由多个金属片和两组金属环组成，如图7-16所示。每个金属片的厚度为1.4mm，在两侧工作轮的挤压力作用下传递动力。每组金属环由数条厚度为0.18mm的薄环带叠合而成，在动力传递过程中，主要被用来把金属片约束在一起，并正确地引导金属片的运动。

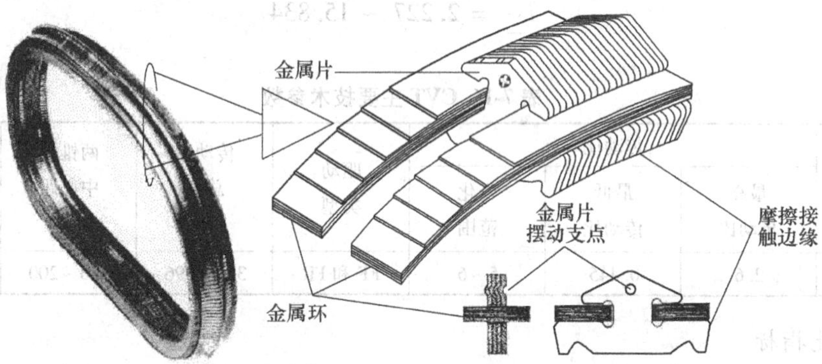

图7-16 金属传动带

2. 工作轮

主、从动工作轮由可动和不动两部分组成（图7-17），其工作面大多为直线锥面体。在液压控制系统的作用下，依靠钢球-滑道结构作轴向移动，可连续地改变传动带的工作半径，实现无级变速传动。

图7-17 传动带及锥轮总成

3. 液压油泵

液压油泵为CVT提供控制、冷却和润滑的液压油源。常用的液压油泵有两种形式，即齿轮泵和叶片泵。为了提高液压油泵的工作效率，在最近开发的CVT中采用了滚子式叶片泵。

4. 起步离合器

目前，用作汽车起步离合器的有三种：湿式多片离合器、电磁离合器和液力变矩器。

液力变矩器与CVT合理匹配，可以使汽车以足够大的牵引力平顺地起步，提高驾驶舒适性。当发动机转速高时，闭锁离合器将泵轮与涡轮锁住成为整体进行传动，提高了传动效率。所以，在第二代CVT中被广泛采用，但成本较高。为降低汽车传动器的生产成本，汽车工程师一直在致力于应用电控技术，在多片湿式离合器上实现液力变矩器的传递特性。

三、主要技术参数与性能指标

1. 主要技术参数

目前，CVT的主要技术特性参数见表7-1。为了满足汽车的使用要求，通常还配有中间齿轮传动副，其传动比范围为

$$i_c = 1.3 \sim 1.4$$

与其相匹配的主传动器传动比范围为

$$i_0 = 3.85 \sim 4.35$$

加上CVT的传动比为

$$i_{cvt} = 0.445 \sim 2.6$$

最后得到CVT的总传动比为

$$i_{\sum} = 2.227 \sim 15.834$$

表7-1　CVT主要技术参数

发动机工作容积/L	传动比			驱动类型	传动器总长/mm	两锥轮中心距/mm	传动器总重/kg
	最高传动比	最低传动比	变化范围				
0.6~3.3	2.6	0.445	5~6	FF和FR	350~396	146~200	49~58

2. 性能指标

为考察CVT在汽车中应用的实际效果，各国汽车厂都对其进行了对比试验。即同类汽车分别装备CVT、手动机械变速器和液力机械自动变速器，在同等条件下进行性能比较，结果综合如下：

（1）燃油经济性　日本富士重工Subaru Justy、福特Fiesta、德国ZF公司装用CVT-CFT20E型轿车、美国Chrysler Voyager、德国大众汽车公司Golf VR6及法国Renault Safrane几家汽车公司的汽车在装用CVT前、后的燃油经济性试验结果为：装用CVT汽车的燃经济性比自动变速（AT）汽车提高约8%~12%，与机械变速（MT）汽车相当。

（2）动力性　几种不同车型以汽车加速性能作为评价指标，在同样条件下的试验结果为：装用CVT的汽车加速性能（0~100km/h）比装用AT的汽车加速性能提高7.5%~11.5%，在速度较高时还略优于MT汽车。

（3）传动效率　变速装置本身的传动效率将影响汽车的燃油经济性和动力性。与机械变速器相比，CVT除机械传动外，额外的液压控制系统要消耗相应的能量，金属带的摩擦

损失也要消耗部分能量，所以无论金属带式 CVT 如何完善，它本身的传动效率一定低于机械变速器的效率，最多只能接近机械变速器的效率。近年来采用滚子叶片泵和全电子控制技术，其传动效率已接近机械变速器效率。目前，CVT 传动技术已日趋成熟，采用最优设计的 CVT 汽车的综合性能明显优于 5 速 AT 汽车，两者的比较结果如蜘蛛图 7-18 所示。

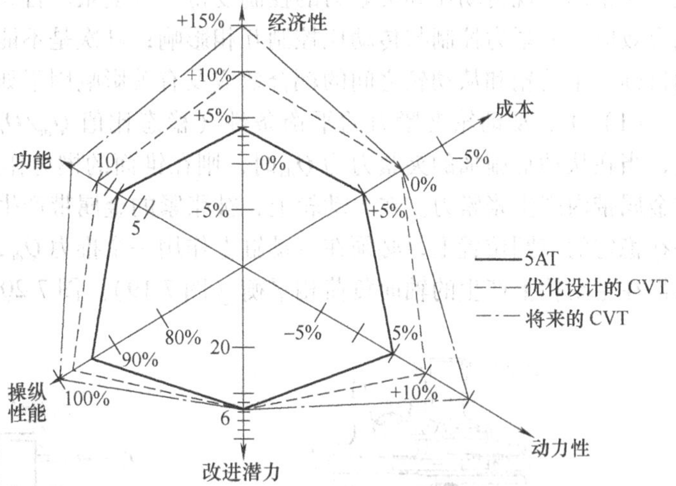

图 7-18　5 速 AT 与 CVT 综合性能比较蜘蛛图

（4）排放　由于 CVT 具有较宽的传动比变化范围，并能根据汽车行驶阻力按照驾驶员选定的工作模式连续地改变传动比，使发动机输出功率和汽车行驶阻力达到最佳匹配，保证发动机始终平稳地处在最佳工况下工作。这样，不仅可改善汽车燃油经济性，而且极大地改善了发动机排放。据 ZF 公司资料，汽车装备 CVT 后，其有害排放物比装备 4 速自动变速器将减少 10% 左右。

综上所述，由于 CVT 具有很多优越性，在当前技术条件下装备 CVT 的汽车可以达到：

1）比手动机械变速器具有更好的动力性、燃油经济性。

2）比液力机械自动变速器具有更便宜的价格，更优的性能。

3）比有级变速器具有更低的排放。

4）具有最佳的驾驶舒适性。

四、CVT 控制目标

CVT 的两个主要任务是：①把发动机输出功率可靠地传递到驱动轮，并尽可能减小功率损失；②根据汽车的运行条件，按照驾驶员选定的工作模式自动改变传动比，使发动机维持在理想的工作点。

由此决定了 CVT 控制问题可归结为如下两个目标：

（1）金属带夹紧力控制　对于金属带式摩擦传动，为了提高传动效率，必须合理控制对金属带的夹紧力。如果夹紧力过小，则金属带在带轮上滑转。这不仅降低了传动效率，还加快了金属带与带轮之间的磨损，缩短了金属带与带轮的使用寿命。而夹紧力过大，则金属带推力片与带轮之间的滑动将增加不必要的摩擦损失，也增加不必要的液压功率损失。同时，还会导致金属带的张力过大，缩短金属带的使用寿命。根据汽车的运行条件，始终把夹紧力控制在目标值的小范围内是 CVT 的第一个控制问题。

（2）传动比控制　在汽车的所有运行工况下，按照驾驶员的操作意图自动实现动态最佳匹配或传动比精确控制，把汽车的燃油经济性、动力性发挥到极限状态，这就是 CVT 的第二个控制问题。

CVT 从形式上看类似于 V 带传动，但由于金属带特殊的结构和不同于传统带传动的原理，使精确实现传动比和夹紧力的控制变得十分复杂。首先是因为夹紧力与传动比控制存在耦合效应，夹紧力控制与传动比控制互相影响；其次是不能用解析式精确描述它们期望的控制目标。主动轮和从动轮之间的耦合效应及有关影响因素如下：

（1）主、从动轮夹紧力的平衡条件（稳态比值 Q_{dr}/Q_{dn}） 由于金属带的长度为一定值，当在从动缸施加的夹紧力为 Q_{dn}时，则在锥面的楔力作用下，使金属带向外移动，于是在金属带内产生张紧力。在主动轮上，被张紧的金属带产生向里运动的趋势。为使金属带维持在稳定的节圆位置上，必须在主动缸上作用一个推力 Q_{dr}，使它与从动缸的推力 Q_{dn}通过金属带在主动轮上产生的轴向负荷相平衡（图 7-19）。图 7-20 所示为推力块上的作用力。

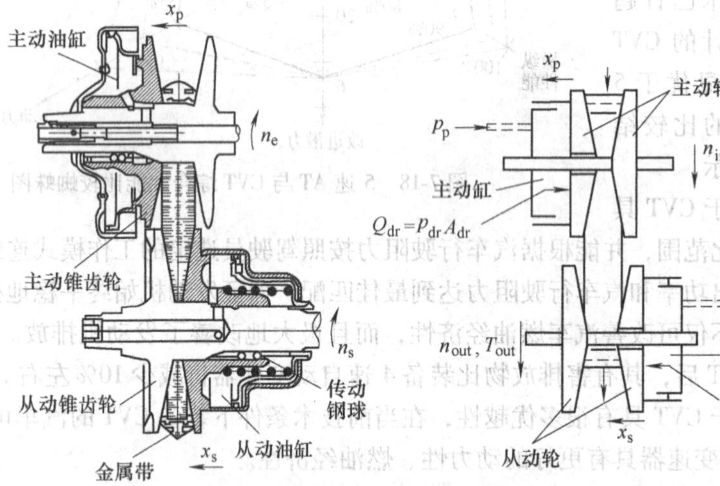

图 7-19 主、从动缸推力平衡关系

（2）金属带传递的转矩与目标夹紧力 通过理论分析可以得出，当从动轮的夹紧力给定以后，金属带能传递的最大转矩为

$$T_{in}^{*}=\frac{2Q_{dn}\mu_{dr}R_{dr}}{\cos\alpha} \tag{7-5}$$

如果实际传递的转矩为 T_{in}，则它与可能传递的最大转矩 T_{in}^{*} 之比定义为转矩比，即

$$r=T_{in}/T_{in}^{*} \tag{7-6}$$

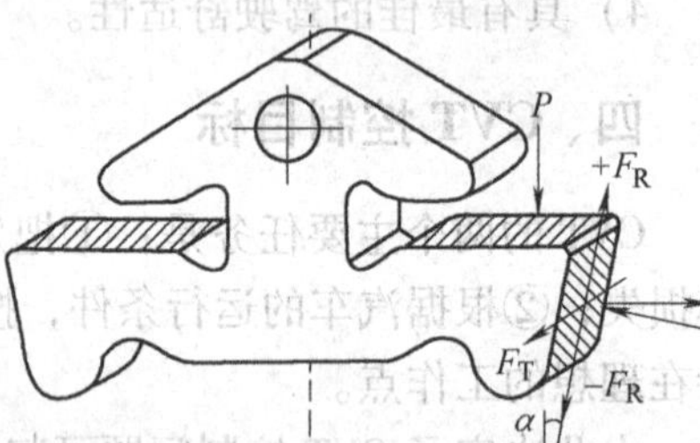

图 7-20 推力块上的作用力

一般地，只要金属带传递的转矩比满足 $r=T_{in}/T_{in}^{*}<1$，金属带就不会出现滑转损失。但是过大的传动余量，会使金属带过度张紧，结果不仅使金属带的使用寿命缩短，也会使 CVT 的效率降低。所以，精确控制金属带传递转矩比 r，并使 r 趋近于1，这就是金属带夹紧力控制的基本思想，式（7-5）即为金属带夹紧力控制的最粗略依据。实际上，当从动缸的压力给定以后，金属带能传递的最大转矩取决于许多因素。为了精确控制金属带的传递能力，恰好与发动机的输出转矩一致，最直接、最有效的方法是在各种不同条件下通过试验，精确标定 CVT 的传动效率与金属带夹紧力之间的关系，并把试验结果整理成数据 MAP 图。式（7-5）虽然简单地给出了金属带夹紧力的计算依据，但精度较低。最大限度地提高 CVT 的传动效

率是现代汽车技术不断追求的目标，所以 CVT 一般是基于精确标定的数据 MAP 图来实现金属带夹紧力控制的。

(3) CVT 的目标传动比 传动装置的传动比定义为主动轮的转速与从动轮的转速之比，即

$$i = \frac{n_{dr}}{n_{dn}} = \frac{n_e}{n_{out}} \tag{7-7}$$

式中，n_{dr} 为主动轮输入速度；n_{dn} 为从动轮输出速度；n_e 为发动机输出速度；n_{out} 为从动轮输出速度。

传动比也可用主、从动轮的节圆半径比来表示。当从动轮处于最大节圆半径位置，主动轮处于最小节圆半径位置时，得到的最大传动比为

$$i_{max} = \frac{R_{dn\ max}}{R_{dr\ min}} \tag{7-8}$$

通常 CVT 的最大传动比为 2.5。当主动轮在最大节圆半径，从动轮在最小节圆半径时，得到的最小传动比为

$$i_{min} = \frac{R_{dn\ min}}{R_{dr\ max}} \tag{7-9}$$

比值一般为 0.5。CVT 的传动比范围为 0.5 ~2.5。而 CVT 的目标传动比定义为

$$i_0 = \begin{cases} i_{max} & n_{e0}/n_{out} > i_{max} \\ n_{e0}/n_{out} & i_{min} < n_{e0}/n_{out} < i_{max} \\ i_{min} & n_{e0}/n_{out} < i_{min} \end{cases} \tag{7-10}$$

即发动机目标转速与从动轮实际转速之比。由式 (7-10) 可见，当发动机的目标转速确定以后，则 CVT 的目标传动比就随之确定。无论是采用经济模式还是动力模式，根据节气门开度和车速就可以容易地确定目标传动比。与 AT 情形类似，汽车的行使工况和驾驶员的操作意图是一个动态变化过程。显见，CVT 不是工作在一个固定的匹配模式，或明显地从一个模式切换到另一个模式，而是根据汽车的行驶工况和驾驶员的操作意图，在典型匹配模式的基础上，按照某种规则进行修正。此外，CVT 是无级的，AT 是有级的，这是两者换挡规律之间的不同之处。但两者共同之处都是为了使整车的燃油经济性与动力性，按照驾驶员选定的操作意图达到最佳的匹配。目前，国内尚无自主开发自动变速器的能力，中国汽车工业正期待掌握自主开发的自动变速器。

五、CVT 的几个关键问题

1. 金属带回位

由于金属带在速度为零时不能变速（目前，也有些 CVT 设计把起步离合器后置解决这个问题），如果停车时金属带处在高速挡位置，在下一次必然会出现汽车在高速挡起步，导致起步冲击。所以汽车停止以前，必须把金属带驱动到最低挡位置，即金属带回位。当停车制动时，需要计算汽车的初始速度和制动时车轮的角减速度等信息，汽车制动时的负加速度为

$$a = -\frac{dv_e}{dt} \tag{7-11}$$

停车所用时间为

$$t_0 = \frac{v_e}{a} \tag{7-12}$$

为了保证 CVT 在 t_0 时间内把传动比从当前传动比推至最大传动比，对计算得到的停车时间 t_0 计入一个余量，最后得到汽车停车时 CVT 的传动比变化率为

$$\frac{di}{dt} = \frac{i_{max} - i}{t_0 - c} \tag{7-13}$$

式中，c 为大于零的常数，以保证汽车在停车之前把 CVT 的传动比从当前位置调到最低挡传动比。

图 7-21 所示为停车制动传动比的控制策略。

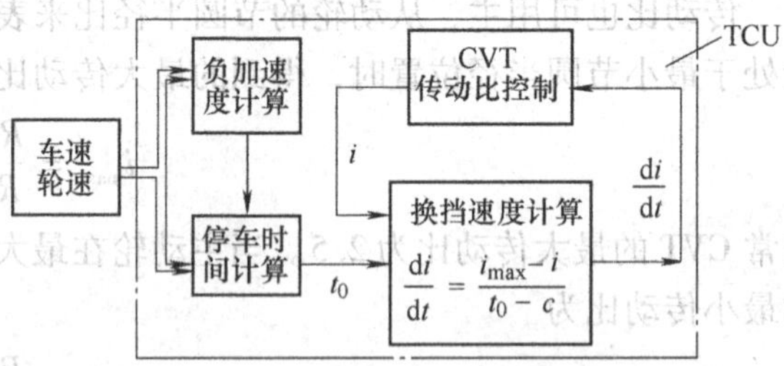

图 7-21　停车制动传动比的控制策略

2. 控制油缸的动压补偿

当主、从动缸高速旋转时，主、从动缸的液体（图 7-22）由于离心力的作用产生的动压力为

$$p_d = \frac{1}{2}\rho\left(\frac{\pi n}{30}\right)^2(R_2^2 - R_1^2) \tag{7-14}$$

式中，ρ 为油液密度；R_2为油缸外径；R_1为油缸内径。

如果发动机转速 $n_e = 5\ 000 \text{r/min}$，CVT 的传动比为 0.5，则从动轮的转速可高达 10 000r/min，按照 $R_2 = 0.07\text{m}$，$R_1 = 0.03\text{m}$，$\rho = 860\text{kg/m}^3$，计算得

$$p_d = 430 \times \left(\frac{\pi \times 10\ 000}{30}\right)^2 \times (0.07^2 - 0.03^2)\text{MPa} = 1.886\text{MPa}$$

这相当于从动缸控制油压的变化范围。对于主动缸，由于它的面积近似为从动缸的两倍。如果按两倍计算，则得主动缸的动压为

$$p_d = 430 \times \left(\frac{\pi \times 5\ 000}{30}\right)^2 \times (0.094^2 - 0.03^2)\text{MPa} = 0.936\text{MPa}$$

其变化幅值也很大。可见，如果不采取相应的措施，则由于离心力作用产生的动压分布（图 7-22）将影响对夹紧力和传动比的精确控制。所以，为了解决高速时流体产生的动压对控制精度的影响，CVT 主、从动油缸通常采用动压补偿油室（图 7-23）来抵消离心力的作用。但在某些设计中，主动缸没有补偿油室，只是在主动缸控制策略中加入了补偿措施。

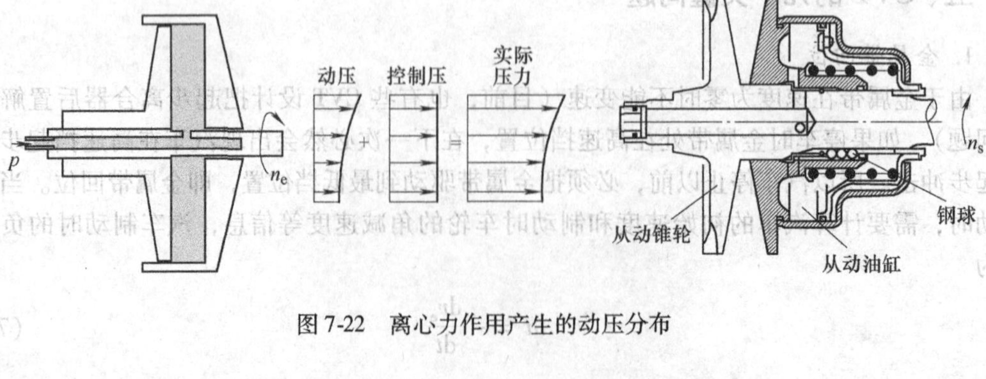

图 7-22　离心力作用产生的动压分布

3. 电气故障备用安全措施

当电气系统出现故障（如电源供电不足，线路松脱）时，为确保系统仍能正常工作，设计时必须采用特殊措施，保证 CVT 仍然可以工作，汽车可以低速行驶到车库或修理车间，解决中途抛锚导致十分麻烦的拖车问题。

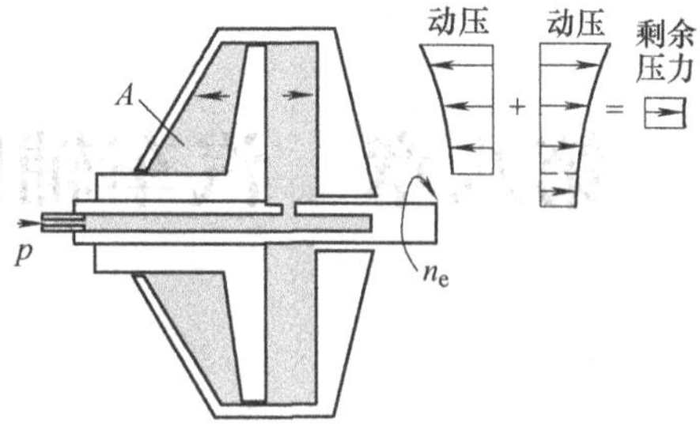

图 7-23　离心力产生的动压补偿措施

4. 起步离合器控制

起步离合器是自动变速器最具有挑战性的关键技术之一。起步离合器应满足下列功能：

1）接合动力平顺，分离动力彻底。

2）接合时发动机不停车、不空转。

3）接合速度能随驾驶员的操作意图变化而变化，给乘员以舒适、平顺的感觉。

4）上坡起步不溜坡，发动机不熄火。

5）可靠的低速爬行功能，帮助车辆平稳越障。

6）限制传递最大的转矩。

为满足上述功能，各汽车生产公司根据各自的专长，将有不同的设计方案。例如在传动系统中加入液力变矩器，这样离合器和制动器就成为简单的前进-倒退机构。但由于传动系统部件增多，结果使汽车的生产成本增加。为降低生产成本，又能达到接近液力变矩器的性能指标，随着汽车电子技术的发展，汽车工程师们一直在寻求电子控制技术来满足起步离合器的多种功能。比较成功的示例有本田飞度、大众奥迪，它们都是基于多片湿式离合器的设计方案。

第八章　汽车辅助装置的电子控制系统

第一节　汽车电子空调

一、汽车空调概述

1. 汽车空调系统的基本组成

汽车安装空调系统的目的是调节车内空气的温度和湿度，改善车内空气的流通，并且提高空气的洁净度。因此，汽车空调主要由以下几个部分组成。

（1）冷气系统　冷气系统是为解决汽车在炎热季节调节空气用的制冷装置，它为车厢创造了一个舒适的环境，以减轻乘客和驾驶员的疲劳，从而提高了行车安全性。

（2）暖气系统　暖气系统主要用于冬季汽车驾驶室和车厢的供暖、风窗玻璃除霜以及改善发动机的低温起动性能，以改善驾驶员的工作条件和提高乘坐舒适性。

（3）加湿装置　加湿装置用于在空气湿度较低的季节对车内空气进行加湿，以提高空气的相对湿度。

（4）空气净化装置和通风装置　空气净化装置用来除去车内空气中的尘埃、异味，使空气变得清洁。通风装置将外部新鲜的空气吸进车内，起通风和换气的作用。通风设备是汽车空调系统中唯一不分季节而长期运转的设备，直接影响到乘员的舒适性和运行的经济性。

2. 汽车空调系统的控制

为了使空调装置充分发挥作用，必须进行多方面的控制和协调。汽车空调各种控制项目的内容和方法见表8-1。

表8-1　汽车空调各种控制项目的内容和方法

控制项目	控制内容及目的	控制手段和方法
外气引入量	通风换气与防止车窗起雾，快速制冷与采暖时的内气循环	转换内、外气门
配风工况	冷、暖气出风口的转换，除霜与采暖的转换	转换风门
制冷温度 结冰防止	控制制冷循环能力与防止蒸发器结冰	控制压缩机开关 固定蒸发压力
出风口温度	控制出风口温度和车厢内的温度	热水流量控制阀 空气混合法
送风机速度	控制送风能力、温度分布、送风距离	改变电路电阻

汽车空调的控制方法总体上可分为手动控制和自动控制。手动控制是指驾驶员调节和操纵汽车空调的风机转速、出风温度及送风方式等功能。随着汽车电子技术的发展，在追求汽车舒适化的今天，越来越多的汽车采用了电控自动空调。电控自动空调利用传感器随时检测车内温度以及车外环境温度的变化，并把检测到的信号送给空调的电控单元（ECU），ECU则按照预先编制的程序对信号进行处理，并通过执行元件，不断地对风机转速、出风温度、送风方式及压缩机工作状况等进行调节，从而使车内温度、空气湿度、通风状况始终保持在驾驶员设定的水平上。

二、汽车空调系统常用的控制元件

1. 温度控制器（恒温器和温度开关）

温度控制器是汽车空调系统中用于温度控制的一种开关元件，可用于检测大气温度和车厢内温度。温度控制器有压力式和热敏电阻式等。

（1）压力式温度控制器（波纹管式温度控制器）　压力式温度控制器由感温受压部件、温度设定调节机构和触点部分组成。

感温受压部件又称驱动部件，主要由温度传感器、毛细管和波纹管组成（图8-1）。其内充感温介质，感温管的一端插入蒸发器翅片之间，感受蒸发器表面的温度。当温度传感器感受到蒸发器表面的温度时，通过感温介质温度的变化使得波纹管内压力发生改变，进而引起波纹管的伸长和缩短，从而将此信号传递出去。

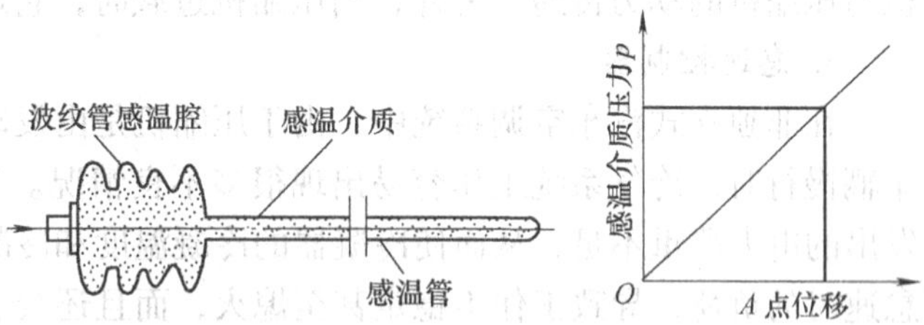

图8-1　感温受压部件

温度控制器的温度设定调节机构（简称调温机构）主要由凸轮、转轴和调节螺钉等组成。其功能是使温度控制器能在最低至最高温度范围内对任一设定温度起控制作用。

温度控制器的触点开关机构主要由触点、弹簧和杠杆等组成。其功能是通过触头的开关，以切断或接通压缩机上的电磁离合器电路。

温度控制器的工作原理如图8-2所示。其工作过程是：当流过的空气温度升高时，毛细管的气体膨胀，波纹管内压力上升，波纹管伸长；然后在波纹管的驱动下，安装在与波纹管相连的摆动框架上的动触点和安装在温度控制器壳体上的定触点闭合，电路接通，电磁离合器吸合，带动压缩机工作。若流过的空气温度降低时，其工作过程恰好相反。由于压缩机停止工作后，蒸发器表面温度又升高，到某一定值，触点又闭合，压缩机又开始工作。

控制温度定值的高低是通过调整主弹簧对感温腔内作用力的大小来决定的。

（2）热敏式电子温度控制器　热敏式温度控制的感温元件是热敏元件，装在蒸发器的外侧正面，用于检测蒸发器出口的空气温度。热敏元件的温度特性如图8-3所示，从图中曲

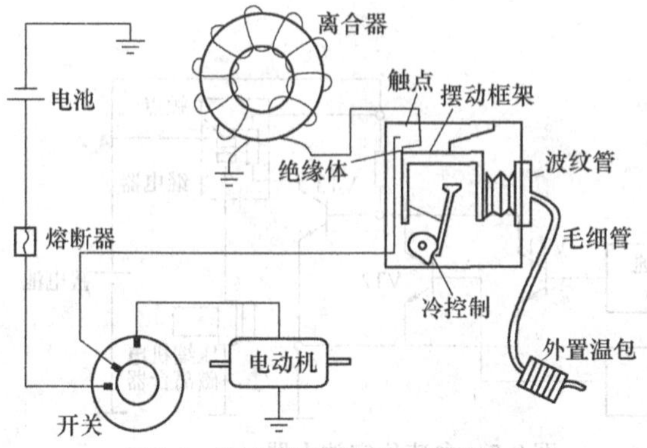

图8-2　温度控制器的工作原理

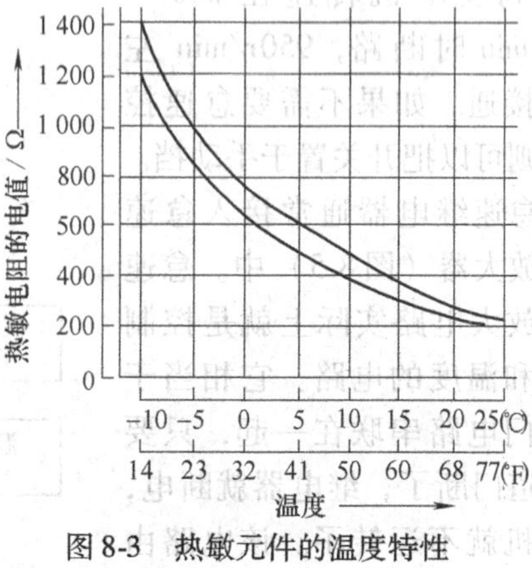

图8-3　热敏元件的温度特性

线可以看到，温度越低，热敏电阻的阻值越大，因而它是负温度系数元件。

热敏电阻将温度变化转换成为电阻变化，即转换成为电压变化。热敏电阻的电压加于怠速稳定电路的放大器，当热敏电阻的电压变化信号放大后，便可带动控制电磁离合器的继电器工作，达到对车厢内温度的控制。车厢内温度高低的调整是靠一个附加的调温电阻器调整的。

2. 电磁离合器

在非独立式汽车空调系统中，发动机的动力是通过电磁离合器传递给制冷压缩机的。它受控于空调 A/C 开关、温度控制器、空调放大器、压力开关等，在需要时接通或中断发动机与压缩机的动力传递。另外，当压缩机过载时，它还能起到一定的保护作用。

3. 怠速控制器

在非独立式汽车空调系统中，由于压缩机是由发动机带动的，因此当发动机处于怠速或车辆慢行时，冷气系统工作容易出现很多不良情况。发动机在低速或怠速时，散热效果差，发出的电力严重不足，从而使冷凝器的冷凝温度和冷凝压力异常升高，不仅增加了发动机在怠速时的负荷，导致工作不稳定甚至熄火，而且还会引起电磁离合器打滑或传动带损坏。因此，由发动机带动的非独立式汽车空调系统应该有低速自动控制装置进行保护。在发动机处于低速时，制冷系统停止工作，以保证发动机正常运转。或者采取措施加大节气门开度，提高怠速时的发动机转速，既能保证有足够的动力维持冷气系统的工作，又能保证自身的正常运转。怠速继电器和怠速转速提高装置就是用来实现这些功能的。

（1）怠速继电器　怠速继电器的主要功能是防止汽车怠速时由于压缩机负荷造成的发动机工作不稳定。它采用在发动机处于低速运转时自动切断电磁离合器电流，停止驱动压缩机的方法来稳定发动机的转速。这种方法利用点火线圈的脉冲数作为控制信号。怠速继电器的控制线路一般都接在点火线圈的负极，如图 8-4 所示。怠速控制器的外壳上面有一个调整开关，可以用来调整发动机的最低工作转速。一般是把它调整到发动机转速在 600 ~ 700r/min 时断路，950r/min 左右时接通。如果不需要怠速控制，则可以把开关置于手动挡。

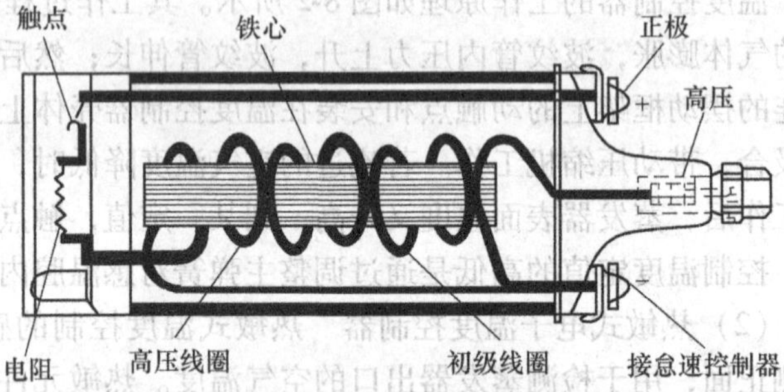

图 8-4　怠速控制线路与点火线圈相接示意图

怠速继电器通常接入怠速稳定放大器（图 8-5）中。怠速稳定放大电路实际上就是控制速度和温度的电路。它相当于两个门电路串联在一起，只要有一道门断了，继电器就断电，压缩机就不运转了。该电路由

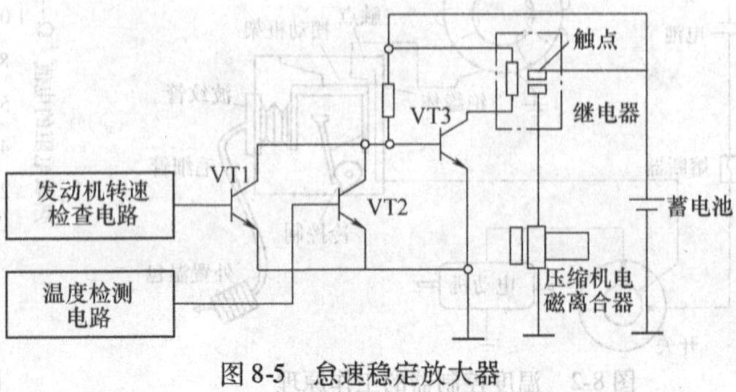

图 8-5　怠速稳定放大器

转速检查电路、温度检测电路和怠速继电器三部分组成。

转速检查电路用于检查在怠速情况下发动机的转速是否过低。当发动机怠速运转时，如果转速达不到规定的标准怠速转速，则该电路可自动切断冷气系统。当怠速转速上升到规定值，VT_1截止，VT_3导通，继电器接通，电磁离合器接合，制冷系统继续循环。发动机转速检测电路的作用就是测定上述转速。

温度检查电路利用热敏电阻检查蒸发器出风口处的空气温度，把空气温度转换为电信号。当蒸发器表面结霜或结冰时，热敏电阻的阻值发生变化，当电阻值达到一定值时，VT_2截止，VT_3导通，继电器线圈通电，从而接通电磁离合器。

（2）怠速转速提高装置　怠速继电器的作用是当发动机的怠速转速低于某一最低转速时，通过断开电磁离合器，使制冷压缩机停止工作，减小发动机的负荷。这种措施有时并不理想。有的汽车采用怠速时加大节气门开度，提高发动机怠速时的转速，使发动机带动制冷压缩机在怠速时仍能维持正常运作。

可以在化油器上安装怠速转速提高装置。它由冷气开关控制，一旦制冷压缩机转动，则令电磁阀加大化油器的节气门开度。当制冷压缩机停止转动，化油器的节气门又恢复到原来的怠速开度。还有一种方法是事先把节气门的开度调大，提高发动机的怠速转速。一旦调节好节气门开度，则无论是否使用制冷压缩机，发动机的怠速转速都是高的。这种措施不需要另外添加专门的控制设备，但是怠速时的油耗较高。

4. 真空控制元件

（1）真空电动机　真空电动机是真空控制系统的主要组成部分。图8-6所示为真空电动机的结构图。膜片把真空盒分成了两个互不相通的腔室，膜片一侧与推杆相连，另一侧装有弹簧。当弹簧处于松弛位置时（图8-6a），在弹簧的作用下，推杆保持伸长的状态；在起作用时（图8-6b），真空克服了弹簧力，压紧弹簧，推杆缩向腔内。推杆的位移可以拨动风门动作。

（2）真空控制阀　图8-7所示为真空控制阀原理图。在无真空的情况下（图8-7a），热水阀是关闭的，热水阀工作时，真空度可以控制热水阀开度。例如图8-7b，部分真空时，阀门部分地打开；完全真空（图8-7c）时，阀门则全部打开。

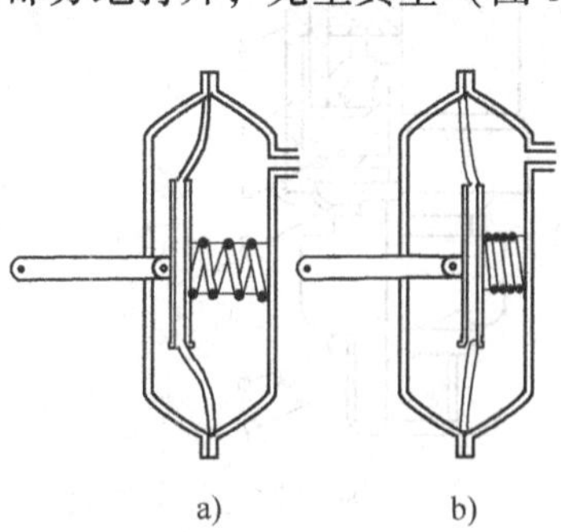

图8-6　真空电动机的结构图

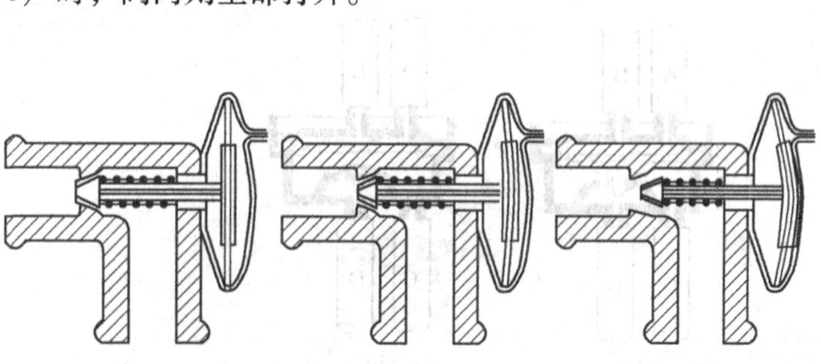

图8-7　真空控制阀原理图

（3）真空保持器　图8-8所示为真空保持器的结构示意图。真空保持器用于在发动机真空度降低时，关闭发动机的真空源。同时，膜片关闭真空转换器和伺服真空电动机之间的真空气路。其中，图8-8a是发动机具有正常真空情况时，受发动机真空的作用，膜片被推下来使A管和B管接通，由转换机构来的容许真空送到真空电动机去执行动作。图8-8b表示发动机吸气管真空降低，A管的真空度下降时，由于弹力的作用，膜片向上运动，同时，止回阀关闭，避免了D管真空损失。A管和B管之间的通路中断。

（4）真空转换阀（VSV） 有的轿车上，为了使冷气系统工作，发动机的最低转速略高于怠速，加装了一个真空转换阀（VSV）。其工作原理是：当冷气系统的开关断路时，转换阀的磁力消失，压缩弹簧把阀芯下压。这样负压作用于隔膜，通过杠杆使化油器的节气阀不受阻碍而能回到怠速位置。当冷气系统的开关接通时，转换阀的线圈有电流通过，阀芯受到磁力的作用上行。这样，隔膜两边的压力差为零，隔膜下的弹簧顶动杠杆，把化油器内的节气阀转移到比怠速时略为开大些的位置上，发动机转速提高。

5. 压力控制器

有些汽车为了使制冷系统运行正常和安全，通常设有压力开关电路。当制冷系统由于某种原因而导致压力升高时，如果没有安全措施，则将引起制冷系统运行事故。压力控制器又称为压力继电器或压力开关。它是冷气系统中的保护元件，其作用是当汽车空调冷气系统的压缩机吸、排气压超过规定值时，立即切断电磁离合器电路，使压缩机停止运转。

压力开关分为高压开关和低压开关两种，安装在制冷系统高压管路或低压管路上。

高压开关用来防止压力过高而使压缩机过载或系统管路被损坏。高压开关有常开触点型和常闭触点型两种。下面以常闭触点型为例，介绍高压开关的工作原理。

常闭型高压开关如图8-9所示。开关的触点串联在压缩机的电磁离合器中，压力导入口直接通过毛细管连接在高压管路上。当制冷系统高压正常时，压力开关的触点始终处于闭合状态，这就是称之为常闭触点型高压开关的原因。当由于某种原因使高压管路内的压力超过某一额定值时，在制冷剂高压作用下触点打开，以切断电磁离合器电路，压缩机停止工作，从而避免高压管路压力进一步升高，当高压管路压力恢复正常时，触点自动闭合，压缩机便可重新工作。

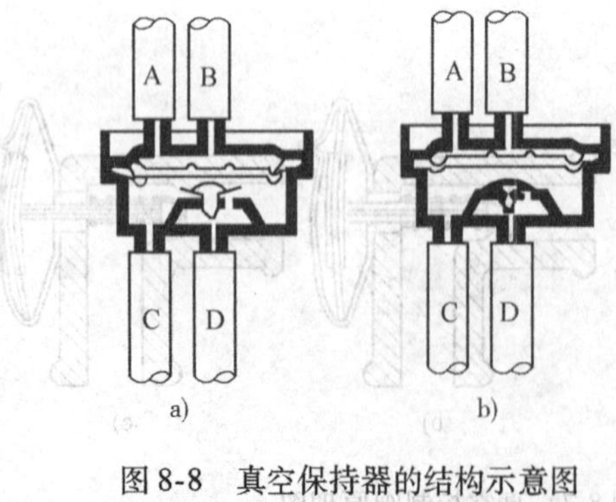

图8-8 真空保持器的结构示意图

A—到真空电动机 B—来自转换器的真空

C—发动机真空 D—止回阀真空

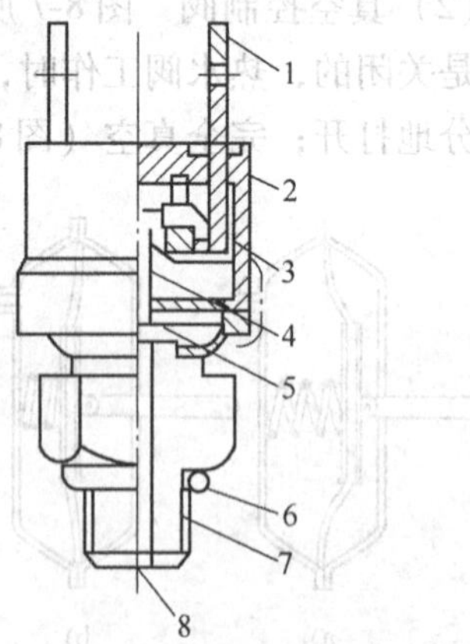

图8-9 常闭型高压开关

1—接线柱 2—外壳 3—触点 4—推杆

5—膜片 6—线圈 7—接头 8—压力导入口

低压开关也称为制冷剂泄漏检测开关。在汽车空调系统中，因制冷剂泄漏或其他原因而造成制冷剂系统中制冷剂极端缺少或完全没有时，如果继续使压缩机工作，则会引起压缩机由于润滑油循环不良而磨损加剧，甚至会烧毁压缩机。低压开关则可以在制冷系统严重缺少制冷剂时使压缩机停止转动，从而保护压缩机免于损坏。低压开关通常安装在冷凝器与膨胀阀之间的高压管路上或储液干燥器上，其触点同样串接在电磁离合器的电路中。当制冷系统的压力高于 0.21MPa 时，说明系统内有制冷剂，触点保持闭合，而当系统高压侧压力低于该值时，触点在弹簧的作用下断开，压缩机停止工作。

为了结构紧凑，有时把两个开关组合在一起，共用一个触头，如图 8-10 所示。

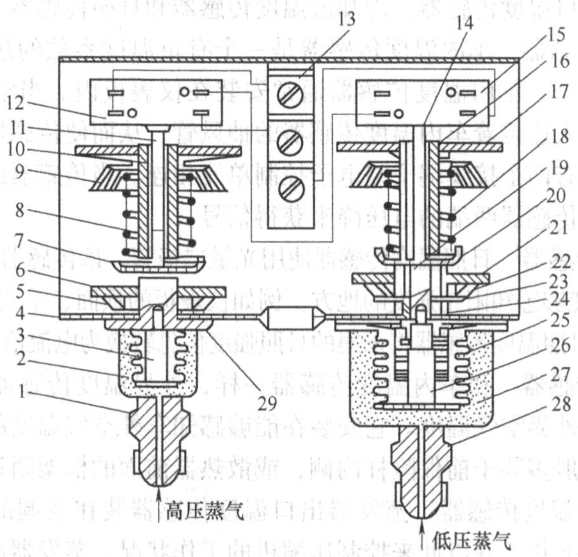

图 8-10　高低压组合开关

1、28—高、低压接头　2、27—高、低压气箱　3、26—顶力棒　4、24—压差调节座　5、22—碟形簧片　23、29—簧片垫板　6、21—压差（差动）调节盘　7、20—弹簧座　8、18—弹簧　9、17—压力调节盘　10、16—螺纹柱　11、14—传动杆　12、15—微动开关　13—接线图　19—传力杆　25—回位弹簧

三、微机控制的汽车空调系统

汽车冷气系统的调节操作正在向自动化的方向发展。微型计算机、单片机的使用使冷气系统的控制有了较大的变化。目前，日产、大众、奔驰等欧、美、日汽车公司的高级轿车上都装上了微机控制的汽车空调系统。这种空调系统以微机为控制的核心，结合各种传感器对发动机的有关运行参数（如冷却液温度、转速），车厢内外的条件（如气温、空气湿度、日照强度）以及制冷压缩机的开停状况等多种参数进行实时检测，并与设定参数相比较，通过运算处理作出判断，然后输出相应的调节和控制信号，通过相应的执行机构（如电磁真空转换阀、真空电动机、风门电动机、继电器等）作及时的调整和修正，以实现对车厢内空气环境进行全方位、多功能的调节和控制。

微机控制的汽车空调系统能够进行空调控制，自动调节温度、风量和运转方式，以满足舒适性的要求；能够自动调节压缩机的运转速度，控制换气量，自动转入经济运行；能够进行故障、安全报警，包括制冷剂不足报警、制冷压力报警、离合器打滑报警等；能够显示给定的温度、控制温度、控制方式、运转状态以及运转时间；能够存储故障码，以便在需要时能指示故障的部位。

微机控制的空调系统具有高度自动化、可靠、经济、舒适及安全等优点。微机控制的空调系统由传感器、空调电子控制单元（ECU）和执行器三部分组成。

1. 传感器

典型的汽车微机控制空调系统的传感器有车内温度传感器、外界温度传感器、空调器温度传感器、蒸发器出口温度传感器、冷却液温度传感器和日照传感器等。

（1）车内温度传感器　车内温度传感器是一个有负温度系数的热敏电阻，即它的阻值随着温度的升高而降低。车内温度传感器通常安装在仪表板内。当空气快速流入加热器管时，少量的空气会流入连接着车内温度传感器的抽风管，从而使传感器能感知车内的空气温度。车内温度传感器有两个接线端子与电子控制单元相连。当传感器的阻值发生变化时，电子控制单元可以根据传感器两端的电压降来获得信号。

（2）日照温度传感器　日照温度传感器使用光敏二极管。该传感器随日照强度的增加来使电流增大。它安装在能够感知阳光强度的地方，例如仪表板的顶面、车室上部装饰板的压条上以及除霜器的栅格上。日照温度传感器将采集的日照强度信息转换为电流信号送到电子控制单元。

（3）外界温度传感器　和车内温度传感器一样，外界温度传感器也是通过有负温度系数的热敏电阻来感受外界空气温度。它安装在能够感知车外空气温度的位置，为使其不受发动机温度的影响，一般多装于前保险杠内侧，或散热器前面的框架附近。

（4）蒸发器出口温度传感器　蒸发器出口温度传感器装在空调的蒸发器片上，用来检测蒸发器表面的温度变化，并以此来控制压缩机的工作状况。蒸发器出口温度传感器也是有负温度特性的热敏电阻。它将由温度变化引起的电信号送到温度控制器，并与调整温度用的控制电位器信号在空调 ECU 内加以比较，据此控制电磁离合器的通电与断电。此外，蒸发器热敏电阻还为防止蒸发器出现冰堵现象提供了控制信号。

（5）空调器温度传感器　空调器温度传感器作为温度检测开关用于可变容量的压缩机系统，其结构如图 8-11 所示。该传感器由热敏铁氧体、簧片开关和永磁铁构成，它利用铁氧体的温度超过设定值之后磁通量急速降低的特性，实现使簧片开关闭合或断开的转换。它根据汽车冷气的状况控制压缩机的工作状态，从而提高了压缩机的工作效率。

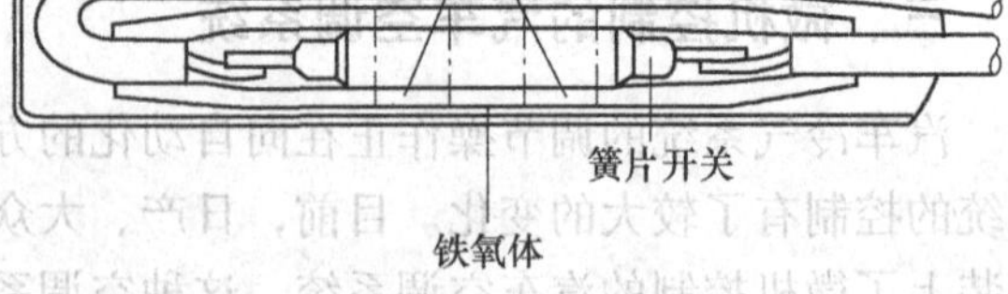

图 8-11　空调器温度传感器的结构

（6）冷却液温度传感器　冷却液温度传感器直接安装在暖气芯底部的水道上，用于检测冷却液的温度，产生冷却液温度信号输送给空调 ECU，用于低温时鼓风机转速的控制。

（7）压缩机锁止传感器　压缩机锁止传感器是一种电磁式传感器，它安装在空调装置的压缩机内，用于检测压缩机转速。压缩机每转 1 圈，该传感器的线圈产生 4 个脉冲信号送到空调 ECU。

（8）烟雾浓度传感器　车外的灰尘和车内的香烟烟雾会污染车内的空气。如果不理会这些污染的话，就会对乘员和驾驶员的呼吸道、眼睛等器官造成伤害。为了排除烟雾或被臭气污染了的空气，使车内空气变得清新，在电控空调系统中安装了空气净化器。通过使用烟雾浓度传感器，空调 ECU 可以控制空气净化器在有烟雾时自动运转，没有烟雾时自动停止，从而保持车内空气的清新。

烟雾浓度传感器由发光元件、光敏元件和信号处理电路组成。当空气自由地流过烟雾浓度传感器的细缝时，发光元件间歇地发出红外线。在没有烟雾的情况下，红外线射不到光敏元件上，电路不工作；但当烟雾进入传感器时，烟雾粒子对间歇的红外线进行漫反射，那么就有红外线射到光敏元件上。这时传感器判断车内有烟雾，就会使鼓风电动机旋转，净化车厢内的空气。

（9）湿度传感器 湿度传感器有电阻式湿度传感器和结露传感器两种。

电阻式湿度传感器可用于汽车风窗玻璃的防霜和电控空调车的相对湿度检测。这种传感器装有金属氧化物系列陶瓷材料制成的多孔烧结体。当烧结体吸附了水分子后，电阻值发生变化，根据这一变化可以检测出湿度的变化。电阻式湿度传感器有负的湿度特性，即当湿度增加时，传感器的阻值减小。

结露传感器是利用在处于结露状态的高湿区域厚膜状陶瓷半导体的阻值急剧变化这一原理制成的。在高湿的情况下，这种传感器把湿度的变化转换成为阻值的变化并对湿度进行测定。结露传感器的测试精度高，响应特性好，通常用于检测车窗玻璃的结露情况。

（10）温度设定控制器 温度设定控制器是一个电位器。根据不同的设定，对应有不同的电阻，从而对应有不同的温度。

2. 执行机构

不同品牌、不同型号的汽车的电控空调系统执行元件不相同。但是，这些执行元件一般是伺服电动机或电磁机构。

雷克萨斯等车型电控空调系统执行元件中的伺服电动机有进风控制伺服电动机、空气混合伺服电动机和送风方式伺服电动机等。

进风控制伺服电动机控制送风方式。电动机的转子经过连杆机构控制进风的挡风板。空调 ECU 通过控制该伺服电动机来带动连杆的旋转，从而带动进风挡风板的开启或闭合。进风挡风板的开合决定了进风的方式，即车外新鲜空气导入或车内空气循环。

空气混合伺服电动机可以改变冷、暖空气的混合比例。在进行温度控制时，空调 ECU 根据设定温度和传感器输送的信号计算出风温度。输出信号会控制空气混合伺服电动机连杆顺时针或逆时针旋转，改变空气混合挡风板的开度，进而改变冷、暖空气的混合比例，使出风温度与计算值相同。

送风控制伺服电动机控制送风的方式。当操纵面板上的某种送风方式选定后，空调 ECU 便会将电动机上相应的端子搭铁，电动机内的驱动电路据此转动连杆，打开某个送风通道，实现按照某种方式送风。

第二节 电子安全气囊

一、安全气囊概述

1. 汽车安全气囊的功用

汽车安全气囊系统（SRS）又称辅助乘员保护系统。它是一个可吹胀的气囊。当汽车受到撞击而急剧减速时，气囊就迅速膨胀以防止驾驶员和副驾驶员的身体向前冲撞转向盘和风窗玻璃。安全气囊系统有助于防止碰撞过程中头部和胸部的损害。特别是在汽车正面碰撞和前侧碰撞时，其保护作用尤为明显。

气囊会根据车速判断汽车是否发生碰撞而胀开。当事故发生时，人体在加速度作用下向前运动。当人体运动到距离气囊一定位置时，气囊必须已经打开并充气，准备同人体的接触。如果人体运动到距离气囊很近时气囊还没有打开，则人体会非常危险，因为这时爆发的气囊极有可能对人体造成损伤。所以，必须利用人体的运动距离来确定传感器启动安全气囊的时间。这就是所谓的最大容许时间。从汽车碰撞开始算起，气囊胀开所需的总时间少于100ms，其实际的展开时间约为30ms，气囊胀开1s之后就会瘪掉，以防止驾驶员被气囊窒息。

2. 安全气囊的可靠性设置

安全气囊是汽车发生碰撞时的安全装置，其可靠性十分重要。为保障安全气囊的可靠工作，首先要考虑电源的可靠。因此，一般采用双电源工作，而且在断电的情况下，还有气囊电子电路的储能元件（如大容量电容）供短时间控制用。另外还有低电压小功率的备用电源，在外电源全无的情况下，它可以使警告灯发亮。

其次，气囊的硬件部分要采用高标准、高可靠性的器件。除高强度的机械部件外，其电子器件应经过比汽车环境条件更恶劣的工况的各种抗干扰、抗老化等方面的试验，并且主要部件都应采用降额使用、并联冗余等措施以提高可靠性。传感器除了采用高可靠性的器件外，也可采用多种形式的传感器并联使用等措施，以确保气囊能可靠工作。

采用微机控制的气囊系统，其软件应具有自检功能，每隔一定的时间就对气囊的电源、传感器、微机等部分进行自检，以便及时发现故障以进行维修。此外，软件应设置陷阱、超时检测等措施，以便在软件执行过程中可以克服由于外界干扰等原因造成软件短时间的跑飞、锁死等现象。

3. 气囊在车内的标识

驾驶员气囊放在转向盘毂内，有一个完整光洁的装饰外罩；乘员气囊则放在仪表板内，当发生前碰撞或近似前碰撞事故时，固装在组件内的气囊以规定方式冲破外罩充气膨胀。在转向盘外壳和仪表板上刻有“Air Bag”或缩写“SRS（辅助乘员保护系统）”或“SIR（辅助充气保护系统）”，表明该车装有气囊。

装有驾驶员用气囊的轿车仪表板上有一个指示灯，向驾驶员表明气囊系统状态，汽车用户手册上说明了该指示灯的功能。尽管汽车厂规定了维护或检查要求，但大多数气囊系统不需要常规维护就能经常处于可使用状态。

二、安全气囊的分类

根据碰撞类型的不同，安全气囊可分为正面碰撞防护安全气囊系统和侧面碰撞防护安全气囊系统两种。按照安全气囊数量的不同，可分为单气囊系统（只装在驾驶员侧）和双气囊系统（驾驶员侧和副驾驶员侧各有一个安全气囊）。

在安全气囊系统开发中，就安全气囊和安全带的主、从动关系不同，有从动安全气囊和主动安全气囊之分。所谓从动安全气囊，是指气囊在开发过程中是作为从动约束系统，即该系统无须使用者设定就能够处于工作状态。此时，安全带需要使用者主动系上。所以，从动安全气囊系统主要是针对未系安全带的乘员设计。对于这类乘员，在车速很低的情况下发生碰撞时，就有受伤的危险。因此，系统要求设定在以 18 ~ 20km/h 发生碰撞时就能点火引爆气囊。

由于三点式安全带在欧洲已经作为法规要求强制安装，所以欧洲国家在开发安全气囊时会将安全气囊作为安全带保护能力的扩充。由于安全带大部分属于主动约束系统，所以将这种气囊称为“主动安全气囊”。试验表明，在 30km/h 以下的碰撞中，三点式安全带已经有较好的保护效果。但是在更高速的碰撞中，乘员的头部仍有第二次碰撞的危险。这时，主动安全气囊系统可以减少第二次碰撞带来的损害。

安全气囊系统按照控制类型的不同，可分为机械式和电控式两类。电控式又有分立元件型、集成电路型和微机控制型之分。此外，电控式还可以分为集中控制式（即一个电子控制器控制两个以上的气囊）和分散控制式（即一个电子控制器只控制一个气囊）。

三、安全气囊系统的组成及工作原理

安全气囊系统包括传感器系统、气囊总成、气体发生器、系统控制模块（ACM）及其他附件。

1. 碰撞传感器

碰撞传感器用于检测、判断汽车发生事故后的撞击信号，以便及时启动安全气囊，并提供足够的电能或机械能来点燃气体发生器。在人体只可能受到极轻微损伤的条件下（例如在汽车速度低于 12km/h 时的正面碰撞、一般的追尾事故等，或是由于路面过于颠簸造成的速度变化），碰撞传感器对于启动安全气囊的判断应该是否定的；而在人体可能受到严重损伤必须使用安全气囊保护时，碰撞传感器应能够在最大容许时间之前启动安全气囊。

在安全气囊系统中，一般设置有 3 ~ 4 个碰撞传感器，分别安装在车身中部和前部，例如车身两侧的前翼子板内侧，图 8-12 所示的两侧前照灯支架的下方以及发动机散热器支架左、右两侧等。

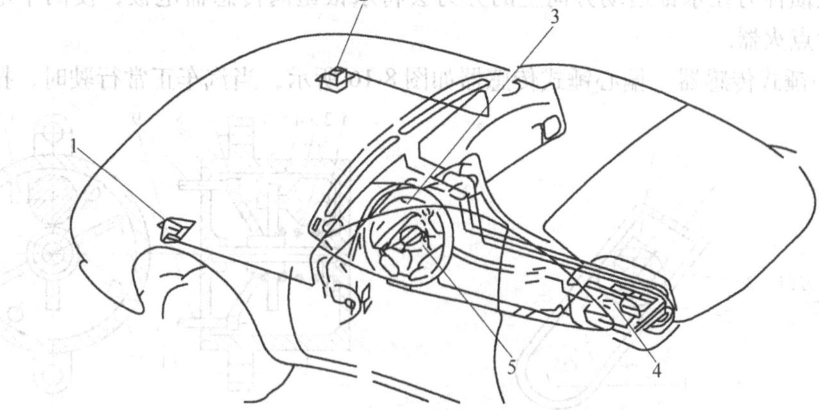

图 8-12 典型安全气囊系统的组成

1—左碰撞传感器 2—右碰撞传感器 3—SRS 警告灯 4—SRS ECU（包括安全传感器） 5—气囊组件

常用的安全气囊传感器有滚子式传感器、钢球式传感器、水银开关式传感器和电阻应变式传感器等。

（1）滚子式传感器　如图8-13所示，滚子式传感器主要由电路触点、电阻器、加载弹簧、滚子和壳体组成。当发生碰撞产生的冲击力达到一定程度时，在加速度的作用下，滚子会沿着一定的轨迹向前推进，当滚子接触到前部的电路触点时，使连接SRS ECU的电路闭合接通。它是一种加速度传感器，只能测量到前、后的运动力，而不能检测左、右的运动力，并且它对低速撞击和粗糙面过于敏感。所以，它逐渐被另一种钢球式传感器所取代。

（2）钢球式传感器　如图8-14所示，钢球式传感器是一个小球在一圆柱形钢套内运动，小球被磁场力约束，在正常情况下，钢球被磁力吸附在钢套的一端。碰撞时，如果冲击力足够，钢球将克服磁场力向前运动，当接触到前面的电触点时便将局部电路接通。碰撞后，磁场力自动把钢球吸离电触点，回到原位。这种传感器既是加速度传感器，又是速度传感器。传感器的灵敏度由磁场力的大小、钢球和圆柱形钢套的间隙以及钢球距电触点的距离决定。

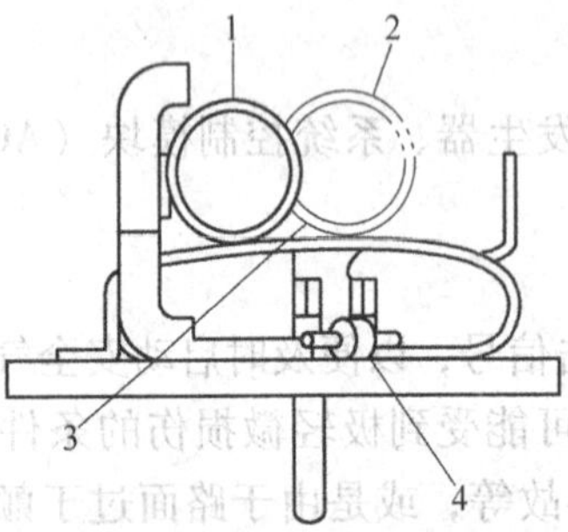

图8-13　滚子式传感器

1—滚筒在未碰撞时的位置　2—滚筒在碰撞时的位置

3—电路触点　4—电阻器

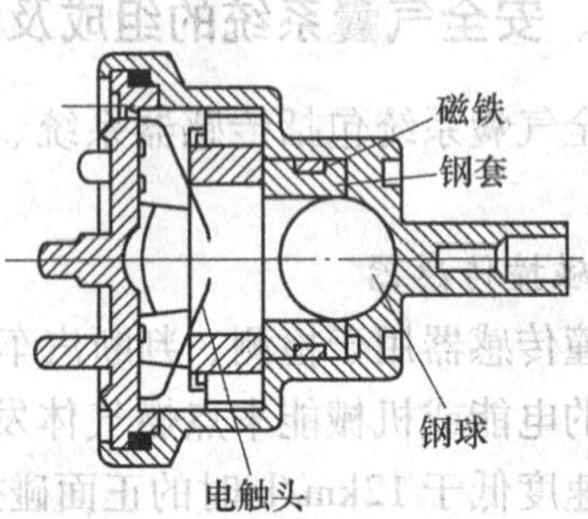

图8-14　钢球式传感器

（3）水银开关式传感器　水银开关式传感器利用水银导电良好的特性制成，一般用作安全传感器（防护传感器），其结构如图8-15所示。当汽车发生碰撞时，减速度将使水银产生惯性力，该惯性力在水银运动方向上的分力会将水银抛向传感器电极，使两个电极接通，从而接通气囊点火器。

（4）偏心锤式传感器　偏心锤式传感器如图8-16所示，当汽车正常行驶时，扭力弹簧

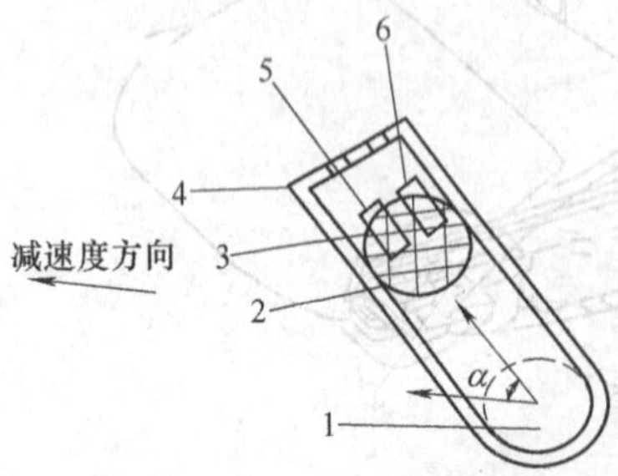

图8-15　水银开关式传感器的结构

1—水银（正常位置）　2—水银（冲撞位置）

3—触头　4—外壳　5—接电源　6—接雷管

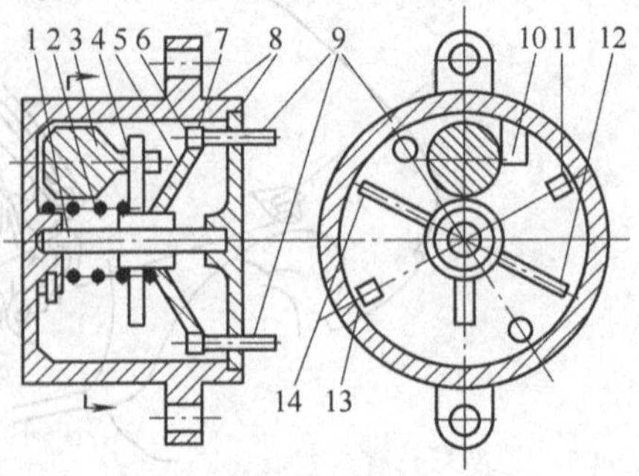

图8-16　偏心锤式传感器

1—心轴　2—扭力弹簧　3—锤　4—转盘　5—触桥

6、12、14—动触头　7、11、13—静触头

8—外壳　9—插头　10—止位块

将锤、动触点定在止点位置，传感器没有触发信号给中央控制器。当汽车冲撞时，减速度作用力克服弹簧的扭力而使其产生运动，带动触桥转动，使动、静触点接合。此时，传感器向中央控制器发出“接通”信号，从而引爆电点火器。

2. 气囊总成

安全气囊总成主要包括点火器、充气泵、气囊组件及固定部件，如图8-17所示。点火器和充气泵也称为气体发生器。

（1）气体发生器　气体发生器由点火器和充气泵组成。点火器是一个引爆装置，它可接受控制模块的低电流点火信号，发热点燃充气泵中的叠氮化钠。驾驶员侧充气泵（图8-18）采用热效反应法，它有一个轻金属铝壳，内装能产生气体的化学药品，为气囊充气。当碰撞传感器把蓄电池供电电路接通时，点火器获得电能而加热点火剂而引起点火。充气泵中的叠氮化钠与氧化铜剧烈反应，迅速产生无害气体氮，氮气经过增压器快速扩散到气囊内，使之充气。乘员侧充气泵如图8-19所示。折叠后的气囊质心偏离充气泵气流吹出的方向，以利于气囊的迅速展开。

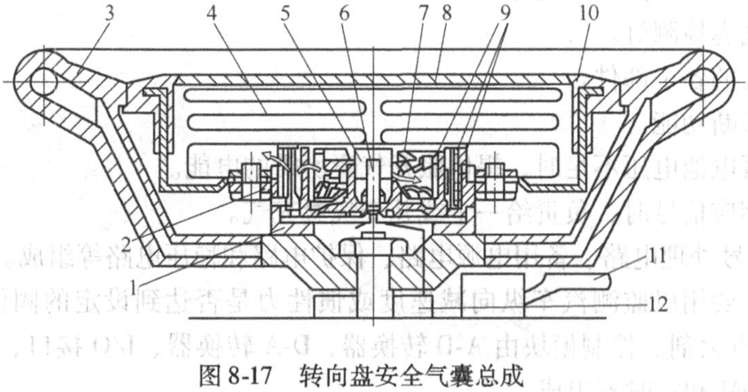

图8-17　转向盘安全气囊总成

1—安装架　2—充气器外壳　3—转向盘　4—气囊　5—引火药　6—电雷管　7—汽化剂　8—气囊保护盖　9—过滤器　10—气囊盒　11—经济速度开关　12—缠叠电缆

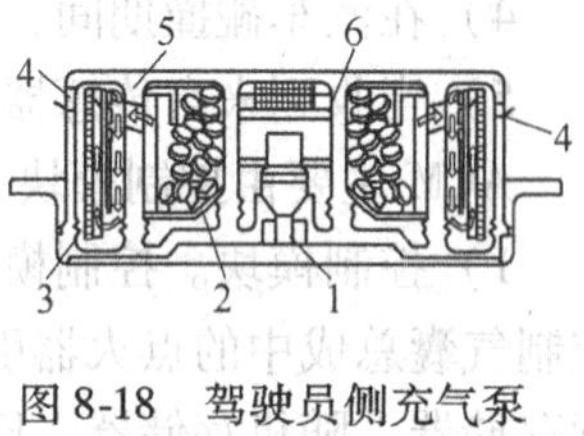

图8-18　驾驶员侧充气泵

1—点火器　2—叠氮化钠　3—增压过滤器　4—到气囊的出口　5—充气泵壳体　6—点火剂

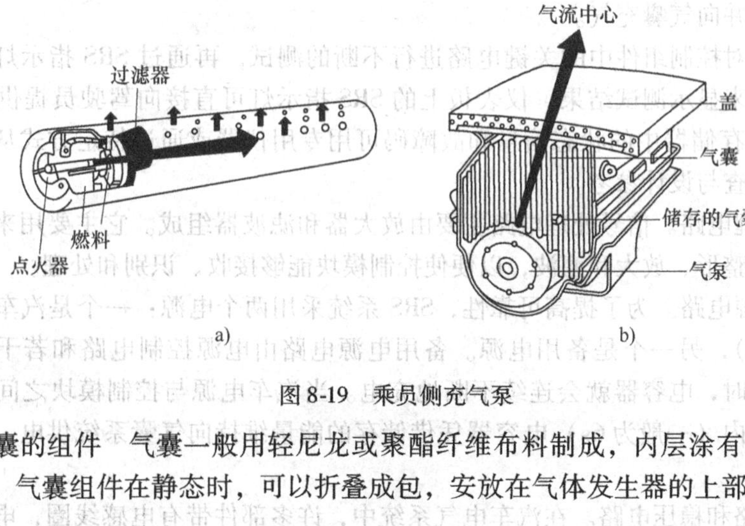

图8-19　乘员侧充气泵

（2）气囊的组件　气囊一般用轻尼龙或聚酯纤维布料制成，内层涂有聚氯丁二烯，用以密闭气体。气囊组件在静态时，可以折叠成包，安放在气体发生器的上部与气囊装饰盖之间（图8-20）。气囊的大小依制造公司不同而有所差异。气囊背面或顶部有2～4个排气孔。当驾驶员或乘员在惯性作用下压到气囊上时，气囊便通过排气孔排气，从而吸收驾驶员与气囊碰撞的动能，使人体不致受到伤害。

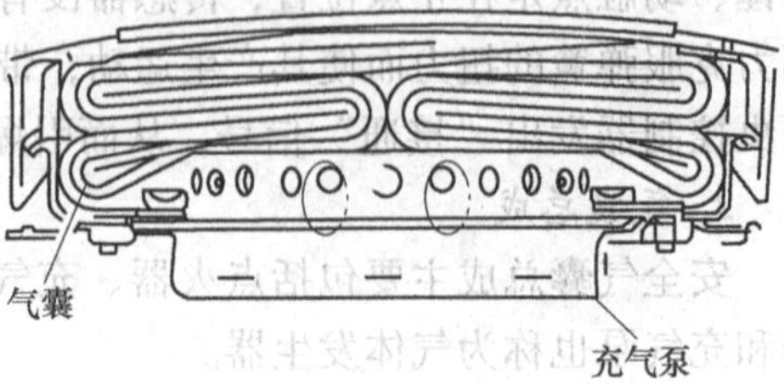

图8-20　未展开的气囊

气囊总成包括气囊、气囊容器、支撑架与底板、充气器与装饰盖等。支撑架与底板用不锈钢制成，和充气器铆接在一起。气囊是用多孔尼龙做的，有的气囊表面有一层氯丁橡胶。驾驶员侧气囊总成通常用螺栓固定在转向盘上，乘客侧气囊总成通常装在靠乘员侧的仪表板中。由于乘客与仪表板之间的距离比驾驶员与转向盘的距离大，因而乘员侧的气囊要大得多。

（3）安全气囊系统控制组件（ACM）　安全气囊系统控制组件又称SRS控制组件，简称SRS ECU。ACM是SRS气囊系统的核心部件，其安装位置依车型而异，一般安装在中央控制台下面或者乘员座椅下面。典型的ACM组件具备以下功能：

1）控制仪表板上的安全气囊检测灯。

2）连续监测安全气囊系统的各个部件。

3）控制安全气囊系统的诊断功能。

4）在汽车碰撞期间，当蓄电池电压不足时，提供胀开气囊所需的电能。

5）当收到来自传感器的相应信号时，负责给一个或几个气囊充气。

ACM主要由控制模块、信号处理电路、备用电源电路、保护电路和稳压电路等组成。

1）控制模块。控制模块主要用以监测汽车纵向减速度或惯性力是否达到设定的阈值，控制气囊总成中的点火器引爆点火剂。控制模块由A-D转换器、D-A转换器、I/O接口、只读存储器、随机存储器、EPROM和定时器组成。

在汽车行驶过程中，控制模块不断接受碰撞传感器和安全传感器传来的车速变化的信号，经过数字计算和逻辑判断之后，确定是否发生碰撞。当判断汽车发生碰撞时，立即运行点火的程序，向点火电路发出点火指令引爆点火剂。点火剂引爆后产生的大量热量使充气剂分解释放气体，并向气囊充气。

控制模块还对控制组件中的关键电路进行不断的测试，再通过SRS指示灯和存储在存储器中的故障码来显示测试结果。仪表板上的SRS指示灯可直接向驾驶员提供SRS气囊系统的状态信息。存储器中的状态信息和故障码可用专用仪器或通过特定方式从I/O串口调出，以供装配检查与设计参考。

2）信号处理电路。信号处理电路主要由放大器和滤波器组成。它主要用来将传感器检测到的信号进行整形、放大和滤波，以便使控制模块能够接收、识别和处理。

3）备用电源电路。为了提高可靠性，SRS系统采用两个电源：一个是汽车电源（蓄电池和交流发电机），另一个是备用电源。备用电源电路由电源控制电路和若干个电容器组成。发动机工作时，电容器就会连续不断地充电。当汽车电源与控制模块之间的电路切断后，在一定时间内（一般为6s）电容器凭借储存的能量维持向气囊系统供电，保持其正常功能。

4）保护电路和稳压电路。在汽车电气系统中，许多部件带有电感线圈，电器开关数量繁多，电器负载变化频繁。当线圈电路接通或切断、开关接通或断开、负载电流突然变化时，都会产生瞬时脉冲电压，这些脉冲电压如果直接加载到气囊系统的控制电路上，会严重冲击电路中的电子元件。为了避免系统元件受到损坏，控制模块中必须设置保护电路。同时，为了保证汽车电源电压变化时气囊系统能正常工作，还必须设置稳压电路。

（4）其他电气附件

1）安全气囊检测灯。安全气囊检测灯向驾驶员提供安全气囊系统的状况，由 ACM 模块进行控制。ACM 接收点火信号和起动信号，并将安全气囊的状况通过安全气囊检测灯显示出来。正常情况下，当点火开关开通时，安全气囊检测灯闪烁 7 ~ 9 次，然后在发动机起动的过程中保持稳定发光。一旦发动机起动，安全气囊检测灯闪烁 7 ~ 9 次，此后在发动机运转过程中保持熄灭状态。

2）护膝板。为保护驾驶员的膝盖并防止驾驶员向前滑向气囊下方，通常在驾驶员侧仪表板下部安装有带衬垫的护膝板。

四、新一代的智能安全气囊

德国 BOSCH 公司正在开发新一代的智能安全气囊。

遍布整个汽车的一系列传感器与一个单独的安全气囊控制器相联的该系统，可以检测出汽车碰撞的类型和碰撞的强度，同时可以监测任何汽车乘员的位置和身材。安全气囊 ECU 可以计算出安全气囊和安全带收紧器需要联合作用还是单独作用。

安装在前保险杠后面挤压区内的传感器协助安全气囊控制器评价碰撞的严重程度。安全气囊由双级气体发生器充气吹胀，并且根据来自传感器的信号，由安全气囊控制器确定何处的安全气囊进行触发。安全气囊控制器还利用来自偏摆和加速的传感器信号确定是否会翻车，判断是否触发车顶和车门的安全保护。

第三节　刮水器及车窗玻璃电子控制系统

一、电动刮水器及控制电路

为了提高在雨天和雪天行驶时驾驶员的能见度，汽车前风窗玻璃上都专门设置了风窗刮水器。雨水器有真空式、气动式和电动式三种。电动式刮水器与洗涤液喷射器相结合，还可以清洁风窗玻璃。刮水器也有用在后窗玻璃上的，以改善驾驶员的后方视野，但通常只装一个刮臂和刮片。另外，刮水器也有用在前照灯和车后视镜上的。

1. 电动刮水器的结构与工作原理

电动刮水器的典型结构如图 8-21 所示。它的驱动部件是直流电动机，电动机旋转后经蜗轮、蜗杆减速，经偏心传动使拉杆左、右摇摆，通过拉杆和摆杆进而带动左、右刮臂和刮片刮刷风窗外表玻璃，刷去风窗玻璃上的雨水、雪或灰尘。

（1）刮水器电动机　刮水器电动机现多用永磁式电动机，功率较小，一般只有 15 ~ 50W。永磁式电动机的磁极是铁氧体永久磁铁（也称陶瓷永磁，因为铁氧体具有陶瓷的脆性、硬度和不耐冲击等特点）。永磁式电动机结构简单、不易退磁、重量轻、省电、可靠性强、价格低廉，所以在汽车上得到了广泛的应用。

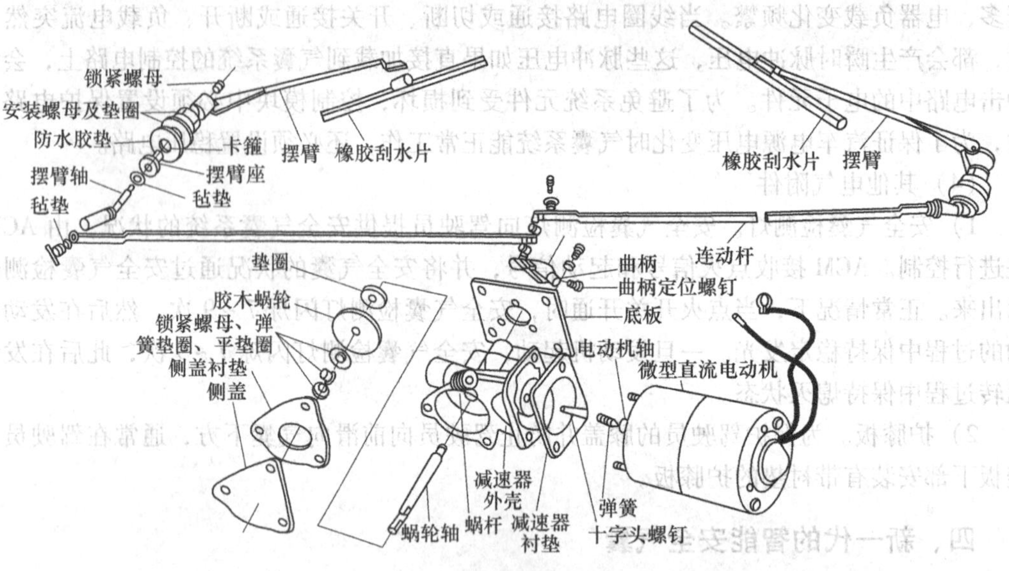

图 8-21　电动刮水器的典型结构

（2）减速机构　减速机构由蜗轮、蜗杆等组成，它和电动机组合安装在一起。其作用是降低电动机的输出转速，并可增大电动机的输出力矩。

（3）曲柄摇杆机构　曲柄摇杆机构将电动机的旋转运动转换为刮杆和刮片的往复运动。

2. 自动复位功能

为了不影响驾驶员的视线，要求刮片自动复位，即不管什么时候切断电源，刮水器的橡皮刷都能自动停止在风窗玻璃的下方。

3. 间歇式电动刮水器

汽车在雾天、毛毛雨或小雪天气中行驶时，如果按照前述刮水器的速度（即使是低速）刮拭，则风窗玻璃上的微量水分和灰尘会形成一个发粘的表面。因此，不仅不能将风窗玻璃擦拭干净，反而会使玻璃模糊不清，留下污斑，影响驾驶员的视线。所以，现代汽车上一般都增设了电子间隙控制系统。在碰到上述情况时，开启间隙开关，使刮水器按照一定的周期自动停止和启动，即每刮一次水停止 2 ~ 12s，这样可以使驾驶员获得良好的视野。另外，在与洗涤器配合使用时，可以实现先洗后刮的循环刮洗工序，以提高刮洗效果。

二、电动门窗

1. 电动门窗的工作原理及结构

电动门窗也称自动门窗，它是指在驾驶室用开关就能自动升降的门窗玻璃，而且在任何状态下都能安全、方便地开关门窗。电动门窗利用电动机作为动力，通过车窗玻璃升降器来实现车窗的自动升降。在每个车门内设置有一个运转方向可变的直流串励电动机。合上转换开关，电动机运转，再经过安装在电动机主轴上的蜗轮减速，通过转筒和钢丝使玻璃平行地上、下滑动。其上端和下端分别设置挡块，用张紧筒和弹簧保持钢丝一定的拉力，使机构正常运行。

电动门窗主要由控制器、热敏熔丝、门窗电动机和升降机构以及控制按键等几部分组成。升降机构有绳轮式、交臂式和软轴式三大类。门窗电动机是永磁、两极直流电动机。与不同的升降机构相配合，电动机输出部分的结构也有不同。

2. 电动门窗玻璃升降机构

电动门窗玻璃升降机构的结构如图 8-22 所示。当按下上升按钮时电路接通，电动机起动，转动油泵产生高压油。同时电流又流进控制该窗的电磁线圈，将油阀打开，压力油进入油缸中推动活塞，经连杆装置使玻璃上升。当按下下降按钮时，电磁线圈有电流流入，将油阀打开。此时电动机不转，无压力油，门窗玻璃连杆受弹簧力的作用，将油缸中的油压回储油室，使门窗玻璃下降。

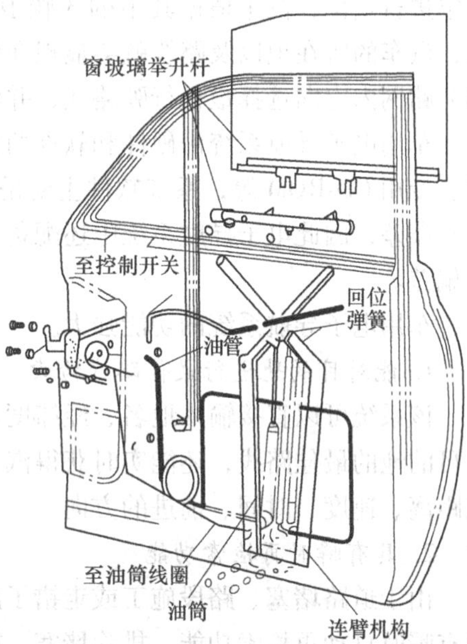

图 8-22　电动门窗玻璃升降机构的结构

3. 门窗电动机

门窗电动机一般能正、反方向旋转，具有较高的输出转矩、低噪声、小体积、扁平外形和短时工作制等特点，并对尘污及洗涤剂具有密封防护性能。门窗电动机内部一般都装有抑制无线电干扰的装置，以防止在使用电动门窗升降器时对车内的无线电接收造成干扰。电动机内部还装有过电流保护装置，当电动机运动受阻时能自动切断电源，以避免电动机被烧毁。

电动机的内部有两组绕向不同的磁场线圈，分别与开关的升、降接点相连。两个线圈可以单独工作，使电动机能输出正、反两个方向的转矩，从而控制车窗玻璃的升和降。在电动机上还装有一个断路开关，以控制电动机的搭铁线，当车窗玻璃上升或下降到终点时，断路开关则把电路切断 40s 左右，然后恢复到接通状态。

为与不同的升降机构相配合，电动机输出部分的结构也有所不同。

绳轮式结构电动机的输出部分是一个塑料绳轮，绳轮上有钢丝绳，钢丝绳上装有滑块。电动机驱动绳轮，带动钢丝绳卷绕，钢丝绳上的滑块带动玻璃，则使玻璃沿着导轨作上、下运动。

交臂式结构电动机的输出部分是一个小齿轮，经啮合的扇形齿轮片，通过交臂式升降机构，带动玻璃沿导轨上、下运动。

软轴式结构电动机的输出部分也是一个小齿轮，通过与软轴上的齿相啮合，驱动软轴卷绕，带动玻璃导轨作上、下运动。

第四节　电子导航系统

一、车用电子导航系统的工作原理及功能

对飞机和轮船来说，由于周围无参照物，故需具备确定本身在地图上位置的手段，这些手段称为导航器。汽车的情况虽有不同，但是当汽车在生疏地带行驶，特别是在难以看清道

路标志和周围景色的夜间行驶时，有时也会同样迷失方向，所以也需要各种导向装置来确定本身的位置。这种技术就是汽车自动导航技术。

车用电子导航系统又称全球定位系统（GPS）。GPS利用环绕在地球周围的24颗卫星的设定进行定位，汽车根据其中的3颗卫星计算经、纬坐标。当卫星将位置信息传送至GPS时，汽车的所在地以及路线就会显现在荧光屏的电子地图上。这样，电子导航系统可在城市和公路网内定向选择最佳行驶路线，并将其轨迹在电子地图上显示。

车用电子导航系统由硬件和软件两部分构成。系统硬件包括主机、GPS天线、车速传感器、专用CD-ROM等，系统软件主要是电子地图。由于GPS的导航在接收信号不良时会有一些误差，因此电子导航系统中还配备了由车速传感器和陀螺仪组成的独立导航系统，以修正偏差。

车用电子导航系统的功能强大。

1. 能对目的地进行最佳路线检索

该系统可以直接输入地名、经纬度名、电话号码进行路线检索，并能快捷地提供一条到达目的地的最佳路线，还能实时获得汽车自身所在位置和目的地的坐标，以及全部行驶的直线距离、速度、时间、前进的方向。

2. 具有瞬时再检索功能

由于道路堵塞、路段施工或走错了路等意外情况，对系统所推荐的最佳路线行不通时，要有瞬时自动再检索功能，排除堵塞、施工、错误路线，提供出新的可行路线。因为该功能是在行驶中进行的，所以要求CPU快速检索，具有高速运算的能力。

3. 为检索方便提供了丰富的菜单和记录功能

整个系统必须建立十分丰富的地名索引，预置了大量数目的地名，分层表示城市地图。

4. 在适当时间内提供实时语音提示

为使驾驶员事先了解行驶中路面的变化情况，该系统在适当的时间内作出语音提示，例如向驾驶员说明前方路面情况及可更改的方向、十字交叉路口名称、高速公路分支点、进出口、禁止左拐、禁止驶入的单行线等导引信号，同时提供中英文两种语音电路以供切换。

5. 扩展功能

为了及时了解路面车辆情况，该系统有多种扩展口，以便与交通管理部门、邮电部门、建筑部门进行VICS、ATIS、IIS联网。

二、电子导航系统的硬件

1. 主机

电子导航系统的主机由高性能的GPS接收器和CD-ROM光碟播放机组成。

2. GPS天线

GPS天线体积很小，利用磁铁吸附在车顶。

3. 专用CD-ROM

它收录了详细的道路地图及主要城市内单行线识别资讯。

4. 车速传感器

5. 独立导航系统

三、几种典型的导航系统

1. 汽车电子地图导向系统

该类型的汽车导航系统，由显示、人机对话装置、CD-ROM、CPU、RAM、车速传感器、气流传感器（前进方向传感器）等部分组成。CD-ROM 中以数据库的形式存储了绝大部分地图。地图比例尺从 $1/(2560\times10^4)\sim1/(5\times10^4)$，可分为几档，主要大城市还可以放大到 $1/(2.5\times10^4)$。电子地图包括道路、地名以及各种设施，除了显示本身的位置和方向外，导航信息还有已行驶轨迹、当时位置到目的地的方向和直线距离。驾驶员可通过按键输入本车位置和目的地、缩放地图的比例尺，或者选择显示 CD-ROM 数据库中任意区域的地图。

该系统在工作时，用车速传感器可检测已行驶的距离，用气流传感器检测前进的方向变化，并根据这两个检测数据求出行驶轨迹。与采用人造卫星或地磁方式定位的导航系统相比，该系统采用完全独立的方式检测本车的当时位置与方向，因此，不会受到上述两种系统与外部联系的电波通信障碍和磁型干扰。

2. 导向行驶系统

本系统利用地磁作为导向的基准，它有一个双线圈发动机型地磁矢量传感器，作为方位定位器。地磁水平分量的磁感应强度十分微弱，对外界干扰很敏感，故抗干扰、误差修正是该系统的关键。一旦把目的地位置输入，则行驶中由方向及距离传感器可以检测出已经走过的两个方向的距离，与原输入的距离相减即可得到随时随地距目的地的所剩距离和应驶方向。

3. 惯性行驶系统

惯性行驶系统实际上是一个电子陀螺仪，方向传感器是封入氦气的气体速度陀螺，它可以输出汽车的偏转率，同时汽车的速度传感器可以输出汽车的速度函数，微处理器根据每时每刻由传感器输入的行驶方向与距离等信号进行累加计算，进而得到东西和南北两个方向的距离 X、Y。最后微机通过接口把 X 和 Y 的累加结果及距目的地距离随时显示在 LCD 上。

4. 无线电导向系统

无线电导向系统可分为卫星导向系统和地面无线电固定导向台导向系统两类。这种“汽车导航系统”由控制器、导航计算机、安装在行李箱内的卫星信号接收机、车内的磁性探测仪和行李箱盖上的卫星天线组成。该系统计算机存储器存储所有汽车干线、公共地图和城市交通图，并装有一个电视接收机调谐装置。行车前，驾驶员把要去的城市和街道名称输入计算机。导向计算机协助卫星系统或地面无线电导向台信号，并根据 GPS 传感器提供的数据确定所去地点的方位，并在地图上精确地显示出汽车任意时刻的位置。在输入数字地图资料后，可查明要去地点的最佳行车路线。

四、全球卫星定位装置（GPS）

GPS 是一种能接收定位卫星信号，经过微处理器计算出车辆所在准确经、纬度以及速度和方向，并在显示器上显示出来的一种装置。如果参照电子地图，那么驾驶员就知道自己在地图上的确切位置，指挥中心能随时掌握每辆车的动态并进行调控。

GPS 由 GPS 接收天线、接收机、微处理器、车速传感器和陀螺传感器等组成，其工作原理框图如图8-23所示。在功能上，驾驶员如果想查询电子地图上从起点到终点的最短路径或常用路径，只要启动自动路径引导功能，设定好目的地，电子地图便可以提供路线。此外，导航系统还兼有路线导引、岔路口自动放大等多种功能。在行进过程中，语音系统还会在距离岔路口一定距离之前提醒驾驶员左转或右转。

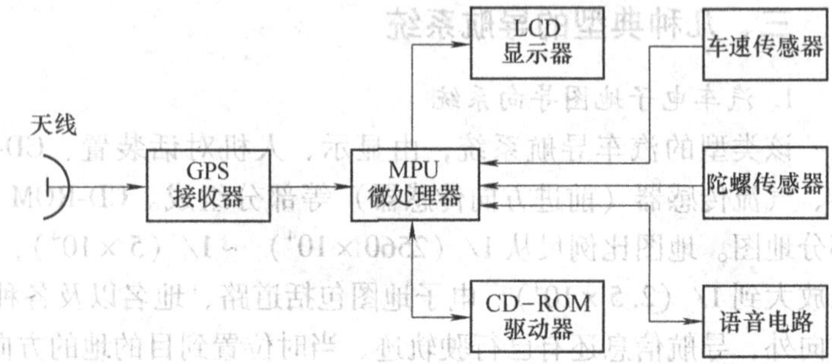

图8-23　GPS工作原理框图

当汽车行驶在地下隧道、高层楼群、高架桥下、高群山间、密集森林等地段与GPS失去联系，中断信号的瞬间，机内可自动导入自律导航系统，此时车速传感器从汽车前进的速度检测出车速脉冲，通过汽车微处理单元的数据处理，从速度和时间中直接求出前进距离。陀螺传感器直接检测出前进方向的变化和行驶状态，例如汽车行驶在沟状山道、环状盘形桥上、雪道原地打滑等地段时，所有这些曲线距离与卫星导航的经、纬度坐标产生了误差，通过陀螺传感器的检测和微处理器的运算才能得到汽车正确的位置。

由GPS卫星导航与自律导航所测得的汽车坐标位置数据，前进的方向与实际行驶的路线轨迹在电子地图上都存在一定的误差，为修正这两个误差，需采用地图匹配技术，对汽车行驶路线和电子地图上道路的误差进行实时的数字相关匹配，作出自动修正。它经过微处理器的整理程序进行实时、快速控制，得到汽车在电子地图上指示出的正确位置路线。有了汽车行驶接收到的GPS信息、陀螺传感器检测到的正确前进方向和车速传感器检测出的前进距离这三组数据，经过地图匹配器得到自动修正，从而完成了高精度导航。

为使驱动器更快地从光盘上读取数据，快速传递到CPU进行处理，缩短LCD画面上频繁显示执行程序的时间和读取数据的等待时间，通常选用4倍速650MB的CD-ROM，这样可使LCD的显示效果的不连续性得到平滑处理。为满足汽车导航系统高精度、快速处理数据的要求，对于微处理器的CPU应选用32位或64位嵌入式实时操作的CPU，因为嵌入式CPU除适合过程控制之外，还具有PC机的丰富软件支持，这对于高速行驶的汽车快速处理数据是非常适合的。

第五节　座椅电子控制系统

一、电动座椅

1. 电动座椅的功能

汽车座椅对汽车舒适性和安全性影响很大。随着经济和科技的发展，人们对汽车座椅的性能要求越来越高，而改善驾乘环境一直是汽车厂商努力的方向，这一努力从20世纪60年代就已经开始了。他们一直在尽力改善车内的“压抑空间”，采用可调座椅取代固定式座椅，20世纪80年代出现了气垫座椅、电动座椅、立体音响座椅等特种功能座椅，到今天多功能电动可调座椅已经在许多高档汽车上应用。图 8-24 所示的电子座椅的调节功能多达 9 种。

现在在座椅上增加加热功能也已经司空见惯了，研发人员的目标开始转向了深层次的座椅通风问题。传统的通风系统是靠 9 个小电风扇驱动新鲜的空气从后面流到系统的各个部位。新的方案是将湿空气有针对性地吹过身体，这样既可以使身体的各个位置局部降温，又可以使皮肤上的汗液被很舒服地风干。

基于 LIN 和 CAN 总线技术的电动座椅控制系统具有更多的控制功能和更优异的性能，包括自动加热、按摩、独立控制、记忆功能和联合控制等，是电动座椅技术的重要发展方向。

汽车座椅设计应满足如下要求：

1）使驾驶员处于最佳的驾驶位置。

2）符合人体生理要求。

3）安全可靠，有足够的刚度、强度，并有可靠的锁止机构。

4）具有灵活的调节机构，操作简单省力。

2. 电动座椅的结构及工作原理

图 8-25 所示为汽车座椅的基本结构，主要包括调节开关、调节装置和传动机构。调节开关输入实现座椅前后位移、高度升降和后背倾斜角度的调节，还包括腿部支撑、侧向气垫和腰部气垫的调节。调节装置负责座椅上述动作的操作，有真空式、液压式和电动式三种。由于真空式和液压式管路较多，结构复杂，已逐步被淘汰。目前主要采用直流电动机传动机构实现电机力的放大和转换，完成操作。

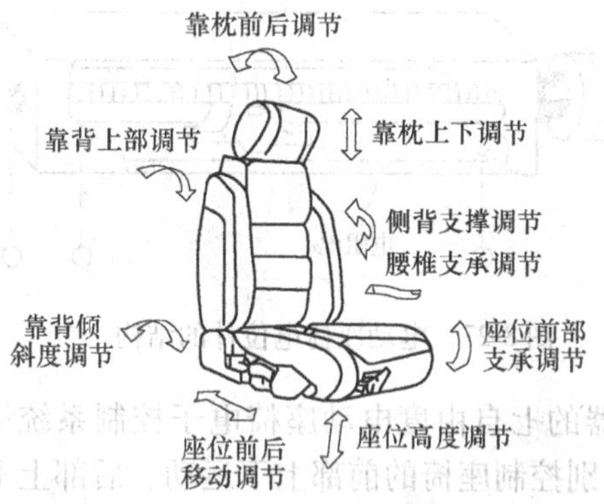

图 8-24 电子座椅调节功能示意图

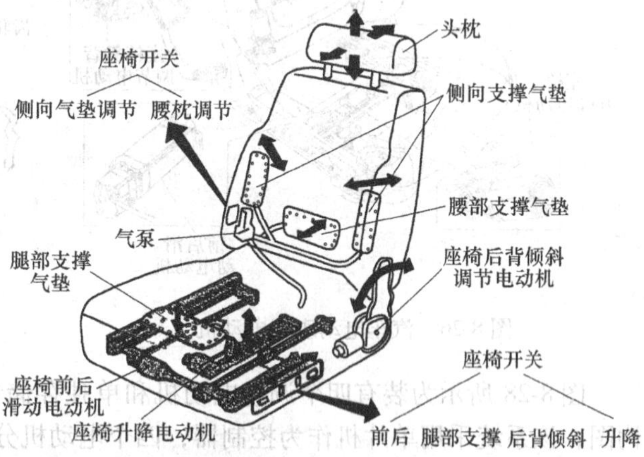

图 8-25 汽车座椅的基本结构

图 8-26 所示的汽车电动座椅电动机有 4 种，分别负责座椅前后位移、高度升降、后背倾斜角度和腰部气垫的调节，座椅前、后方向的调节范围约为 150mm，采用直流电动机驱动螺杆、螺母的传动方式。靠背倾斜角度的调节范围（与座椅滑动平面）为 0°~90°，采用直流电动机驱动蜗轮蜗杆加一级直齿轮减速的传动方式。每个电动机分别配备两个继电器控制电动机的方向，另有一个继电器作为总电路继电器。为防止电动机过载，大多数永磁型电动机内装有断路器。座椅的位移和角度一般采用滑线电阻器传感器采集，将直线和角度转换

为电阻的变化。开关接通后，电动机的动力通过齿轮、齿条或其他机构使座椅移动，当调节器到达行程终点时，有一个碰撞开关使系统断电从而停止转动。

3. 自动座椅

自动座椅电子控制系统由位置传感器、电子控制单元（ECU）和执行机构的驱动电动机三大部分组成。位置传感器部分包括座椅位置传感器、后视镜位置传感器、安全带扣环传感器以及转向盘倾斜传感器等；ECU 包括输入接口、微机（CPU）和输出处理电路等；执行机构主要包括执行座椅调整、后视镜调整、安全带扣环以及转向盘倾斜调整等微电动机，而且这些电动机均可灵活地进行正、反转，以执行各种装置的调整功能。另外，该系统还备有手动开关，当手动操作此开关时，各驱动电动机电路也可接通输出转矩而进行各种调整动作。

带存储功能的电动座椅电子控制系统有一个存储器，只要按下按钮，就能将当前座椅位置存储起来。座椅上装有电位计式直线位移传感器，可以用来检测座椅的当前位置。电动座椅电位计的结构如图 8-27 所示，它由一根螺杆驱动一个滑块在电阻丝面上滑动。滑块的位置决定了传给电子控制装置的电压信号。当座椅位置调定后，驾驶员按下存储器的按钮，电子控制装置就把这些电压信号存储起来，作为以后重新调整位置时的基准。

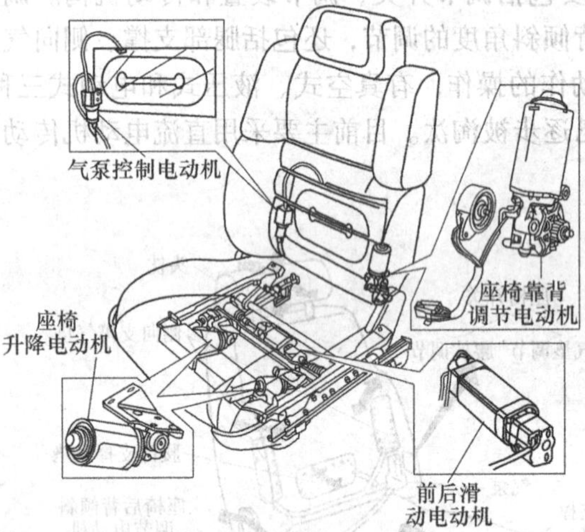

图 8-26　汽车电动座椅电动机

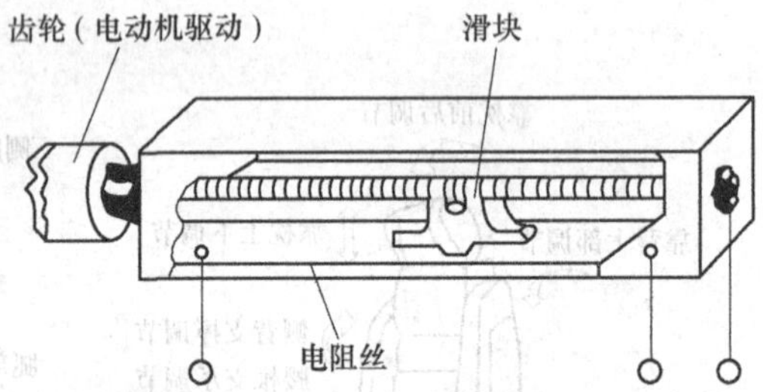

图 8-27　电动座椅电位计的结构

图 8-28 所示为装有四个调整电动机和单独存储器的七自由度电动座椅电子控制系统结构图，该系统采用单片机作为控制器，四个电动机分别控制座椅的前部上下运动、后部上下运动、座椅前后移动、座椅靠背的旋转运动，可使座椅获得七个调节自由度，通过八个继电导通控制电动机实现双向操作。

调节时，由手动调整开关控制调节量，每个自由度上的电动机分别驱动座椅按不同方向运动，同时使各个滑动变阻器随动。根据变阻器的电压，控制装置可以识别座椅的运动机构是否到达死点，如果到达死点位置，控制装置能够及时切断供电电源，保护电动机和座椅驱动机构。位置调定后，按下存储操作开关，就可将座椅当前位置存储起来，操作面板上能够显示存储状态。以后，如果有其他人使用汽车，变换了座椅位置，需要将存储过的位置恢复时，只需按下“恢复”按钮，座椅就会按照存储在电子控制单元内的该位置对应的每个变

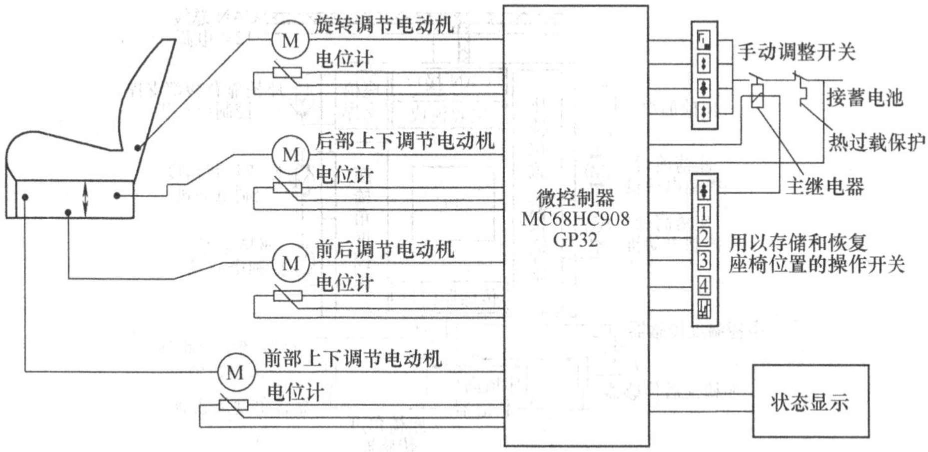

图 8-28　七自由度电动座椅电子控制系统结构图

阻器的电压，自动将电动机调节到位。不同驾驶员、不同季节可采用不同的位置，存储在微控制器的 Flash 中。该系统具有独立的电源开关，使用时开启，调整完成关闭。

二、座椅加热系统

座椅加热的概念非常简单。在座椅上安装电加热元件及相关的开关和电子控制单元来调整对座椅的加热温度与热量。然而，这些加热器的设计可能要比想象的复杂。

加热器必须满足下列条件：

1）加热器必须能且只能提供人体所感觉到的加热量。

2）仅仅能在人与座椅的主要接触点上提供加热。

3）皮革和纤维座椅需要不同的系统，原因是它们的导热属性不同。

4）加热元件必须符合座椅的设计。

5）加热元件必须通过与座椅相同的严格测试，例如蠕动、弹跳和颠簸试验。

为了让乘员（包括驾驶员）感觉舒适，必须对座椅及其加热部件进行严格的测试，以找到最优的加热方法和加热元件的最佳位置。人们通过使用带有传感器的假人对新型电加热座椅设计进行大量试验，以测量温度和热场分布。

碳纤维材料制成的加热系统具有更理想的温度和热场分布，近年来用碳纤维材料制作加热系统正逐步推广。

三、座椅控制系统

座椅的控制分为温度控制和位置、姿态控制，这两种控制可以采用同一个电子控制单元。

最初的座椅温度控制是依靠简单的温度开关。然而，新的发展趋向于温度开关与热敏电阻组合的电子控制。座椅加热器的主要电子系统包括按钮式开关、电位器、定时器、电路短路和开路检测。这些座椅电加热器的工作应该使乘员在 1min 内有明显的感觉，并在 3min 内达到预先设定的温度。

基于 CAN 网络的五自由度汽车座椅电子控制单元的结构如图 8-29 所示。

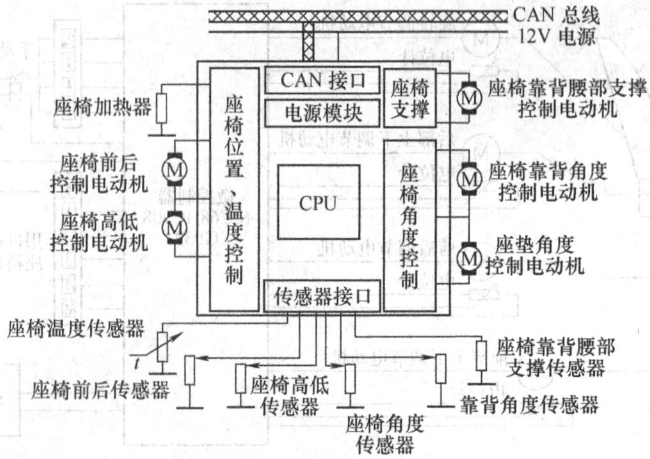

图 8-29　基于 CAN 网络的五自由度汽车座椅电子控制单元的结构

第六节　动力转向

动力转向又叫转向助力装置，是利用其他能源来辅助驾驶员进行转向的转向系统。通常情况下，在高速行驶时，对动力进行限制，使转向不至过轻，以增强转向的灵敏度（路感）。在正常情况下，汽车转向所需的能量只有一小部分由驾驶员的人力提供；但在动力转向装置失效时，应当还能由驾驶员的手力独立承担其传统转向的任务。

动力转向按照能源形式的不同可分为两大类：一类是电控液压式动力转向，另一类是电动式动力转向。

一、电控-液压动力转向系统

现代电控-液压动力转向系统的主要类型大多为车速响应型，即主要根据车速的变化，通过传感器向计算机模块或 ECU 传递信号，经过处理后控制电液转换装置，改变动力转向器转向的手力，使驾驶员的转向手力根据车速和行驶条件的变化而得到改变。也就是说，在低速行驶或转急弯时，能以很小的转向手力进行操作，以获得较轻便的转向；而在高速行驶时能以稍重的转向手力进行稳定的操作，以避免转向“发飘”，使转向的操纵性和稳定性达到最合适的平衡状态。

1. 基本类型及原理

电控-液压动力转向系统按其控制方式的不同可分为流量控制式、液压缸分流控制式、压力反馈控制式和阀特性控制式四种。

（1）流量控制式　流量控制式动力转向系统的工作原理主要是随着车速的变化，通过改变通往动力转向器的供油流量来控制转向手力。车速低时，充分发挥动力转向器的助力效果，减小转向手力；车速高时，适当减少油泵的供油量，使转向手力略显沉重，无“发飘”的感觉，以提高行驶稳定性；转急弯时，又可通过传感器检测出转向的角度，作出快速变换，控制系统恢复到全动力转向状态，以帮助驾驶员操纵。该控制方式主要有可变量孔式、电磁阀式及独立油泵式三种结构形式。

（2）液压缸分流控制式　液压缸分流控制式动力转向系统通常在连接液压缸两腔室的油路中增设电磁分流阀和分流的油路，随着车速的提高，电磁分流阀开启间隙增大，从而减小了液压缸的工作压力，增大转向手力；在停车或低速行驶转急弯情况下，电磁分流阀完全关闭，不起分流作用，转向手力明显减小，以达到改变转向手力的效果。

（3）压力反馈控制式　压力反馈控制式动力转向系统是采用改变控制阀反作用腔室反馈压力的办法来改变转向手力的。该结构在动力转向器控制阀旁边增加一个电液转换器，在车速信号控制下，车速越高，使通往控制阀反作用腔的反馈压力越高，从而增大了开启控制阀的阻力，转向手力也随着增加；反之，转向手力减小。该结构必须增加一个电液转换阀和一个反作用力阀才能实现。

这种结构能在低速掉头和停车转动转向盘时提供较高（95%）的助力作用；随着车速的提高，可以逐渐减少到最低（65%）的助力作用，这样可提供明显的路感和精确的手动控制，并且不受温度变化而引起的油量变化或液体粘度变化的影响。另外，可保证在轮胎爆裂时对转向的控制，在任何电子元件失效时，均能作为一般动力转向使用，确保车辆行驶的安全性。

（4）阀特性控制式　阀特性控制式动力转向系统以可变的阀特性来控制转向手力，即在回油道中增加一个电磁阀，利用电磁阀开启的大小，控制回油道中阻力的方式来改变阀特性，而电磁阀开度的大小，由车速传感器传来的车速变化信号通过计算机模块或 ECU 来控制。转急弯时则保证电磁阀全开，几乎不影响转向。

2. 应用实例

液压式动力转向系统有很多种，在此以旁通式液压动力转向系统为例介绍其结构与工作原理。

旁通式液压动力转向系统的一个典型示例是日本日产（NISSAN）公司的蓝鸟牌轿车，系统构成及原理如图 8-30 所示。它采用的是旁通流量控制阀，结构如图 8-31 所示。流量主孔的开口面积由主滑阀来控制。主滑阀与电磁线圈柱塞相连接，因此电磁线圈产生的推力大

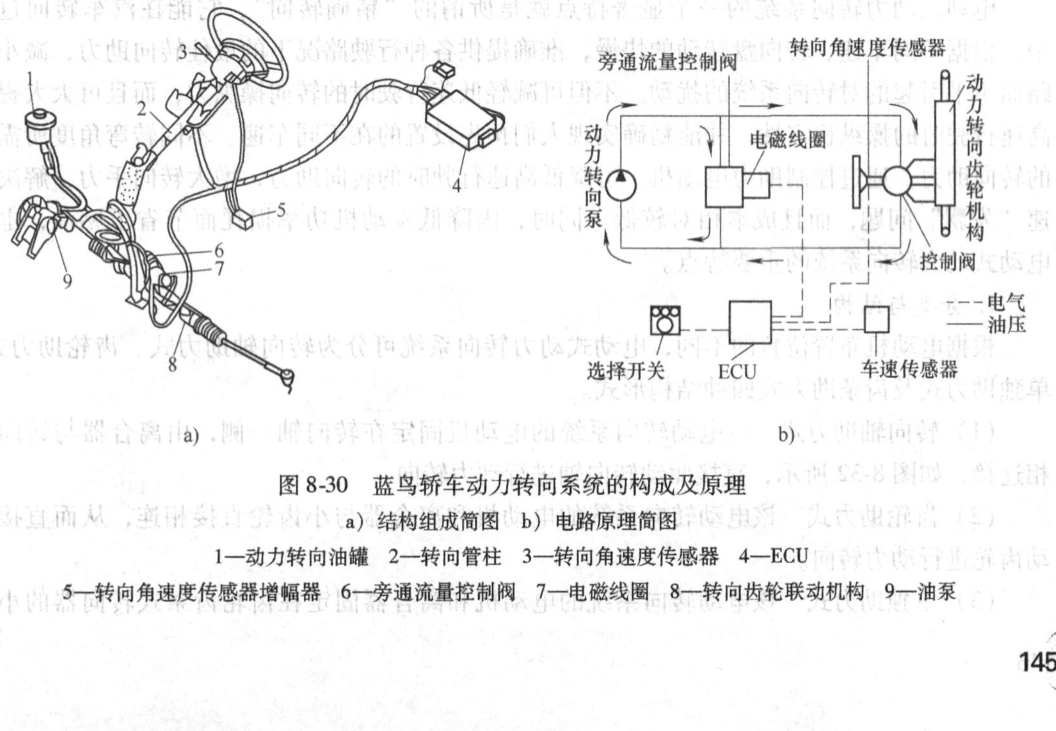

图 8-30　蓝鸟轿车动力转向系统的构成及原理

a）结构组成简图　b）电路原理简图

1—动力转向油罐　2—转向管柱　3—转向角速度传感器　4—ECU

5—转向角速度传感器增幅器　6—旁通流量控制阀　7—电磁线圈　8—转向齿轮联动机构　9—油泵

小与滑阀的移动量成正比，滑阀的移动改变流量主孔的开口面积。当进入的油压高于设定值时，稳压滑阀左移，使节流孔的开口面积减小，进入的液压油量减少，稳压滑阀的前、后压差减小，在回位弹簧的作用下，稳压滑阀右移，将节流孔的开口面积增大，这样就能调节压力的稳定性。利用在仪表板上的转换开关，蓝鸟轿车还有三种不同行驶条件的转向力特性曲线可以选择。

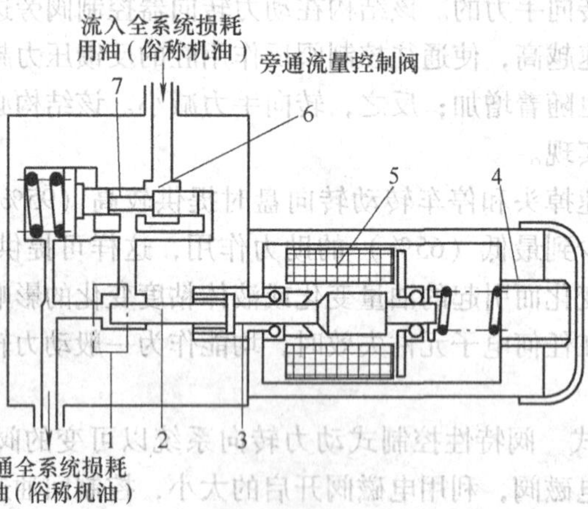

图 8-31　旁通流量控制阀的结构

1—流量主孔　2—主滑阀　3—电磁线圈柱塞　4—调节螺钉　5—电磁线圈　6—节流孔　7—稳压滑阀

二、电动式动力转向系统

传统的动力转向一般都是采用液压式的助力方式，这些系统结构复杂，功率消耗大，容易发生泄漏，转向力不易进行有效的控制。随着电机控制技术的发展，电动式动力转向（Electronic Powered Steering，EPS）系统大有取代传统动力转向系统的趋势。

电动式动力转向系统的一个显著特点就是所谓的“精确转向”，它能在汽车转向过程中，根据不同车速、转向盘转动的快慢，准确提供各种行驶路况下的最佳转向助力，减小由路面不平引起的对转向系统的扰动。不但可减轻低速行驶时的转向操纵力，而且可大大提高高速行驶时的操纵稳定性，并能精确实现人们预先设置的在不同车速、不同转弯角度所需要的转向助力。通过控制助力电动机，可降低高速行驶时的转向助力，增大转向手力，解决高速“发飘”问题，而且成本相对较低。同时，因降低发动机功率损耗而节省了燃油，也是电动式动力转向系统的重要特点。

1. 分类与结构

根据电动机布置位置的不同，电动式动力转向系统可分为转向轴助力式、齿轮助力式、单独助力式及齿条助力式四种结构形式。

（1）转向轴助力式　该电动转向系统的电动机固定在转向轴一侧，由离合器与转向轴相连接，如图 8-32 所示，直接驱动转向轴进行动力转向。

（2）齿轮助力式　该电动转向系统的电动机和离合器与小齿轮直接相连，从而直接驱动齿轮进行动力转向。

（3）单独助力式　该电动转向系统的电动机和离合器固定在齿轮齿条式转向器的小齿

轮相对另一侧，单独驱动齿条助力实现转向动作。

（4）齿条助力式 该电动转向系统的电动机与齿条为一体，电动机转动时带动循环球螺母转动，使齿条-螺杆产生轴向位移，直接起动力转向作用。

总之，转向轴助力式是将电动机安装在转向管柱上，通过减速机构与转向轴相连。其特点是结构紧凑，所测取的转矩信号与转向盘转矩在同一直线，因此控制直流电动机助力的响应性较好，但对电动机的噪声和振动要求较高。这种类型一般在微型轿车上使用。

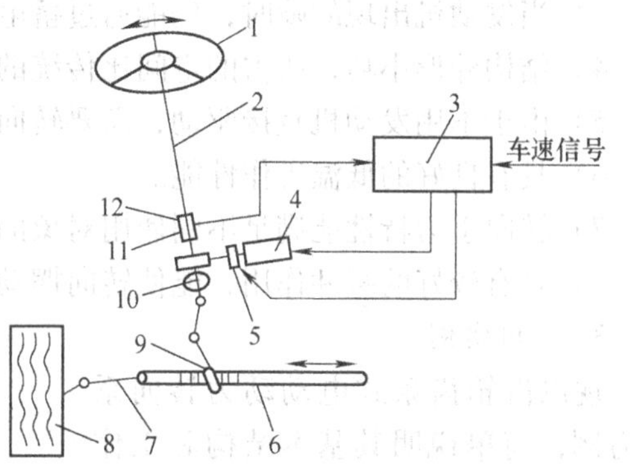

图 8-32 转向轴助力式结构原理图

1—转向盘 2—输入轴 3—ECU 4—电动机 5—电磁离合器 6—转向齿条 7—横拉杆 8—转向轮 9—输出轴 10—扭力杆 11—转矩传感器 12—转向齿轮

小齿轮助力式转向系统的转矩传感器、电动机、离合器和转向助力机构仍为一体，只是整体安装在转向小齿轮处，直接给小齿轮助力，可获得较大的转向力。该形式可使各部件布置更方便，但当转向盘与转向器之间装有万向传动装置时，转矩信号的取得与助力车轮部分不在同一直线上，其助力控制特性难以保证准确。

齿条助力式转向系统的转矩传感器单独安装在小齿轮处，电动机与转向助力机构一起安装在小齿轮另一端的齿条处，用以给齿条助力。这种结构是第一代电动动力转向系统，由于电动机位于齿条壳体内，结构复杂，价格高，维修也很困难。也有的将电动机轴与齿条平行放置，称为轴旁式。由于易于制造和维修，成本低，在一般汽车上已取代了第一代产品。

2. 基本原理和特点

各种电动式动力转向系统的基本工作原理都是相同的，由于其转矩传感器与转向轴（小齿轮轴）连接在一起，所以当转向轴转动时，输入轴和输出轴在扭杆作用下产生相对的位移，转矩传感器就把该位移转变成电信号传送给电子控制器（ECU），ECU 根据车速传感器和转矩传感器的信号，决定电动机的旋转方向和助力电流的大小，因此，它可以很容易地实现在车速不同时电动机提供不同的助力效果，保证汽车在低速行驶时转向轻便、灵活，高速行驶时的转向稳定、可靠。

一般在电动式动力转向系统中都装有电磁离合器，在规定车速和出现异常情况时，可以自动切断电磁离合器，使转向器变为手动转向。电动式动力转向系统中的电子控制器（ECU），既可以将输入的转矩传感器和车速传感器的信号加以处理，确定如何控制电动机的工作，又可以采集电动机的电流、发电机电压、发动机工况等信号，判断其系统工作状况是否正常。

电动式动力转向系统中装有减速机构，不同类型的电动式动力转向系统，其减速机构的结构也有所不同。其结构可以保证电动机的转速，使之适合转向速度的要求；又可以增大转向力矩，满足转向助力的要求。

电动式动力转向系统的主要特点如下：

1）反应灵敏、迅速，转向平稳、精确，具有良好的路感。

2）零部件少，其重量比通常的液压转向助力系统小 25%，成本也降低了。

3）当发动机出现故障时，仍能通过蓄电池供电继续提供转向助力。

4）结构外形小巧，所占的空间比传统的液压动力转向器要小，而且布置方便。

5）由于不用发动机直接驱动，需要转向时才接通电源，因此降低了油耗。

6）具有良好的低温工作性能。

7）转向手力特性能满足不同使用对象的需求。

8）具有较好的缓冲作用，能使转向摆动和反冲力降低到最低程度。

3. 应用实例

现以齿轮齿条式电动动力转向系统为例，简单说明其基本结构和工作原理。

图8-33所示为齿轮齿条式电动动力转向系统的组成示意图，它包括转矩传感器、车速传感器、电子控制单元（ECU）、电动机、电磁离合器、减速机构和警报指示灯。

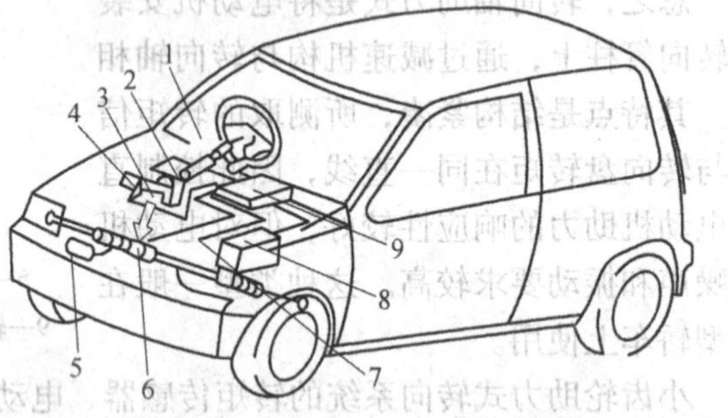

图8-33　齿轮齿条式电动动力转向系统的组成示意图

1—车速传感器　2—转矩传感器　3—减速机构
4—电动机和离合器　5—发电机　6—转向齿轮
7—发动机转速传感器　8—蓄电池　9—ECU

(1) 转矩传感器　直流电动机通过蜗轮蜗杆减速，带动转向管柱的转向轴转动，转向管柱中的转向轴通过扭力杆与转矩传感器相连，转矩传感器（图8-34）有两个探测环1和2，探测环2安装在输入轴上，另外一个探测环1安装在输出轴上，同时有一个探测线圈和一个补偿线圈。转矩由探测线圈测量，在转矩的作用下，两个探测环1、2产生相对转角，磁通发生改变。探测线圈的温度和外部电磁辐射噪声的影响，由补偿线圈来加以修正。

由探测线圈和补偿线圈组成的转矩传感器电路框图如图8-35所示。线圈由高频正弦波激励，经一个电流驱动电路和一个反相电流驱动电路来驱动线圈，这样高频激励的相位差为180°。探测线圈的阻抗只由输入转矩来改变，经过差动放大器，将转矩信号电压放大。

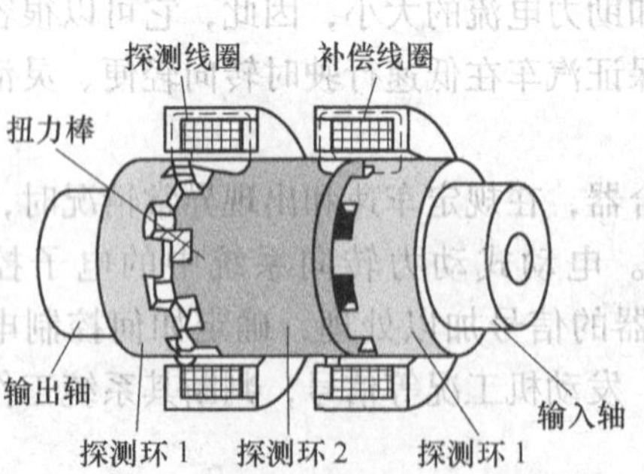

图8-34　转矩传感器

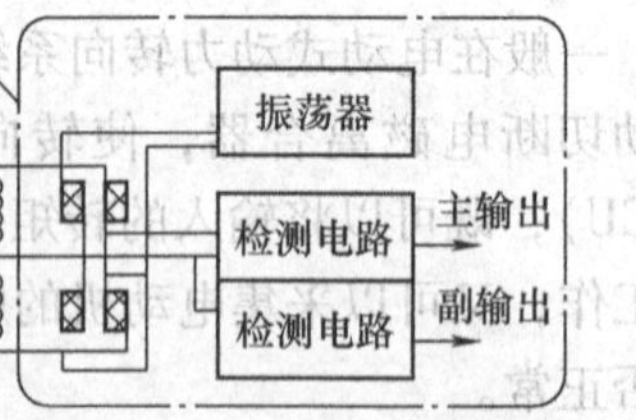

图8-35　由探测线圈和补偿线圈组成的转矩传感器电路框图

其输出电路分主、副两路，是冗余设计，主、副两路的电源和放大电路结构都是一样的，并且彼此分开，相当于把两块相同的芯片集成在一块基片上，从而提高了可靠性。该芯片的使用温度范围为-40℃～+120℃。车速传感器输入车速信号，转矩传感器输入转矩信号，ECU以此计算出电动机的驱动电流，输出合适的方波信号，采用脉宽调制的方法来驱动电动机。电动机大多采用永磁无刷直流电动机，其电动机的要求为低速、大转矩、惯量小、重量轻、尺寸小，还要求可靠性高，容易控制。为此，针对EPS的特点，对电动机结构作一些特殊处理，如沿转子的表面开出斜槽、定子磁铁设计成不等厚、靠特殊形状的定子产生不均匀磁场等来改进电动机的性能。

（2）直流电动机　EPS用的电动机与起动用直流电动机的原理基本相同，但它一般采用永磁磁场。最大电流一般为30A左右，电压为12V，额定转矩为90N·m左右。

EPS直流电动机需要正、反转控制，如图8-36所示，它是一种比较简单、适用的控制电路，a_1、a_2为触发信号端。当a_1端得到输入信号时，晶体管VT_3导通，VT_2得到基极电流而导通，电流经VT_2、电动机M、VT_3、搭铁而构成回路，于是电动机正转；当a_2端得到输入信号时，电流则经VT_1、M、VT_4、搭铁而构成回路，电动机则因电流方向相反而反转。只要控制触发信号端电流的大小，就可以控制通过电动机电流的大小。

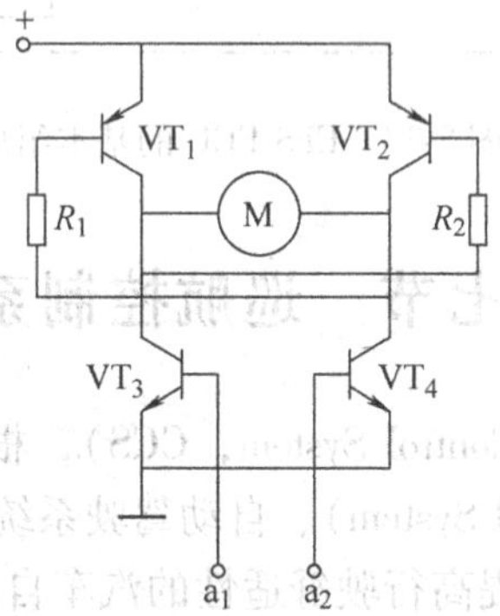

图8-36　电动机正、反转控制电路

（3）电磁离合器　电磁离合器的主要功用是保证电动助力只有在预定的车速范围内起作用。当汽车行驶速度超过系统限定的最大值时，电磁离合器便切断电动机的电源，使电动机停转，离合器分离，不起传递转向助力的作用。另外，在没有助力的情况下，离合器还能消除电动机的惯性对转向的影响；当该动力转向系统发生故障时，离合器还会自动分离，此时又恢复手动控制转向。

（4）电子控制器　EPS电子控制器（ECU）的基本组成如图8-37所示，其核心是一个具有256个字节的RAM、4K字节的ROM、8位字长的单片微机（微处理器），外围电路还有10位A-D转换器、8位D-A转换器、I/F（电流/频率）转换器、放大电路、动力监测电路和驱动电路等。

工作时，转向转矩和转角信号经过A-D转换器被输入微处理器（ECU），微处理器根据这些信号和车速计算出最优化的助力转矩。ECU把已计算出来的值作为电流命令值送到D-A转换器转换为模拟量，再将其输入电流控制电路。电流控制电路把来自微处理器的电流命令值同电动机电流的实际值进行比较，产生一个差值信号。该差值信号被送到驱动电路，该电路可驱动动力装置并向电动机提供控制电流。也就是说，当转矩传感器和转角传感器的信号经A-D转换器处理后，微处理器就在其内存中寻找与该信号相匹配的电动机电流值，然后将此值输送给D-A转换器进行数字-模拟转换，处理后的模拟信号再送给限流器，由限流器来决定电动机驱动电路电流值的大小。微处理器同时给电动机驱动电路输出另一个信号，即决定电动机（左转或右转）的转动方向。

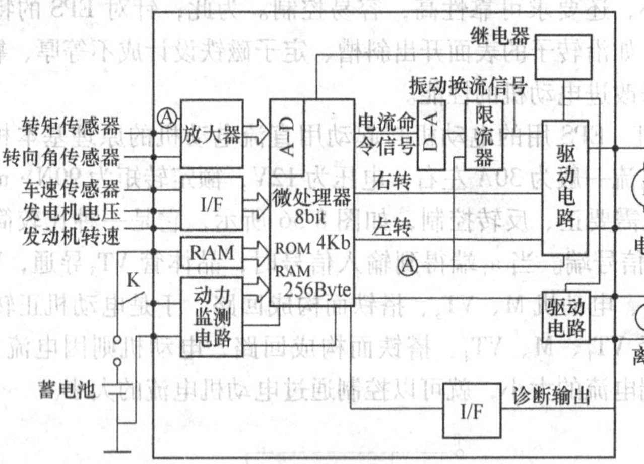

图 8-37　EPS ECU 的基本组成

第七节　巡航控制系统

汽车巡航控制系统（Cruise Control System，CCS），根据其特点一般又称为巡航行驶装置、速度控制系统（Speed Control System）、自动驾驶系统（Auto Drive System）等，它是一种可减轻驾驶员操纵劳动强度、提高行驶舒适性的汽车自动行驶装置。

汽车巡航控制系统（CCS）的作用是按驾驶员所要求的速度闭合开关之后，不用踩加速踏板就可以自动保持车速，使车辆以固定的速度行驶。采用了这种装置，在高速公路上长时间行车后，驾驶员就不再去控制加速踏板，减轻了疲劳，同时减少了不必要的人为因素引起的车速变化，可以节省燃料。

一、电子巡航控制系统的基本组成

电子巡航控制系统主要由主控开关、车速传感器、执行器和巡航 ECU 四部分组成。

1. 主控开关

主控开关是杆或按键式组合开关，装在转向柱或转向盘等驾驶员容易接近的地方。操纵主控开关可实现的功能有设定车速、加速、减速、恢复、解除等。

2. 车速传感器

巡航系统与发动机电控系统共用一个车速传感器。车速传感器有多种结构类型，有磁脉冲式、光电式、霍尔式、磁阻式等。

3. 执行器

执行器是一种将 ECU 输出的电信号转变为机械运动的装置。节气门执行器有电动式和气动式两种，电动式一般采用步进电动机或直流电动机控制，而气动式则采用由进气歧管真空度控制的气动活塞式结构。

4. 巡航 ECU

电子巡航控制系统的重要部件是巡航 ECU，它是整个系统的中枢。早期巡航控制系统的 ECU 多采用模拟电子技术制造，随着数字电子技术的发展，特别是大规模集成电路及微机控制技术在汽车控制方面的推广，电子巡航控制系统已全部采用数字微型计算机车速控制器。

二、巡航控制系统的原理

巡航控制系统按照控制原理的不同可分为机械巡航控制系统与电子巡航控制系统两类。机械巡航控制系统是早期使用的汽车巡航控制系统，电子巡航控制系统则经历了从晶体管分立元件组成的模拟计算控制到数字式微型计算机控制的发展过程。

汽车在平坦路面上行驶时，车速与节气门开度的关系如图 8-38 中的 a 曲线所示。当汽车以速度 v_0 在平坦路面上行驶时，一旦进入自动行驶状态，节气门的开度则处于 θ_0，故不需要进行任何调节。当汽车遇到上坡路段时，行驶阻力增加，车速与节气门开度的关系将按 b 曲线变化。若不及时调整节气门开度，则车速将下降到 v_d。采用巡航控制系统可以根据设计的具有一定斜率的控制线，自动调节节气门开度，使其从 θ_0 变为 θ_H，将车速稳定在 X 点，取得新的平衡。行驶阻力减小时，车速与节气门开度的关系将按 c 曲线变化，同样控制系统也沿控制线调节节气门，其开度从 θ_0 变为 θ_L，车速在 Y 点取得平衡。因此，汽车行驶阻力在上述 b 曲线和 c 曲线中间变化时，车速在 X ~ Y 范围内变化。显然，自动调节的结果是，汽车速度并不是保持在某一点，而是在一定的速度范围内变动，即与设定车速间存在一定的误差。

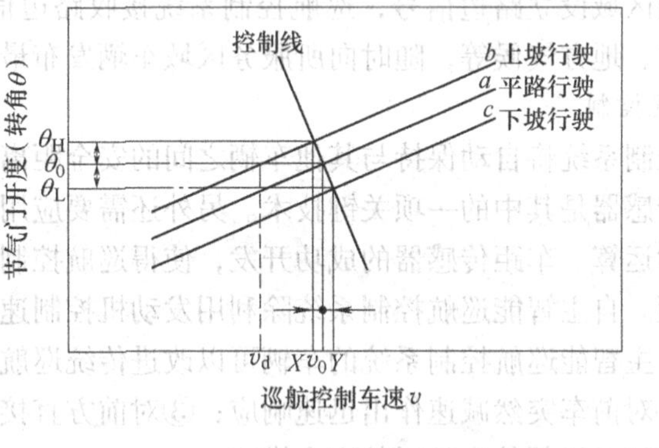

图 8-38 车速与节气门开度的关系

在设计时，若使控制线垂直于车速，则从理论上看车速控制的误差可减少为零，但这样一来，行驶阻力的微小变化都会引起节气门快速变化，容易产生较大的振荡，即产生“游车”现象。因此，应综合考虑控制车速误差范围与“游车”问题，并选择适当的控制线斜率。

图 8-39 所示为电子巡航控制系统的基本原理框图。ECU 有两个基本输入信号，一个是驾驶员的指令车速信号，另一个是实际车速的反馈信号。ECU 检测这两个输入信号之间的误差后输出一个节气门开度的控制信号，执行器根据接收的控制信号调节发动机节气门开度以修正所检测到的车速误差，从而使车速保持恒定。

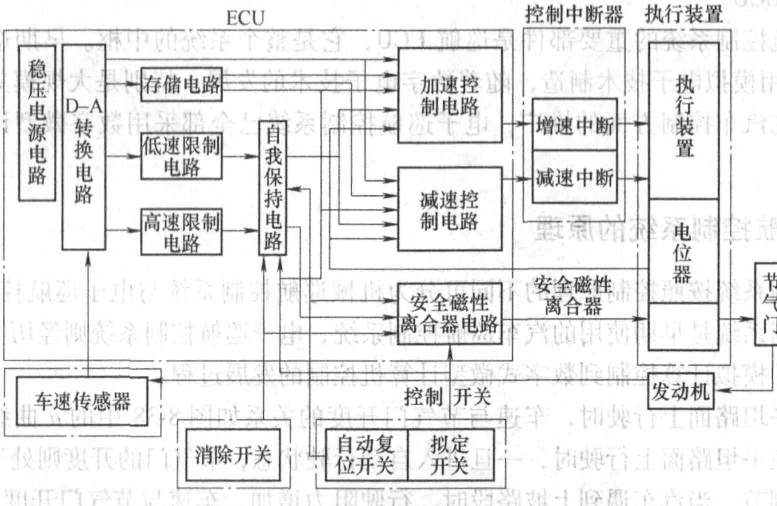

图 8-39　电子巡航控制系统的基本原理框图

三、巡航系统的发展趋势

新一代汽车巡航系统主要包括两个方面，一是将巡航控制系统与智能运输系统集成在一起，二是具有自主智能的巡航控制功能。

1. 集成智能运输系统的巡航控制

智能运输系统（ITS）网络也许是设定最佳巡航速度值的更有实用意义的方法。由交通管理部门在速度控制区域设立路边信号，巡航控制系统接收路边信号以确定最佳车速。ITS还能够监测道路条件、地方气候等，随时向所服务区域车辆发布最佳速度数据。

2. 自主智能巡航控制

自主智能巡航控制系统将自动保持与其他车辆之间的安全距离，低价格、全天候，可测量距离达几百米的传感器是其中的一项关键技术。另外还需要应用高性能的微控制器，以完成快速、复杂的数学运算。车距传感器的成功开发，使得巡航控制可以实现车辆恒速行驶或与其他车辆保持恒距。自主智能巡航控制系统除利用发动机控制速度外，还需要与制动控制系统相联系。应用自主智能巡航控制系统的车辆可以改进传统巡航控制的部分内容：①平滑地接近某一车辆；②对前车突然减速作出迅速响应；③对前方直接穿过并实施制动的车辆作出响应；④自适应巡航系统部件失效时的安全措施。

参考文献

[1] 王绍铣，夏群生，李建秋．汽车电子学［M］．北京：清华大学出版社，2005.

[2] 李炎亮，高秀华，成凯，等．汽车电子技术［M］．北京：化学工业出版社，2005.

[3] 张幽彤，陈宝江，翟涌，等．汽车电子技术原理及应用［M］．北京：北京理工大学出版社，2006.

[4] 冯崇毅．汽车电子控制技术［M］．北京：机械工业出版社，2002.

[5] 周云山，于秀敏．汽车电控系统理论与设计［M］．北京：北京理工大学出版社，1999.

[6] 赵福堂．汽车电器与电子设备［M］．北京：北京理工大学出版社，1997.

[7] 皇甫鉴，范明强．现代汽车电子技术与装置［M］．北京：北京理工大学出版社，1999.

[8] 李东江，等．现代汽车控制技术［M］．北京：科学技术文献出版社，1998.